神社史料研究会叢書V

神社継承の制度史

椙山林継・宇野日出生編

思文閣出版

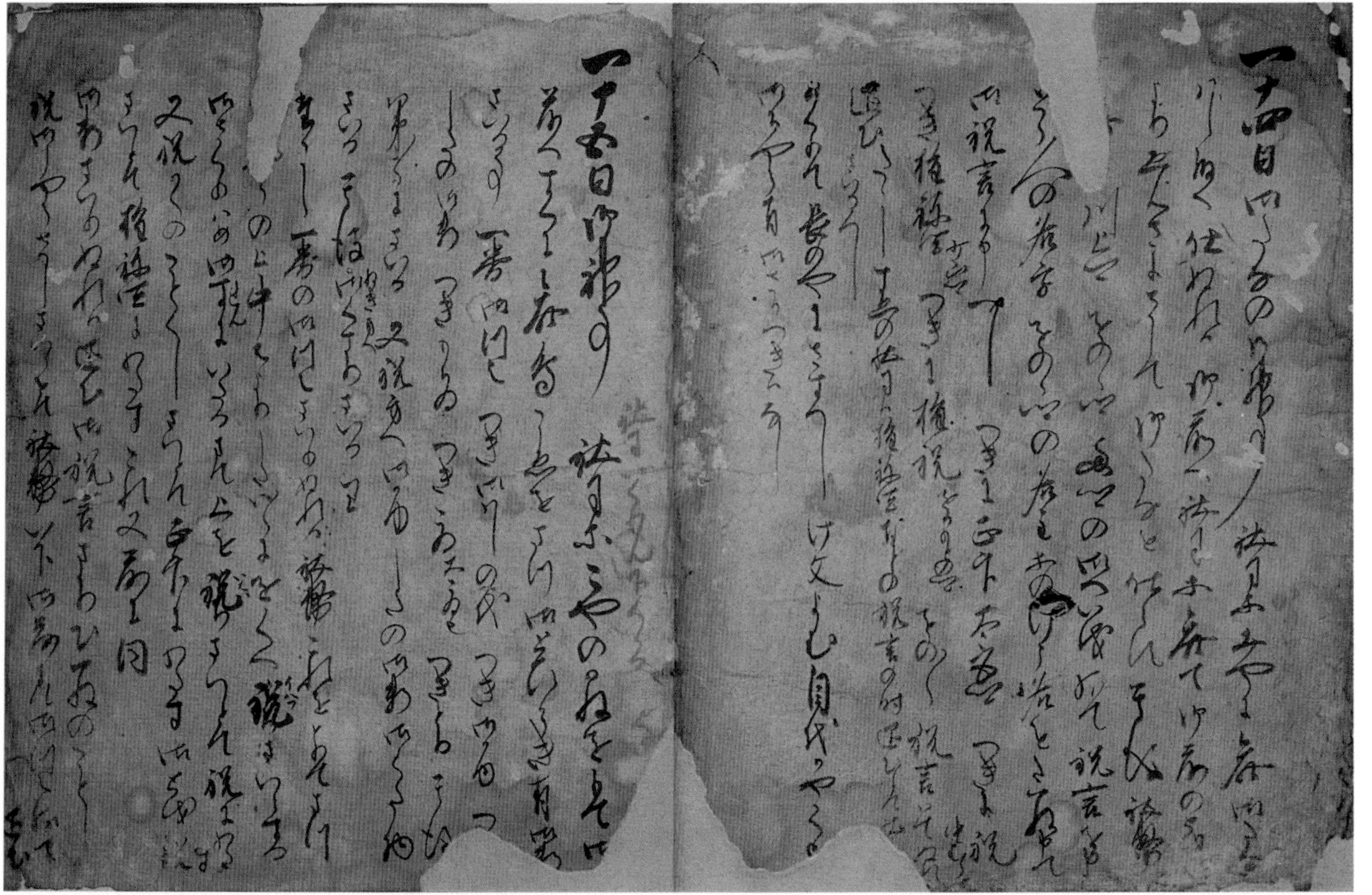

『嘉元年中行事』（重要文化財、賀茂別雷神社所蔵）　　（宇野論文参照）

大頭祭絵巻（長野市真田宝物館所蔵）　　（福原論文参照）

石清水祭・神幸ノ儀（鳳輦発御）　　（西論文参照）

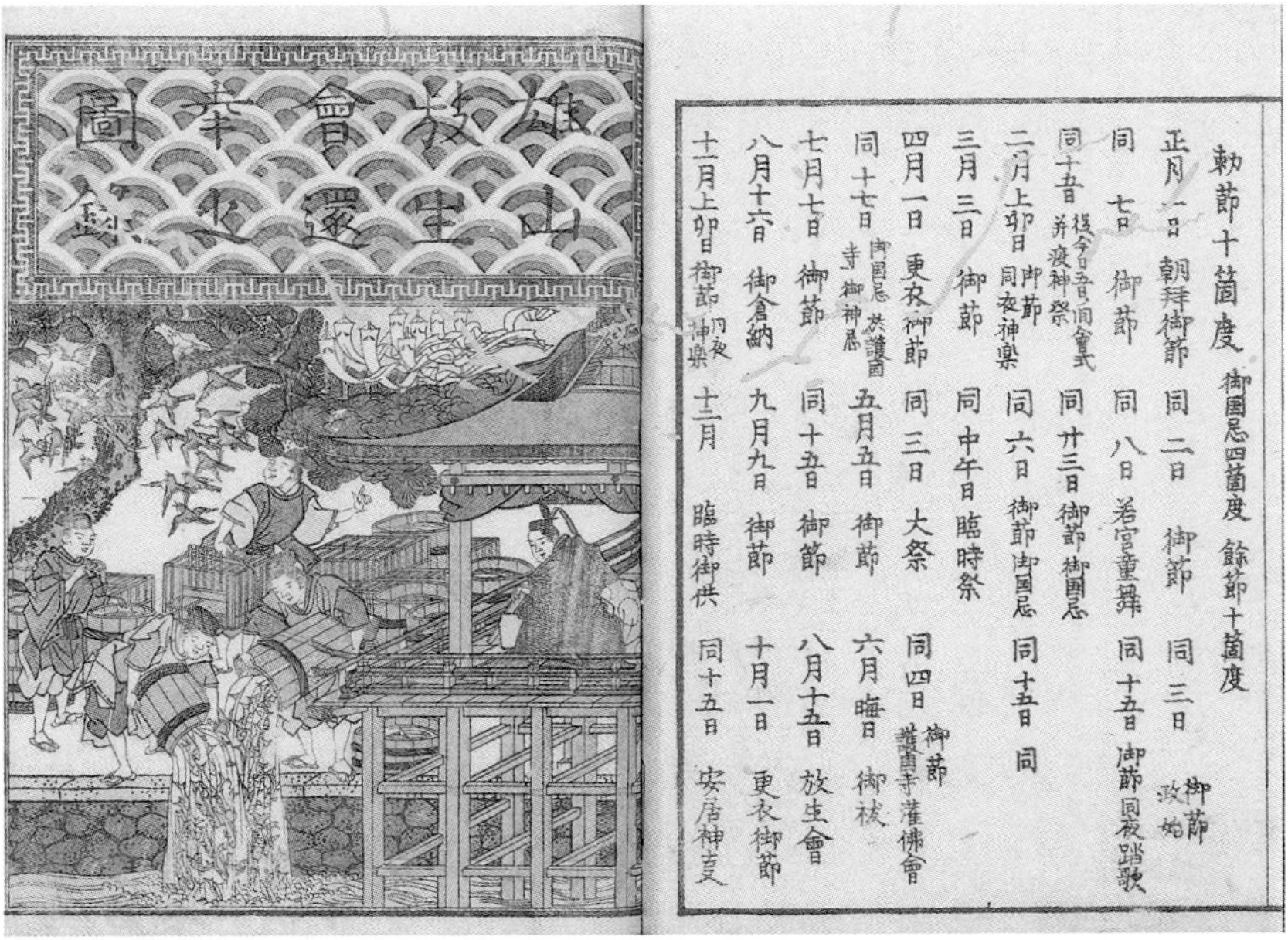

勅節十箇度　御国忌四箇度　餘節十箇度
正月一日　朝拜御節　同二日　御節　同三日　御節政始
同　七日　御節　同　八日　若宮童舞　同十五日　御節同夜踏歌
同十五日　後夕日吾旬會式并夜神祭　同廿三日　御節御国忌
二月上卯日　御節同夜神樂　同六日　御節御国忌　同十五日　同
三月三日　御節　同中午日　臨時祭
四月一日　更衣御節　同三日　大祭　同四日　御節普賢寺灌佛會
同十七日　御国忌於護国寺御神忌　五月五日　御節　六月晦日　御祓
七月七日　御節　同十五日　御節　八月十五日　放生會
八月十六日　御倉納　九月九日　御節　十月一日　更衣御節
十一月上卯日　御節同夜神樂　十二月　臨時御供　同十五日　安居神事

文政４年刊『細見男山放生会図録』（石清水八幡宮所蔵）　　（西論文参照）

林忠霊祠(門人による造立)

林忠木像

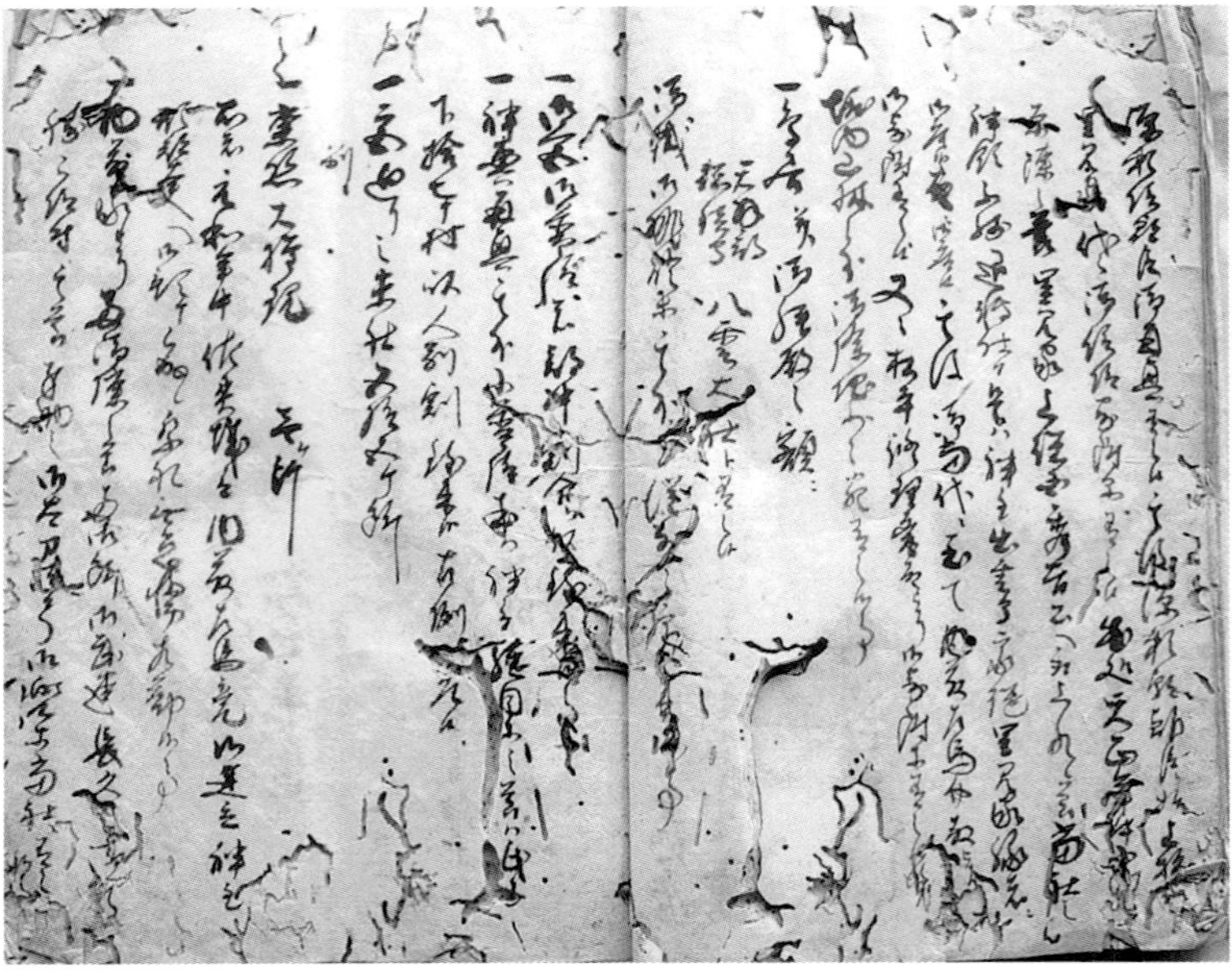

天明 7 年日記(林忠自筆)
椙山林忠、文化11年 8 月 5 日卒、69歳、墓は別にあり　　(椙山論文参照)

はじめに

神社史料研究会叢書第五輯は、「神社継承の制度史」を研究テーマとした。古代から現代にいたるまで、神社が継承してきた諸問題について論究した九編の論文を掲載した。神社史料研究会の論文集は、当初よりこの五冊めの論集をもって、研究成果の区切りと考えてきた。したがって、無事発刊できたことを喜びたい。

さて本書は、第二十九回サマーセミナー（二〇〇三年）以降、研究会において口頭発表・討議されたうちから、論文としてまとめあげられたものである。以下、順を追ってみておきたい。

山本信吉「名神の研究――神明思想の展開――」は、神仏習合の発展期において神祇界の中心的存在となった名神について、その歴史的・制度的考察をしたもの。名神が育んだ神明思想が日本独自の鎮守思想として発展してきたこと、さらにそれが日本の神祇思想の展開に大きく貢献したことを詳細に論究した。

西中道「石清水八幡宮の祭祀と僧俗組織――放生会と安居神事をめぐって――」は、石清水八幡宮の祭祀について、僧俗組織を明らかにすることによって、その実態を論証したもの。なかでも大規模な祭典に位置づけられた放生会と安居神事に着目し、祭儀の組織・制度の変遷を八幡宮の組織全体から詳細に検証した。

嵯峨井建「若狭彦神社の神仏関係」は、若狭国一宮の神職系図を基にして、出家神主および仏教受容の実態を考察したもの。神仏習合とは調和・融合の関係であることに視点を据え、系図を分析することによって、神祇と仏教が矛盾・相克しないことを示した。併せて中世神祇の形態を提示、検証した。

宮永一美「吉田兼右の神道伝授と阿波賀春日社」は、越前国朝倉氏と神道家吉田氏との交流、さらに吉田兼右と阿波賀春日社との交流を論じたもの。朝倉氏と吉田家との関係については、越前国吉田社領たる鳥羽庄に焦点を当てて検討した。阿波賀春日社は朝倉氏が崇敬した神社であり、かかる神職は吉田社に仕えていた卜部氏庶流の一族だったことから、朝倉氏と吉田家の関わりが重要な意味を成したことを論証した。

千枝大志「中近世移行期伊勢神宮周辺地域の経済構造——外宮門前町山田と外宮子良館との経済的接点を中心に——」は、外宮門前町山田と外宮子良館の経済構造及び外宮物忌層の経済感覚を論じたもの。中近世移行期において、外宮物忌層の成熟した経済感覚によって、外宮子良館の運営は、山田の商業機能と密接な関係を有したことを明らかにした。

宇野日出生「御棚会神事と賀茂六郷」は、賀茂別雷神社の御棚会神事に焦点を当て、同社を支えた賀茂六郷との関わりのなかから、祭祀と制度のありかたを論じたもの。賀茂別雷神社と六郷との接点を社家制度のなかからとらえ、さらに特殊神饌の分析と併せて、祭礼の位置づけを明らかにした。

鈴木瑞麿「近世初期における加賀藩の神社統制――越中の神主触頭の任命をめぐる争論を中心に――」は、加賀藩政確立期における神社統制と神主の組織化について論じたもの。特に触頭制度と組合制度の編成を分析することによって、寺社奉行や触頭による神社・社家の統制を明らかにした。

椙山林繼「江戸時代における神職の身分確立への運動――椙山林忠大円寺奥印除き一件――」は、地方神職が吉田神道に頼りつつ、離檀していくさまを宗教運動として論じたもの。天明七年から三か年におよんだ上総国天羽郡の神職椙山林忠を例とし、離檀および神道一派の別立て認可の課程を明らかにした。

福原敏男「葬列としての頭人行列――信州武水別八幡宮の大頭祭夜練りをめぐって――」は、大頭祭夜練りを擬死儀礼と位置づけることを論じたもの。大頭は儀礼的に死ぬことを必要とし、擬死再生の儀礼によって村人として再起し、頭屋渡へとつながることに穀霊の継承があって、それが祭礼として永遠回帰するものであると位置づけた。

以上各論文を時代・内容に則して順に紹介した。「神社継承の制度史」という共通テーマのもと、多岐にわたる論考を掲載することができた。各執筆者が意欲をもって研究に取り組み、ここに上梓するにいたったことを喜びたい。

当研究会の今後のさらなる飛躍を目指すとともに、ますます精力的な論文が報告されることを心から願うところである。併せて一層充実した論文集が、巻を重ねていくことを祈念するものである。

平成二十一年四月

椙山　林繼
宇野日出生

神社継承の制度史　目次

神社継承の制度史

名神の研究

――神明思想の展開――

山本信吉

はじめに

一　名神の制度的考察

二　神祇祭祀思想の変遷

三　神明思想の成立

四　東大寺大仏造立と名神

五　名神信仰の展開と明神の出現

むすびに代えて―所謂神身離脱説について―

はじめに

我が国の古代神祇史上に「名神」と呼ばれる祭神があることはよく知られている。この名神は奈良時代中期・八世紀前半の天平時代にその名が『続日本紀』にみえ、平安時代前期・八世紀末から十世紀前半にかけて、諸国史などに「畿内名神」「七道名神」あるいは「畿内七道諸国名神」、さらには「天下名神」などと称されて全国的に分布し、その祭祀が行われていたことが判明する。この名神は十世紀前半に入ると『延喜式』（巻第三、臨時祭）に「名神祭」としてその神名・社名が列記され、また全国の官社を掲げた同式巻第九・十の所謂神名式所載の大社に「名神、大」と記載されて、律令国家が行う奉幣の対象社として官社と共に制度上に位置付けられていた。

したがって、この名神については従前からその存在が注目され、様々な論考があって、その性格について多くの解釈が行われている。例えば江戸時代には伴信友が『神社私考』でこの名神について「天平の以往より有し称号なり」として、その由来について「即名神トハ全国中有名ノ社ヲ挙ゲテ全国ノ社ニ代ラシムルモノナラン、但盡ク大社ナレドモ、必シモ第一等ノ神社ニアラズ」と述べている。近代に入って『古事類苑』（神祇部八、社格篇）は名神について項を立て、主要な関係史料を列挙してその歴史的な在り方を考察している。その社格篇冒頭の解説では、

（前略）、名神ハ上ニ言ヘルガ如ク、官・国二幣ノ大社ニ限レルコトニテ、名神祭ニ預レルヲ云ヘルナルベシ、必ズシモ第一等ノ神社ニアラズ、（後略）

と、伴信友の説を受けた説明を掲げている。現代においても名神に関する論考は数多いが、いずれも伴信友の説にほぼその源を置いている。例えば森田悌氏は

これら名神に対しては、一般の官社に対する通常の奉斎とは別に、何か事があると特別の祈願や奉謝を行っている。臨時の必要が出来した時、式制で三千余にもなっている官社総てに対し、臨機的に祈願・奉幣することが困難なので、有力神社を名神として別格とし、それらに対して神事を行ったのである。

と説明している。[1]

また、『延喜式』の研究書についてみると、宮城栄昌氏の『延喜式の研究（論述篇）』（大修館書店、昭和三十二年三月刊）は名神について「名神社は官社の格の高いものであるから、理由度が強いという相違があるだけである。」（四六七頁）と記して、「霊験の内容が名神になる理由を決定したのである。」（四六七頁）と述べ、名神と官社は同じ性格であり、霊験社として名神の名を得るところに意義があったとしている。さらに虎尾俊哉氏編の『日本史料・延喜式上』（集英社、二〇〇〇年五月刊）は巻第三・臨時祭第二八条・名神祭条の頭注に「名神の祭、特定社を名神と位置づけ、他の官社とは別途に奉幣を行う。官社のなかでもそれだけ高く遇されている。」と名神を官社の中で高い位置の社とし、その補注（補注七八三頁）に名神の在り方について様々な角度から見解を示しているが、その内容は名神についての概念把握がなく、問題点の提示に終っていることが惜しまれる。

ただし、これらの説の中で、西宮秀紀氏は従前の通説に対して新しい見解を加えて、名神は従前の官社制から変わった新しい制度として考え、

いわゆる名神的な名神に奉幣がなされるのは、延暦七年(七八八)五月のことで、「伊勢神宮及七道名神」への祈雨祈願である。延暦十年(七九一)まではいずれも祈雨祈願が対象であったが、翌十一年以降、臨時の奉幣として皇太子の病気や「万国安寧」等、様々な理由により奉幣がくり返されるようになった。それまでの官社に変って名神が新しい制度として登場したのである。

と述べている。(2) しかし、名神が新しい制度として登場したという具体的理由、および官社と名神の違いについて説明がないことが惜しまれる。

名神を制度的に考察を加えた論考としては梅田義彦氏の「名神考」がある。六国史などにみえる名神の史料を集約し、その存在形態を概括的に整理された労作である。(3) また西牟田崇生氏の「名神祭の一考察」は社格という視点から名神の在り方を精査し、名神と官社、名神と叙位、名神への奉幣・祈願などについて考察を加えている。(4) 熊谷保孝氏の「律令時代の名神」は官社が増大する中で、中央政府が奉幣・祈願の対象として新たに選定したのが名神であるとして、名神の国別分布とその存在形態などに言及し、「名神が概ね、それぞれの地域を代表するような神社であり、何か事あるごとに朝廷の祈請の対象として国家の安寧に寄与し、ひいてはそれを通して、中央政府と名神を奉斎する勢力との関係をより緊密にすることによって、中央集権制に役立てようとするものであったことが察せられる」と論を展開している。(5)

これらの諸研究は関係史料を蒐集し、それらの史料から帰納した名神の在り方を考察していて、名神に関する基礎的研究として評価される。しかし、これらの研究に共通しているのは制度的考察に重点を置きながら、名神が成立した要因およびその歴史的意義を明確にしていないため、その考察が表面的な形態把握に終始し、名神の

実態が明らかにされていないことである。

名神については前述したように、『続日本紀』以下の国史等に比較的多くの記事があり、また『延喜式』に規定があって、これらの史料に多くの研究者が着目しながら、その研究が深化せず、神祇史上の位置付けが明確にされないのはいささか奇異な感じを懐かされる。その理由は明らかでないが、その原因は㈠には制度史上の検討が必ずしも充分でないこと、㈡には神祇思想史上の観点からの考察が欠如していること、にあると思われる。

㈠について言えば、名神と官社は律令体制の下で神祇官が管轄する神祇祭祀制度として位置付けられているが、制度上に占める両者の差異の有無・性格については明確にされていない。具体的に言えば、祭祀制度としては時代的に官社が先行し、名神は奈良時代中期に至って制度化されるが、その時代的差異は何を意味するのか。また両者の祭祀の性格にどのような差異があるのか、などの点である。

㈡には、神祇官との関係からみると、官社の祭祀は神祇令に定める常祭を基本として行われているが、名神の祭祀は『延喜式』によれば臨時祭と規定されている。この臨時祭は歴史的にどのような位置を占めているのか。とくに名神の名が史上に現われる聖武天皇の時代は一方では災害に苦しみ、他方では仏法が持つ理念が尊重されて、神仏の思想が交差した時代であった。注目されるのは、従前は天神地祇の表現に包括されていた神祇概念に、「神明」あるいは「神霊」・「神力」といった新しい表現が加わり、神祇思想に変化が現われた時代であった。こうした神祇思想の変化が名神の成立と密接な関係を持っていると思われ、神祇思想の変遷の観点から名神の性格を検討することが必要ではないかと考えられる。この小論はこれらの観点に立って名神が有する歴史的意義を考え、併せて奈良時代中期から平安時代前期の時代を中心とする神祇思想の変遷を考察しようとするものである。

一　名神の制度的考察

名神についての制度を示しているのは『延喜式』（巻第三）の神祇三、臨時祭の「預名神官社」条で、

凡諸神預㆓名神、官社等㆒者、待㆓官符下㆒、更修㆓下㆑国符㆒、請㆓内印㆒、

と、諸国の神で名神・官社等に預る場合はまず（諸神宛の）太政官符が下されたのち、更に対象の神が居る国宛ての太政官符を作り、内印（天皇御璽印）を請えと定めている。「内印を請え」とあるのは、この太政官符がまず内文《うちぶみ》として草案の段階で太政官の審議を経たのちに天皇の裁可を得て内印（天皇御璽印）を捺すことを示している。故実書である『西宮記』（巻七）はこうした内印文について「位季禄文、下㆓詔書㆒文、預㆓官社㆒文、下㆓駅鈴㆒文」等を記していて、名神・官社に関する文書は勅裁の文として重要な扱いを受けていたことが判明する。名神・官社認定の太政官符に神社が所在する国宛ての太政官符を添えるように定めているのは、名神・官社について国司がその維持・管理に当ることを求めていたためである。

名神・官社が共に太政官管轄下の神祇社であることは、この『延喜式』の「預名神・官社」項によって明らかであるが、両者の位置付けには大きな差異があった。それは官社が常祀の社であったのに対し、名神は臨時祭祀の社であったことである。[6] 官社については近世・近代を通じて多くの論考があり、改めて説明するには及ばないが、一応その概要を述べておくと、官社は天智・天武天皇時代に定められた神祇祭祀の制度の一つと考えられている。その対象の社は神祇令に定める常祭のうち、祈年・月次・新嘗・相嘗を祭ることが定められた。その祭の規模によって大・小の種別があり、大社は祈年・月次・新嘗・相嘗の四祭を祀り、小社は祈年を祭った。その祭には律令国家が幣帛を奉ったが、その幣帛には神祇官が奉る官幣、国司が奉る国幣の区別があった。官社に指定されると神祇官の神名帳（官社帳）に記載され、奈良時代後期以降は神社によってその祭神に位階（神位）が授

けられ、封戸（神封）が置かれた。これに対し、名神はその歴史的性格および律令行政上における位置付けがあまり明らかでない。このため名神を官社を代表するもの、あるいは官社に代わる新しい制度とするなどさまざまな見解が出されていることは、さきに述べたとおりである。

名神の祭祀が臨時祭を中心としていたことは、名神に関する規定を定めた『延喜式』が「神祇三、臨時祭」項にその祭祀を「名神祭」として掲げていることによって明らかである。『延喜式』は名神祭に就いて、その神社名を掲げるのみで、祭祀の内容を記していない。しかし、臨時祭項に名神祭と並んで記された祭祀が「宮城四隅疫神祭」「畿内堺十処疫神祭」「祈雨神祭」「遣㆓蕃国使㆒時祭」などとあって、これらの祭祀が律令国家が遭遇した種々の災疫あるいは神の加護を必要とする特定の事象について奉幣した臨時の祭祀であることを考慮すれば、名神祭も律令国家が緊急に対応を必要とする重大時にさいして行った臨時の祭事であったと考えられる。

このように、官社と名神とはその祭祀が官社は常祭、名神は臨時祭と明確に差異をみせているのであるが、制度上に現われた両者はその区別が必ずしも明らかでない。その理由の第一は名神はいずれも官社のうちに「名神、大」として位置付けられていて、常祭社である官社が臨時祭である名神祭を必要に応じて行う重層構造となっていることが両者の区別を判り難くしている。したがって、この名神が持つ特徴および官社との違いについては国史などの諸史料に現われた記事によって判断することが必要となる。

名神に関する国史の記事で先ず注目されるのは㈠名神祭祀と太政官の関係、㈡仏法との関連性である。㈠についてみると、名神の名が国史に現われるのは前述のとおり『続日本紀』天平二年十月庚戌二十九日条の「遣㆑使奉㆓渤海信物於諸国名神社㆒」の記事で、同紀天平宝字八年十一月癸丑二十日条の「遣㆑使奉㆓幣於近江国名神社㆒（後略）」の記事がこれに次いでいるが、それ以降国史には

差㆑使祈㆓雨於伊勢神宮及七道名神㆒　（『続日本紀』延暦七年五月己酉二日条）

以二炎旱経レ月、公私焦損一、詔奉二幣畿内名神一、以祈二嘉澍一焉

（同紀延暦九年五月甲午二十九日条）

遣レ使奉二幣畿内七道諸国名神一、皇帝於二南庭一親臨発焉、以祈二万国安寧一也。

（『類聚国史』神祇部十一、祈禱上、延暦十六年六月壬申十八日条）

遣レ使奉二幣於畿内名神一祈レ雨也。

（『日本後紀』延暦二十四年七月癸巳二十六日条）

勅、夏苗已茂、秋稼始熟、恐下風雨失レ時、嘉穀被上レ害、宜下遣二使畿内一、奉中幣名神上、

（同紀大同五年七月丙辰十八日条）

走二幣畿内名神一祈レ止二風雨一

（『続日本後紀』承和元年八月己亥二十一日条）

向二七道諸国名神社一転二読般若一、祈二民福一也。

（『文徳実録』斉衡元年四月丁巳三日条）

などのように、その記事の多くが勅命による「遣レ使」と表記され、奉幣・祈請の目的を「祈雨」「祈二嘉澍一」「祈レ止二風雨一」「祈二民福一」などとして、民政上の必要による祈願であることを明らかにしているのが特徴である。これは国史にみる官社の記事の殆どが「入二於官社一」「為二官社一」と官社となったことを伝えるのみで、奉幣の目的について具体的記事がないことと対照的になっている。なお、名神への奉幣にさいして「遣使」とあるが、神祇令常祀の条には

凡常祀之外、須下向二諸社一供中幣帛上者、皆取二五位以上卜食者一充、但伊勢神宮、常祀亦同、

とあって、臨時の奉幣の使は「皆五位以上の卜食者を充てよ」と定めているから、名神への奉幣はいずれも五位以上の太政官の上級官人が使として遣されていたことを示している。また、祝詞についても『延喜式』（巻第八、神祇八）が定める臨時祭の祝詞の規定、すなわち、

凡四時諸祭不レ云二祝詞一者、神部皆依二常例一宣レ之、其臨時祭祝詞、所司随レ事脩撰、前レ祭進レ官経二処分一、然後行レ之

と常祀の祝詞は神祇官の神部が常例によって宣したのに対し、臨時祭に用いる祝詞は祈願の内容によって関係の所司が文案を修撰し、[7]祭に先立って太政官に進めてその了承を得ることを定めていて、名神祭に関する主務官庁は太政官であったことが明らかである。

名神祭が太政官の管轄下にあって、その判断の下に奉幣・祭事が行われていたことはその臨時祭の趣旨からも確認することができる。名神祭の趣旨は国史の記事に明記されているのが特徴であると先に述べたが、その祈請は

詔二群臣一曰、宜三差レ使祈二雨於伊勢神宮及七道名神一（後略）　（『続日本紀』延暦七年五月己酉二日条）

以二炎旱経一レ月、公私焦損一、詔奉二幣畿内名神一、以祈二嘉澍一焉　（同紀延暦九年五月甲午二十九日条）

令下天下諸国一為二名神一写二大般若経一部一奉読供養、安中置国分寺上、若无二国分寺一者、於二定額寺一

（『日本後紀』大同四年正月乙未十八日条）

勅、頃年疫旱並行、生民未レ安、（中略）、但神明之道、転レ禍為レ福、庶凴二祐助一、除二此災禍一、宜レ走二幣於天下名神一　（同紀弘仁三年七月丁巳朔日条）

などとあるように、いずれも詔勅に基づく祈願・奉幣であり、大同四年正月の記のように内容は神仏に亙るものもあって、天皇の命を受けて太政官が施行していることが明らかである。

つまり神祇令が定める常祭は神祇官の所管であったが、国家の非常時にさいして天皇の意向を反映して行われる臨時祭、すなわち名神祭は太政官の主導の下にあったことが判明する。[8]

(二)の仏法との関連性、つまり名神と仏法との交差については、ここで改めて論じる必要性はないが、念のためその関係を示す代表的史料のいくつかを例示しておくと、国史は前掲の『日本後紀』大同四年正月十八日条の名神への大般若経奉読供養の記事に次いで

復勅曰、如レ聞、諸国疫癘間発、夭死者衆、夫鎖二災眚一招二福祐一者、唯般若冥助、名神厳力而已、宜レ令下五畿内七道諸国司転二読般若一走中幣名神上（『類聚国史』巻一七三所引『続日本後紀』承和三年七月十六日条逸文）

勅、護二持神道一不レ如二一乗之力一、転レ禍作レ福、亦憑二修善之功一、宜遣二五畿七道僧各一口一、毎二国内名神社一令レ読二法華経一部一、国司検校、務存二潔信一、必期二霊験一
（『続日本後紀』承和三年十一月朔日条）

是日、有レ制、為二諸名神一、令レ度二七十人一、各為二名神一発二願誓念一、其得度者、皆以二神字一被二於名首一
（『文徳実録』嘉祥三年五月九日条）

宣二 詔五畿七道諸国一云、（中略、旻天の災）、夫銷レ禍者能仁无上之法、招レ福者大乗不二之徳、宜下仰二諸国一以二安居中一講二説経王一、自二 詔到日一、比レ及二秋収一、至心堅固、専令中転読上 庶幾増二神威於自在一、保二宝祚於冥助一、黎民無二疾疫之災一、農功有二豊稔之喜一（後略）
（『三代実録』貞観五年三月十五日条）

などの記事を掲げている。これらの記事に共通していることは仏教経典を読誦、講説供養することによって名神の神力・神威を増大し、名神の霊威によって皇位の安泰を保ち、人民を疾疫の災いから防ぎ、農業の豊稔を願っていることである。

こうした神と仏の交わりについてはすでに多くの先学が指摘しているところで、辻善之助氏はその大著『日本佛教史之研究』[9]の中で神仏習合研究の観点に立って「二、本地垂迹説の起源について」第四章「貞観時代」の項で、貞観前後の時代における神仏習合の事蹟として「神の為めに僧を度すること」「神の為めの読経」「神の為めの写経図仏」「仏舎利奉納」などの事がらが多く見えると述べられて、国史にみえる「神前読経」等の情況を詳述された。さらに「神の菩薩号」として『文徳実録』天安元年十月己卯十五日条および『延喜式』にみえる菩薩号の存在について言及されている。同氏はこれら神仏の交わりについて「これ等によってみると、神が仏法に依て煩悩を脱し、仏法によって助けられ、仏法によって繋縛を免るといふ思想は、十分にあらはれてをる」と述べ

ている。この説は仁明天皇の時代、承和年間に急速に高まりをみせる「般若冥助、名神厳力」あるいは「護二持神道一、不レ如二一乗之力一」という理念を普遍したものであるが、こうした思想が成立してくる推移の過程を知るためには奈良時代における神祇思想の変遷の概要について考察を加えておく必要がある。

二　神祇祭祀思想の変遷

律令国家が行う神祇祭祀の制度は凡ね天智朝に始まり、天武・持統朝に制度化され、文武朝でほぼ整備されたといわれる。(10) その神祇制度の基本は太政官が神祇官を担当官司として、天神・地祇を神祇令に定める常典によって祭ることであり、具体的には祈年・月次・新嘗等の常祭を励行することによって、五穀の豊穣を願い、大嘗（新嘗）・鎮魂祭等によって皇位の安泰を計ることであった。これらの神祇の祭祀はいずれも日本固有の伝統的性格を持ち、祭祀に従事する氏族として中臣・忌部らの名負氏が中心となって祭祀に奉仕して、伝統的な祭祀を継承していたところに特徴があった。

こうした祈年・月次・新嘗・相嘗などの祭祀を全国に普及し、奉幣と班幣を通じて祭祀の系列化を計って設けられたのが官社の制度であった。これらの官社は、本来は地域あるいは氏族が祀る社で、それぞれ独自の祭祀を有していたと思われるが、律令国家の立場でいえば神祇令に定める常祭を行うことによって神祇官の統轄下に属したと見做したものと思われる。

しかしながら、大宝令が成立し、都が藤原宮から平城京に遷都し、律令体制が整備される中で、諸国各地に急速に田畠が開発され、農耕社会が進展し、租・庸・調・雑徭の賦課制度が整えられると、律令国家にとってその課税・収益体系をくずしかねない天候の不順あるいは疫病の流行はもっともさけるべき事柄となり、その防災のため神祇に対する臨時の祈願、奉幣が急速に高まりをみせることとなった。こうした状況について『続日本紀』

は、

奉二幣帛于諸社一、祈二雨于名山大川一 （和銅三年四月壬寅二十二日条）

詔曰、頃者陰陽殊謬、気序乖違、南畝方興、膏沢未レ降、百姓田圃、往々損傷、宜下以二幣帛一奉二諸社一、祈中雨于名山大川上、庶致二嘉澍一、勿レ虧二農桑一、（後略） （和銅七年五月戊寅二十三日条）

詔、遣レ使奉レ幣二帛于諸社一、祈二雨于名山大川一、於レ是未レ経二数日一、澍雨滂沱、時人以為、聖徳感通所レ致焉、（後略） （霊亀元年六月癸亥十三日条）

詔曰、陰陽錯謬、災旱頻臻、由レ是奉二幣名山一、奠二祭神祇一、甘雨未レ降、黎元失レ業、朕之薄徳、致二于此一歟、百姓何罪、燋萎甚、（後略） （養老六年七月丙子七日条）

と、元明朝から元正朝の時代、和銅から養老年間にかけて祈雨を中心とする祈願がしきりに行われ、祈願の成否が天皇の威徳の評価につながっていた状況を伝えている。祈願の対象となった神祇については単に「諸社」としているが、恐らくは奉幣などを通じて中央朝廷と何らかの関係があった社、すなわち官社を指しているものと思われる。とすれば天候の不順などの異変は、平常は月次祭などの常祭を中心としていた官社に祈雨などの臨時祭を求めざるを得ない事態を引き起していたのであろう。

これらの記事で注目されるのは中央朝廷が祈願の対象として「諸社」の他に名山、大川を含めていることである。(11) 古代の人々が霊山、あるいは水源となる川について信仰をもっていたことは所謂三輪山信仰、あるいは賀茂信仰・貴布禰信仰などによってよく知られている。しかし、この時点で新たに名山・大川を求めていることは、村落の発展あるいは耕地の拡大が従前の天神・地祇の他に新たなる神祇の神々を必要としたことを示している。

『続日本紀』が

（前略）、又諸国天神地祇者、宜下令二長官一致上レ祭、若有二限外応レ祭山川一者聴レ祭、（後略）

詔曰、（中略）其在二諸国一能起二風雨一、為二国家一有レ験神、未レ預二幣帛一者、悉入二供幣之例一

（天平元年八月癸亥五日条）

（天平九年八月甲寅十三日条）

などと、しきりに災害に対して有験の神を求めているのは、律令国家が当初想定していた天神・地祇を常祭によって祀るという伝統的祭祀では相つぐ災異には対応できなくなっていた状況を示している。

ただし、このように祈願に請雨・止雨、あるいは疫飢などの様々な災異の防止を求める、すなわち祭神の神威の効験を求める在り方は、結果として神威に対する評価意識を引き起すこととなった。その傾向が顕著となるのが、聖武天皇の天平年間である。『続日本紀』は

（前略）、四月以来、疫旱並行、（中略）、由レ是祈二禱山川一、奠二祭神祇一、未レ得二効験一、至レ今猶苦、（後略）

（天平九年五月十九日詔）

詔曰、比来縁レ有二疫気多発一、祈二祭神祇一、猶未レ得レ可（後略）

（天平九年七月乙未二十三日条）

と、しばしば、たび重なる天候の不順、災害に対して神祇の効験の不足を記して注目される。そして神祇に対する除災、祈福の祈願が高まる中で、次第に顕著な動きをみせてくるのが、「敬神崇仏」「奉幣読経」という表現に集約される神仏習合思想である。

災害にさいして祈願を神祇と共に仏教に併せ行うことは、『続日本紀』文武天皇紀慶雲四年四月丙申二十五日条に

天下疫飢、詔加二振恤一、（中略）、奉二幣帛於諸社一、又令下京畿及諸国寺一読経上焉。

とみえるのが早い例であるが、元明天皇の時代に入ると仏寺に対する祈願の記事が

詔、為二天下大平・百姓安寧一、令二都下諸寺転経一焉。

（和銅元年六月己丑二十八日条）

とみえ、聖武天皇の時代には

請二僧六百人於宮中一、読二誦大般若経一、為レ除二災異一也。（神亀二年閏正月壬寅十七日条）

詔二七道諸国一、除レ寃祈レ祥、必憑二幽冥一、敬レ神尊レ仏、清浄為レ先、（後略）（同二年七月戊戌十七日条）

と、神と仏に併せ祈願する動きがみえ始める。さらに天平時代に入ると

令下両京四畿内及二監、依二内典法一以請上レ雨焉。（天平三年七月丙午五日条）

於二宮中及大安・薬師・元興・興福四寺一、転二読大般若経一、為下消二除災害一、安中寧国家上也。（天平七年五月己卯廿四日条）

等と、仏法によって除災を願い、国家の安寧を計ろうとする傾向が顕著に現われるようになる。ただし、このように次第に台頭する崇仏思想に対して、なお、日本古来の神祇の祭神の神霊を一層神格化し、その神威がもたらす霊験を高めようとする努力が行われていた。そうした神祇に対する思索を深める中から成立してきたのが神明思想である。

三　神明思想の成立

奈良時代に崇仏敬神の併存に基づく神仏習合思想が進展する中で、天平時代に「神祇」と並んで「神明」という表現が国史に現われてくる。この言葉の語源は「神祇」と同じく中国にあって、『易経』『尚書』『礼記』などの儒教経典に用法がみえ、知の明々なる神、神のような精神、あるいは神のように明らかなこと、霊験あることがらなど、霊異がある神あるいは神の神威をさす言葉として用いられた。また、仏教経典においては『灌頂経』『三論玄義』などに語句がみえ、霊魂のこと、心、あるいは心ざまなど心の在り方を示した言葉として用いられている。我が国では「神祇」が天神・地祇などの神の存在を示す総括的、自動的な用語として用いられたのに対

し、「神明」は霊験がある神の神格あるいは神意もしくは神霊を示す積極的な言葉であった。

周知のように我が国の神祇概念は特に顕著な思想体系があるわけでなく、「被二神祇之教一、頼二皇祖之霊一」(『日本書紀』神功皇后摂政前紀・仲哀天皇九年四月)の語に集約されるように祖先崇拝を根元としたものであるが、熊襲・蝦夷あるいは朝鮮半島諸国など異質文化に接触するさいには、神祇に神霊(時には和魂・荒魂を含め)、神教、神験などの表現を加えることによって、日本固有の神祇思想を改めて強調しようとする意識があった。神祇にその霊力を加味した神霊という表記が『日本書紀』で朝鮮半島など対外交渉が最も頻繁であった神功皇后摂政前紀に集中して現われていることがそのことを証している。神霊の初見は『日本書紀』神功皇后摂政前紀で、皇后が朝鮮西征にさいして群臣に下した詔の中で「上蒙二神祇之霊一、下藉二群臣之助一」として用いている。また同書は欽明天皇紀十六年二月条で、百済王子と蘇我臣の問答の中で、蘇我臣の言として「修二理神宮一、奉レ祭二神霊一、国可二昌盛一」と述べたと記し、また天武天皇元年紀六月丁亥(二十七日)条は壬申の乱における高市皇子の言として「則高市、頼二神祇之霊一、請二天皇之命一、引二率諸将一而征討、」と記している。これら『日本書紀』にみる神霊とは、異国との交渉、あるいは国威の誇示、もしくは合戦等の緊急時に加護を願う神の霊魂・神威を意味する言葉として用いられている。

これに対して神明は聖武天皇の時代から現われる言葉であるが、その当初は神霊と同義の言葉としても用いられていたらしい。『続日本紀』天平十二年紀の藤原広嗣の乱に関する記事において、九月癸丑二十九日条の聖武天皇の勅では広嗣をさして「不孝不忠、違レ天背レ地、神明所レ弃、滅在二朝夕一」と批難し、他方、同年十一月戊子五日条では広嗣の言い分を掲げて「我大忠臣也、神霊弃レ我哉」と述べさせていて、神明と神霊を同義語のように用いている。したがって、語義の上では両者に明確な区別はない。しかし『続日本紀』以下の国史は神明の用法について「躬自乞二三宝一、禱二神明一」(『続日本紀』天平宝字元年四月紀)、「神明之道、転レ禍為レ福」(『日本後紀』弘仁三年七月紀)、「神明之徳、修善必祐」(『続日本後紀』承和五年三月紀)などのように、仏法と神祇との交わりの中で仏法に対応する語句として用いていることが明らかである。

この神明の語は聖武天皇も重用した。正倉院宝物として伝わった「聖武天皇銅版勅願文[12]」の中において、天皇は去る天平十三年二月十四日に金光明四天王護国之僧寺の建立を発願された由来を述べ、天神・地祇が共に相い和順して福慶をもたらし、永く国家を護らんことを願うため、今、天平勝宝五年正月十五日にこの勅願文を七重塔中に納めたことを述べて、「若有二後代聖主賢卿一承二成此願一乾坤致レ福、愚君拙臣改二替此願一神明効訓」と、もし後代にこの願いを改替することがあれば、神明が教えさとすであろうと結んで神明の擁護を願っている。かつて律令国家は神祇は天神・地祇を祀る総括的な祭祀思想と考え、特に祭神の宗教的神格にふれることはなかったが、聖武天皇の時代には、仏教思想の影響を受けて、日本固有の神である天神・地祇の祭神の中で、仏法の功徳をうけ祈願に応じて国家もしくは天皇の安寧、村落生活の平安に神験がある神の神霊を神明と呼んで特に注目したと思われる。

これ以後、神明という言葉はしばしば詔勅もしくは国史の記事に用いられた。天平宝字元年四月、道祖王を廃して大炊王を皇太子とした孝謙天皇の詔に、

(前略)、廃レ此立二大炊王一、躬自乞二三寶一禱二神明一、政之善悪、願示二徴験一、(中略)、斯乃上天所レ祐、神明所レ標、(後略)
(『続日本紀』天平宝字元年四月辛巳四日条)

とみえて、神明が仏法の三宝に対応して、神の意志を現わす総括的な言葉として表現されている。さらに平安時代に入って、弘仁三年に干魃と疫病が起ると、嵯峨天皇は

勅、頃者疫旱並行、生民未レ安、静言二于此一、但神明之道、転レ禍為レ福、庶凴二祐助一、除二此災禍一、宜レ走二幣於天下名神一、
(『日本後紀』弘仁三年七月丁巳朔条)

と述べて、神があるべき道が神明と表現され、その神明は禍を転じて福となす除災招福の霊力があるものとして認識されている。このように神明という言葉は、従前から用いられていた神祇という表現が、いわば自然神もしくは祖先神である神の存在を示す包括的表記として用いられていたのに対し、神を信仰する人あるいは国家に対し霊異を持つ特別な神格もしくは神威を表す言葉として用いられた。言い変えれば仏教が仏について「仏性」「仏意」あるいは「仏心」と記して仏が持つ功徳を表現しているのに対応する聖霊を示す表記であった（神明が仏教を意識した言葉であったことは、前述した弘仁三年七月朔の嵯峨天皇の勅にある「但神明之道、転レ禍為レ福」という語句が実は仏典に依るものであることによっても証される。例えば後述する承和三年三月二十五日太政官符（『類聚三代格』巻二）には「転レ災成レ福、尤般若之勝力、護レ国利レ民、是大乗之冥助」とあって、この文が『仁王般若経』の功徳を説いた語句であったことを示している）。

やや後の史料であるが『三代実録』貞観七年四月二日条の記事は、この神霊と神明の用法の差異を伝えた史料として注目される。この記事は元興寺僧賢和の奏言を伝えたもので、それによれば近江国野洲郡奥嶋の神が賢和の夢に現われて賢和に

（前略）、嶋神夢中告曰、雖レ云二神霊一、未レ脱二蓋纏一、願以二佛力一、将下増二威勢一、擁二護国家一、安中存郷邑上、望請、為二神宮寺一、叶二神明願一、詔許レ之。

と、自身の神霊は世俗の煩悩の束縛を脱することができないので、仏力をもって神威を増し、国家と村落の平安を守りたいと告げたと述べ、それを受けた賢和は自身の堂舎を神宮寺として神明の願いを叶えたいと奏上して勅許を得たと伝えている。すなわち、この記事は「神霊」を未だ悟りを得ない土俗の神の心、「神明」を知識として悟りを求める神の心と判別し、仏法の力によって日本固有の神威の高揚を願う神を神明と表現している。

この神明について、早くその意義を論じられたのは辻善之助氏である。同氏は前掲した『日本佛教史の研究』

所収の「本地垂迹説の起源」の第一章「序説」の末文において、奈良時代における垂迹説を否定して、

(垂迹説は)奈良時代には未だ纔かにその萌芽ともいふべき考丈であった。即神明が佛法を悦び佛法を崇拝するといふ思想を事実的に現出せしめて、漸く神佛習合の端緒を開いたに止まるのである。

と述べられた。ついで第二章「奈良前期并に奈良時代」において「当時一般の思想として、神が仏法を悦び之を擁護するといふ考が、根底にあった」ことを指摘した上で、神明について

神明は衆生の一として、宿業に因て迷界に流転し、煩悩の羈に縛せらるる故に、佛法によって解脱せんことを求め、佛法を尊び、佛法を悦ぶという思想である。

とし、天平年間に神に対して神位を授けることは神が人と同じく衆生のうちにあると考えていたことの証であると指摘された上で、

かくの如く、神はまだ悟の開けぬ解脱せざる衆生である。之が進んで悟を開けば菩薩となる。それがもう一つ進めば仏となる。奈良時代の思想では、神はまだ衆生であって、菩薩にもなって居らぬ。故に神仏同体などゝいふ説は、勿論存在し得ないのである。右の如き思想によって、遂に神に菩薩号をつけたり、また神の為めに神前に読経するやうになるのである。(後略)

と説き、さらに第三章「延暦弘仁時代」においては神の菩薩号の始め、第四章「貞観時代」においては神前読経について、第五章「自藤原時代至鎌倉時代并綜括」においては神前読経、神社への舎利奉納、一代一度仏舎利使、さらには神宮寺等について史料を列挙し、それぞれの事例について克明に論述されている。この辻氏の神明説は同氏の大著『日本佛教史』第一巻上古篇の第五章「平安時代中期」の第三節「本地垂迹」においても同趣旨のことを再説されている。(13)

仏法上からみて、日本の神祇は未だ悟を開かず、煩悩から解脱できない衆生であると考え、その中にあって知

識として仏法を尊び仏法を悦んで、新たなる霊威を高めようとする神々を神明と表現して把握したとする辻氏の説は、その論証過程にやや飛躍が感じられるが、その指摘は適確であり、今日なお教示に預る点が大きい。

四　東大寺大仏造立と名神

「神は未だ悟の開けぬ解脱せざる衆生である。之が進んで悟を開けば菩薩となる。それがもう一つ進めば仏となる」と述べられた辻氏の論文に関連する論考として、近時東大寺前別当森本公誠師が発表された「東大寺と華厳経」（『南都仏教』第八十三号所収、平成十五年十月刊）がある。この森本師の論考は東大寺の大仏盧遮那仏造立について、聖武天皇と『華厳経』との出合いを論じて、聖武天皇が出家に至る思想上の遍歴を詳述されたものであって、この論考の中で直接日本の神祇と大仏造立との関係にふれられたものではない。しかし、森本師は『続日本紀』天平十五年十月十五日条に掲げる聖武天皇の大仏造立の詔を詳細に分析され、この詔文が述べる

（前略）、粤以下天平十五年歳次二癸未一十月十五日上、発二菩薩大願一、奉レ造二盧舎那仏金銅一軀一、（中略）、広及二法界一、為二朕知識一、遂使下同蒙二利益一、共致中菩提上、（中略）、是故預二知識一者、懇発二至誠一、各招二介福一、（中略）如更有四人情三願持下一枝草・一把土上助二造像一者、恣聴レ之、（後略）

について検討を加えられ、聖武天皇が『華厳経』を学ぶ中で、現神として国家に君臨していた天皇が、仏に帰依する智識の人々と共に菩薩の大願を立て、大仏を建立する中で菩薩道を実践し、仏の悟りの世界に到達しようとしたと述べられた。同師は、その文中で「菩薩道を天皇の立場で実践しようとしたのである。」とされたが、この天皇の考え方は辻氏が述べられた神祇の神明説と同じ趣旨であることが明らかである。辻氏はその神明論の根拠を具体的に明らかにされていないが、恐らくその背景には聖武天皇の菩薩大願思想があったものと思われる。

やや時代は降るが、平安時代・文徳天皇の斉衡二年（八五五）九月から清和天皇の貞観三年（八六一）にかけ

て東大寺大仏の修理が行われた。それは斉衡二年五月に大仏の頭部が堕落したためで、時の朝廷は同年六月七日に参議藤原氏宗を東大寺に派遣してその実状を確認し、翌七月には聖武天皇の佐保山陵に修理を行う旨を報告している。ついで同年九月に宇佐八幡大菩薩に使を遣わして修理にさいして大菩薩の助力を得ることを願った。このように大仏の修理は聖武天皇が大仏を造立した創建当初の由緒を尊重する形で行われたが、同九月二十八日に修理東大寺大仏司検校の大法師位真如と大納言藤原良相らが大仏修理を行うための奏言を行った。『文徳実録』同日条によると、この奏言はまず聖武天皇の天平勝宝四年の大仏造立の勅書（『続日本紀』は天平十五年十月十五日とする）を引用し、本願聖武天皇の願いは

（前略）、即知先皇本願。以二一切人衆一為二善知識一。欲レ共二其福利一。不レ専二於一己一。而今件大仏。已為二大破一。修理所レ須。殆及二新造一。案二仏所レ説。荘二厳仏事一。修二理旧物一。所レ得功徳。勝二於新造一。而独用二官物一以充給。恐乖二弘済之本願一。望請令下二天下人一。不レ論二一文銭一合米一。随二力多少一。以得中加進上。又一切神祇。不レ望二功徳勝利一者蓋寡矣。故先皇始レ自二八幡大神一。以為二善知識一。頼二其冥助一。果二彼大願一。若諸神祇。望レ預二件功徳一者。命二所司一。随二其所願一。弁二送料物一。然則先皇大願。始終不レ違。人神福利。古今如レ一。勅許レ之。

と、一切の衆生を善知識としてその福利を共にすることであったと述べ、このたびのことは大仏の造立でなく大仏の修理であるが、仏説によれば旧物を修理して得る所の功徳は新造に勝るといっている。このため修理にさいして官物を用いることは弘済の本願にそむくこととなるので、（結縁事業として）天下の人は一文銭、一合米を論ぜず、力の多少に応じて助力を得るようにしたい。また一切の神祇も仏の功徳の勝利を望まないものは蓋し少ない。このため聖武天皇は八幡大神より始めて神祇を善知識として冥助を頼み大願を果している。もし、今回も諸神祇が、件の功徳に預ることを望むならば、所司（国司か社司か）に命じて所願に随って修理の料物を弁送する

ように、そうすれば聖武天皇の大願に違わず、人神ともに福利を得ることは古今同一であると奏言して、勅許を得ている。

聖武天皇が大仏造顕にさいして神祇に助縁を呼びかけたということは、それを明らかにする史料に乏しい。しかし、『続日本紀』天平勝宝元年十二月丁亥（二十七日）条は、この日宇佐八幡大神の禰宜尼が東大寺大仏を拝したさいに、孝謙天皇は八幡大神に対する詔を伝えている。(14) その詔の中で孝謙天皇はかつて（聖武天皇が）河内国の智識寺で盧遮那仏を拝し、大仏を造立しようとして豊前国の宇佐八幡大神に祈願された折に、八幡大神の神勅があって大神が天神地祇を率いて事業を宣せられたことが歓び貴く思われたと追憶されて、

（前略）、去辰年（天平十二年）、河内国大県郡乃智識寺爾坐盧舎那仏遠礼奉天、則朕毛欲レ奉レ造止思登毛、得不レ為之間爾、豊前国宇佐郡爾坐広幡乃八幡大神［爾申賜閉］勅久、神我天神地祇乎率伊佐奈比天、必成奉无事立不レ有、銅湯乎水止成、我身遠草木土爾交天、障事無久奈佐牟止勅賜奈我良成奴礼波、歓美貴美奈毛念食須、（後略）

と述べられている。このことは大仏造立にさいして聖武天皇の祈願に応えて日本の神々も助縁・協力したと当時考えられていたことを示している。したがって修理の担当者であった僧真如と藤原良相はその先例に準拠して神祇の助縁を求めたのであろう。更に言えば東大寺の大仏に関する事業は天下の民衆と共に神祇が参加することが重要であるとされていたのである。

この大仏修造は六年後の貞観三年（八六一）に完成し、三月十四日に東大寺で無遮大会が行われたが、これに先立って同年正月二十一日に清和天皇は山城・河内・和泉・摂津および七道諸国司に詔して大仏修理の功が成った旨を告げるとともに大仏修理完成の意義を宣言した。天皇はその詔の中で、

（前略）但先帝准二拠本願天皇之弘願一。以二八幡大菩薩一為レ主。天下名神及万民為二知識衆一。初行二修理一。今至二当時一。此事遂成。始終雖レ殊。徳業惟一。然則使下二八幡大菩薩一別得中解脱上。令下二諸余名神一々力自在上。本願

天皇及先帝御霊。乃至開闢以来登遐聖霊。同頼二薫修一。早開二覚花一。爰及二当今一。表裏夷晏。風雨順レ時。年穀豊稔。以レ此為レ基。当下遍二法界一。不レ論二自他一。終証中菩提上焉。

と述べて、この修理事業は先帝文徳天皇が大仏造立の本願聖武天皇の弘願に準拠して、八幡大菩薩を主とし、天下の名神および万民を知識衆として行ったもので、これによって八幡大菩薩が別して解脱を得、諸余の名神の神力が自在となったことを述べ、また本願聖武天皇および先帝文徳天皇の御霊、さらには開闢以来の歴代の天皇の聖霊が薫修(重習)に頼って覚花の悟りを開いたことを讃え、これらによって、風雨順時、年穀豊稔ならんことを願い、自他を論ぜず菩提を証することを求めている。この詔で強調されているのは、この大仏修理は文徳天皇が聖武天皇の弘願に準拠して行ったこと、この修理によって八幡大菩薩を始めとする諸名神が神威を高めたこと、聖武天皇を始めとする歴代天皇の御霊が悟りを開くことができる、という三点である。

この大仏修理についての文徳天皇および清和天皇の詔にみる特徴は、この事業が日本中の人々が善知識として助力することを標榜しながら、具体的には八幡大菩薩を中心とする諸名神に協力を呼びかけ、その神威の増大を願っていることである。前述したとおり、『続日本紀』が掲げる聖武天皇の天平十五年十月の詔には、大仏造顕の功徳によって「広及二法界一、為二朕知識一、遂使下同蒙二利益一、共致中菩提上」の語があって、広く人々に天皇も知識として共に利益を蒙ることは述べられているが、特に八幡大菩薩および名神などの神祇についてふれた言葉はない。八幡神が国史に登場するのは『続日本紀』天平九年四月朔日条の新羅との関係記事、および同十二年十月九日条の藤原広嗣の乱の記事などで、東大寺大仏との関連を明らかにするのは八幡神が上京した同紀天平勝宝元年(七四九)十二月紀である。しかし、聖武天皇が大仏建立について神祇に呼びかけを行ったのが明らかなのは、陸奥国から黄金が貢献された天平勝宝元年四月で、『続日本紀』同年四月朔日条は聖武天皇の宣命を掲げ、黄金が出現したのは、

(前略)、三宝乃勝神枳大御言験乎蒙利、天坐神・地坐神乃相宇豆奈比奉、佐枳波倍奉利、又天皇御霊多知乃恵賜比撫賜夫事依弖、顕自示給夫物在自等念召波、(後略)

と、三宝の加護を受けて神力を増した天神・地祇、および歴代の天皇の御霊の恵みによって現われたとしているのが初見である。したがって大仏造立にさいして聖武天皇が特に天神地祇に対して呼びかけを行ったとする史料はない。しかし、黄金出現に関する聖武天皇の宣命が、黄金出現は仏法の加護を受けた神祇の力によるものであり、歴代天皇の御霊の恵みによるものであるとしていることは、聖武天皇が大仏造立にさいして神祇との関係を重視していたことを示している。大仏修理の責任者となった大法師真如と大納言藤原良相らが、大仏修理の奏上文中で一切の神祇の協力を求め「然則先皇大願、始終不違、人神福利、古今如一」と述べて聖武天皇の大願を尊重し、人神の福利を同一にしたいと強調していることは、恐らく日本の神祇思想が大仏造立を境として変化したと考えていたことを示している。具体的に言うならば、風土の自然神および先祖の祖霊神であった日本の神々を人間と同じく衆生の一つとして人格神とし、大仏造立を契機としてこれらの神々が悟りを求める善知識、菩薩として位置付けられたと当時の人々は考えていたのであろう。そして仏法によって解脱し、新たなる自在の力を持った神明の神々の存在が名神として把握された。名神はいわばそうした仏法の功徳によって神明の悟りを得て神威を増大し、国家・天皇の祈請に対応することができる霊験社を指す言葉であった。

なお、大仏修理の検校となった大法師真如は、平城天皇の皇子高岳親王で、嵯峨天皇の皇太子となったが、所謂薬子の変で廃太子となり、出家して東大寺に住して三論、真言密教を学んだ。また大納言藤原良相は時の太政大臣良房の弟で、のち右大臣に昇ったが、『三代実録』の薨伝によれば、仏法を学び真言に精熟し、専ら念仏を事とした篤信者であったといわれる。神祇と仏法の在り方に通暁し大仏修理が持つ国家的意義を充分に理解していた人々であった。

五　名神信仰の展開と明神の出現

仏法との結び付きの中で成立した名神は具体的にどのように展開し、朝廷との関連を深めて行ったのであろうか。名神の神名・所在を明らかにしているのは前述したとおり『延喜式』巻第三、臨事祭項に掲げる「名神祭」の祭神と、巻第九・第十の所謂「神名式」に「名神」と注記された祭神である。祭神の座数あるいは社数は名神祭と神名式では異同があって、「名神祭」に座数二八五座、社数二〇三社があり、「神名式」には三〇七座二二三社が記されている。(15) 記載に多少の差異があるが、ほぼ一致している。これらの記載は所在する国別に記されていて、いま便宜「神名式」によって、その社数を地域別に表示してみると別表の通りである。(16)

この表に現われた特徴は、名神の地域配置が、まず畿内を中心として、東海道の尾張国、東山道の近江国、北陸道の若狭・越前国、山陰道の丹波・丹後・但馬国、山陽道の播磨国、南海道の紀伊国と各諸道の都に近い国々に置かれていること。また蝦夷に対する陸奥国、朝鮮半島への通路である伊豫・筑前および壱岐・対馬国に集中していることが挙げられる。すなわち、京都の周辺、および蝦夷・朝鮮半島との境に置かれている。さらに神祇官との関係でいえば、宮中神のうち神祇官の御巫が祭る神がいずれも大社として二十三座がありながら名神が一座もないこと。また伊勢国に官社が二百五十三座があり、大社も十八座がありながら、名神は伊勢国の神領から離れた壱志郡の阿射加神社、桑名郡の多度神社の二社しかないことが注目される。恐らく仏教との習合思想の上に成立していた名神を神祇官および伊勢大神宮が避けたことを示しているのであろう。

名神の神名・社数その所在地は『延喜式』に具体的に記されていて、把握し易いが、その実態となるとあまり明らかでない。名神が毎年に起こる天候異変あるいは疫病など、国家の円滑な運営に重大な影響を与える災異にさいして、中央政府から臨時の奉幣に預かっていたこと、またその神威を増大するためにしばしば神前読経など

表　名神分布表

所在地	名神数	大社数
宮中神	3	30
神祇官	0	23
宮内省	3	3
造酒司	0	4
主水司	0	0
京中	0	3
畿内	57	231
山城国	16	53
大和国	27	128
河内国	4	23
和泉国	1	1
摂津国	9	26
東海道	31	52
伊賀国	0	1
伊勢国	2	18
志摩国	0	2
尾張国	8	8
参河国	0	0
遠江国	2	2
駿河国	1	1
伊豆国	4	5
甲斐国	1	1
相模国	1	1
武蔵国	2	2
安房国	1	2
上総国	1	1
下総国	1	1
常陸国	7	7
東山道	36	42
近江国	10	13
美濃国	1	1
飛驒国	0	0
信濃国	5	7
上野国	2	3
下野国	1	1
陸奥国	15	15
出羽国	2	2
北陸道	7	14
若狭国	2	3
越前国	2	8
加賀国	0	0
能登国	1	1
越中国	1	1
越後国	1	1
佐渡国	0	0
山陰道	25	37
丹波国	4	5
丹後国	5	7
但馬国	9	18
因幡国	1	1
伯耆国	0	0
出雲国	2	2
石見国	0	0
隠岐国	4	4
山陽道	12	16
播磨国	5	7
美作国	1	1
備前国	1	1
備中国	1	1
備後国	0	0
安芸国	3	3
周防国	0	0
長門国	1	3
南海道	26	29
紀伊国	12	13
淡路国	2	2
阿波国	2	3
讃岐国	3	3
伊予国	7	7
土佐国	0	1
西海道	26	38
筑前国	8	16
筑後国	2	2
豊前国	2	3
豊後国	0	1
肥前国	1	1
肥後国	1	1
日向国	0	0
大隅国	0	1
薩摩国	0	0
壱岐国	6	7
対馬国	6	6
計	223	492

仏法との交わりが緊密であったことが国史などによって判明している。しかし、名神が律令国家の神祇行政の中でどのように位置付けされていたのか、具体的には神祇官あるいは官社との関係になるとほとんど明らかではない。

ただし、国史にみえる記事によって名神の動向をみるとその在り方は次の通りである。名神の名が国史に初見したのは、前述したとおり『続日本紀』天平二年十月庚戌（二十九日）条、および同紀天平宝字八年十一月癸丑

（二十日）条であるが、名神に対する祈願の内容がやや具体性を持つようになるのは桓武天皇の延暦年間で、『続日本紀』延暦七年五月己酉（二日）条に、

詔二群臣一曰、宜三差レ使祈二雨於伊勢神宮及七道名神一、是夕大雨、其後雨多、遠近周匝、遂得二耕殖一矣、

とあり、同紀延暦九年五月甲午（二十九日）条に

以二炎旱経レ月、公私焦損一、詔奉二幣畿内名神一、以祈二嘉澍一焉、

とあって、ついで同紀、延暦十年七月庚申朔日条に

以二炎旱経レ旬、奉二幣畿内諸名神一

とみえている。この三ヶ条の記事はいずれも祈雨に関するものであるが、その祈雨の祈願は単なる祈願ではなく、初めに神祇官による通例の祈雨奉幣があり、その効力がない場合に名神に祈願して効験を得ていることが判明する。すなわち延暦七年紀についてみれば、まず同年四月三日に使を畿内に遣わして雨を祈り、同月十日に黒馬を丹生・川上神に奉って雨を祈るなど神祇官主導による恒例の祈願を行った。しかしその効果は稔らず雨が降らないことが去冬から五ヶ月に及んだため、同四月十六日に桓武天皇は早朝に沐浴し庭前にて親しく祈請して、僅かに慈雨を得ることがあった。ついで五月二日に天皇は詔して、使を差して伊勢大神宮と七道名神に雨を祈り、ようやく大雨を得て耕作することができたと述べている。国史にみる数多い伊勢大神宮関係記事の中にあって、この延暦七年の記事は、伊勢大神宮に祈雨祈願が行われた初見記事であり、その祈願が名神と並んで行われたことは注目される。つづく延暦九年の名神奉幣の記事も、その年の五月二十一日に使を五畿内諸国に遣わして雨を祈ったことに続くものであり、同十年七月の記事も同年五月に天下諸国が旱疫に苦しみ、このため同年六月二十七日に祈雨のため黒馬を丹生・川上の神に奉ったことを受けている。つまり名神に対する祈雨祈願は、神祇官が行う恒例の祈願がいずれも効果を得ないのちに、太政官もしくは朝廷の意向によって行われていることに特

徴がある。令制が定める天神・地祇の常祀の祭祀が、発展する農村社会に対応できなくなった時に、新たなる奉幣祈願として効験を発揮したのが名神であった。

ついで、嵯峨天皇の弘仁年間になると、名神はその存在を一層明らかにしてくる。それは㈠には名神が「神霊」あるいは「神明」という霊験ある神格を伴った神として把握されてくること。㈡は伊勢大神宮との関係を深めてくることである。

㈠についていえば、嵯峨天皇は前代からの在り方を継承して、しばしば祈雨の発願を名神に祈請しているが、その祈願の詔勅は文中に名神が持つ神格に対する期待を述べているのが特徴である。その一・二の例を挙げると

勅、甘沢不レ降、稍渉ニ旬日一、眷ニ彼南畝一、深軫ニ于懐一、所レ冀神霊重祐、早致ニ嘉雨一、宜下走ニ幣畿内一、祈中於名神上、（『日本後紀』弘仁三年六月壬子二十六日条）

と名神の神霊に重ねて助けを願い、あるいは

勅、頃者疫旱並行、生民未レ安、静言ニ于此一、情切ニ納隍一、但神明之道、転レ禍為レ福、庶淠ニ祐助一、除ニ此災禍一、宜レ走ニ幣於天下名神一、（『同紀』弘仁三年七月丁巳朔条）

と、神明の道は過を転じて福となすことであるとして名神の祐助を求めている。また弘仁五年八月には、この数年が天候に恵まれ、豊年が続いたことを祝して嵯峨天皇は

詔曰、朕恭践ニ天位一、纂承ニ洪基一、（中略）、頃年以降、春耕候レ花、不レ愆ニ濯枝之潤一、秋稼垂レ穎、可レ余ニ栖畝之粮一、是則神霊降レ祥、仏子修善之所レ致也、（後略）（『日本後紀』弘仁五年八月壬申二十九日条）

と述べて、この豊稔は神霊が祥を降し、仏子（僧侶）が修善を致したおかげであるとしている。この詔で注目されるのは文中に「神霊」と「仏子」を対句としていることである。「仏子」とは『華厳経』等の仏典にみる「仏弟子」すなわち菩薩戒を受けて仏を目指す修業中の仏教信者の意味であり、その対語とされた「神霊」は悟りを

求めて仏功徳に預かる神格を意味していると考えられる。神への祈願にさいして「神霊垂祐」「神霊降祥」という表現は奈良時代の神祇祭祀の時代には全くみられなかった考え方である。ことに「神明之道、転レ禍為レ福」という語句にみる禍福という考え方は仏典では例えば『灌頂経』などにみる仏法概念である。その用例は承和三年三月二十五日太政官符（応二毎年令レ講二仁王最勝両部大乗一事）には「（前略）転レ災成レ福、尤般若之勝力、護レ国利レ民、是大乗之冥助、（後略）」（『類聚三代格』巻二）とあって『仁王般若経』の功徳を示す言葉として用いられている。つまり、名神が神仏融合の中で仏法的概念によってその功徳・利益が位置付けられていたことを示している。

(二)の名神と伊勢大神宮の関係についていえば、風雨・疫病等の災害を防ぎあるいは事前の防止を求めて祈願する場合に、まず天下の名神に奉幣し、ついで伊勢大神宮に奉幣するという例が仁明天皇承和年間に成立したことが注目される。伊勢大神宮については改めて申述べるまでもなく、律令制下においては天皇親祭の社として独自の地位を保っていたが、国家の要事にさいしては諸国の神祇社と共に奉幣の対象となる場合もあった。例えば「奉二新羅調於伊勢太神宮及七道諸社一」（『続日本紀』慶雲三年閏正月十三日条）、あるいは「遣二使於伊勢大神宮及七道諸社一奉幣、以告下遷二新京（恭仁京）一之状上也」（『同紀』天平十三年正月十一日条）と遷都にさいして七道諸社と共に奉幣の対象となり、また光仁天皇の皇太子山部親王（のちの桓武天皇）の病にさいしては「遣レ使奉二幣於伊勢大神宮及天下諸神一、以二皇太子不レ平也一」（『同紀』宝亀九年三月二十七日条）と天下諸神と共に祈願の対象となるなどの例はあった。しかし、奈良時代においては伊勢大神宮が風雨等の災害にさいして祈請の対象となったことは国史に不見である。

しかし、平安時代に入ると伊勢大神宮は名神と並んで除災の祈願の対象となった。そのことを告げる初期の史料が前に掲げた『続日本紀』延暦七年五月己酉、二日条で、この日桓武天皇は伊勢大神宮と七道名神に雨乞を祈願することを命じ、早速にその験があったことを告げている。

　こうした伊勢大神宮と名神の関係は嵯峨天皇の時代に入るとより関連性を深めている。例えば弘仁三年七月の旱疫にさいして朝廷は、七月一日に勅して天下名神に奉幣し、翌二日に天皇は大極殿に御して疫旱を救けるため伊勢大神宮に奉幣した（『日本後紀』）。こうした両者の関係を一層明確にしたのが仁明天皇の時代である。『続日本後紀』によれば仁明天皇は承和元年六月の旱天にさいし、まず十五日に紫宸殿を始めとする宮中諸殿で百座の仁王講を設け、十七日に群神に奉幣して甘雨の降ることを願った。ついで同月二十八日に伊勢大神宮および畿内七道の名神に奉幣して雨を祈り、同月三十日には百僧を大極殿に請じ、三ヶ日を限って大般若経を転読して甘澍を祈り、兼ねて風災の防除を願っている。祈雨等の祈願にさいして、まず法会を行い、ついで名神に祈り、その後に伊勢大神宮に天皇が奉幣するという在り方は仁明天皇の時代に先例化された。すなわち承和二年七月には

　乙未（二日）走二幣於天下名神一、預攘二風雨之災一。

　戊申（五日）奉二幣於伊勢大神宮一、亦為レ防二風雨之災一也。

承和三年七月には

　壬午（十五日）、勅曰、方今時属二西成一、五穀垂レ穂、如有二風雨愆レ序、恐損二秋稼一、宜下令二五畿内七道諸国一、奉二幣名神一、攘中災未萌上（後略）

　癸未（十六日）、復勅曰、如レ聞、諸国疫癘間発、夭死者衆、夫鎖二災眚一、招二福祐一者、唯般若冥助、名神厳力而已、宜下令二五畿内七道諸国司一転二読般若一走中幣名神上、

と、十五日・十六日の連日に亙って勅を降し、諸国に対し、名神に奉幣すべきことを命じている。この勅で注目されるのは十五日の勅では風雨の災害を未然に防ぐことを名神に祈請し、翌十六日は現実に起った災害に対しては仏法によって名神の霊力を高めるため全国の国司に大般若経の転読を命じていることで、名神が仏法によって

威力を高めた国家安寧の守護神とみられ、崇仏敬神の象徴と考えられていたことを示している。

名神を国家の守護神として、伊勢大神宮と併存させる考え方はこの時代に一層促進された。『続日本後紀』によれば承和四年六月には「(前略)、又勅令二五畿内七道諸国一、奉二幣名神一、予防二風雨一、莫レ損二年穀一」と災害予防神としての名神の性格が強調され、承和五年七月には

壬申(十七日)、分二幣内外諸国名神一、以祈二秋稼一也。
丁丑(二十二日)、勅、(中略)隴畝之苗、秋稼可レ期、宜下奉二幣於伊勢大神宮一、以祈中成熟上。
甲申(二十九日)、天皇御二八省院一、奉二幣伊勢大神宮一、以禱二豊年一也。

と、名神と伊勢大神宮への豊年祈願が併行して行われた。翌承和六年四月には

辛未(二十日)、一向令二七道諸国宰一、奠二幣名神一、雩致二甘雨一。
壬申(二十一日)、遣二従五位下高原王等一、奉二幣於伊勢大神宮一、令レ祈レ雨。

と、名神と大神宮への祈願が連係して行われている。承和七年六月二十九日には

勅、頃者澍雨頻降、嘉穀滋茂、如有二風災一、恐損二農業一、宜レ令下五畿内七道諸国一、奉二幣於名神一、予防中風雨上焉。

と予め風災の予防を名神に祈請し、ついで七月五日に

奉二幣於伊勢大神宮一、以祈二秋実一也。

と伊勢大神宮に豊年を祈願している。名神と伊勢大神宮とに連係して祈願する方策は以後先例化し、承和八年に七月二十一日に「勅、令二五畿内七道諸国一、奠二幣名神一、務祈二嘉穀一」ついで同月二十六日に「天皇御二八省院一、奉二幣帛於伊勢大神宮一、以祈二豊年一」と一連の関連行事として行われた。承和十年にも七月十日に「奉二幣於天下名神一、令レ祈二百穀一」と名神に奉幣し、同月二十三日に「是日遣レ使、奉二幣於伊勢大神宮一、為レ祈二秋稼一也」

と伊勢大神宮に奉幣している。毎年の秋の稔の季節になると、まず名神に祈願し、ついで伊勢大神宮に奉幣するのが恒例の行事となっていたことが判明する。

この名神と伊勢大神宮との両者の関係については、どのように考えるべきなのであろうか。申すまでもなく伊勢大神宮は神祇令制上に独自の地位を占める天皇親祭の常祭の社であった。しかし、仏法思想が普及し、仏神習合思想が進展する中で、名神が仏法の護持を受けて朝廷の祈願に随時応じて霊験を現す臨時祭社としてその地位を次第に高めるようになると、伊勢大神宮も天皇親祭の令制最高の神社としての地位に加えて、国家の要請に応じて霊験を現す臨時祭の対象社としての性格が加えられていたことを示している。ただし、臨時の祭事が成立するまでには伊勢大神宮にとって様々な推移の過程があった。先に伊勢大神宮は平安時代に入ると名神と並んで除災の祈願の対象となったと述べたが、その在り方には変遷があった。桓武天皇の時代には詔勅中で「伊勢神宮及七道名神」と両者が同時に併称されていたが、仁明天皇の承和年間にはまず名神に祈り、その次に日を改めて天皇が伊勢大神宮に親祭するという姿に変更された。その意味は恐らく伊勢大神宮と名神との神社の性格の差異が問題とされたためと思われる。つまり、律令国家が当面した防災、疫病等の異変の増大は、伊勢大神宮も国家の要望に応えるため名神とともに臨時の祈願の対象となったが、伊勢大神宮が次第に神仏習合化することには反発する空気が高まり、神祇官あるいは神宮側に名神と同列化されることを忌避する動きがあって、そのため同趣旨の祈願であってもその祭事の日を区別して、宇佐八幡宮を筆頭とする名神との差異を明らかにしたものと思われる。

神仏習合時代における伊勢大神宮と仏教との関係について、積極的に論を提供されたのは田中卓氏である。同氏は『神宮の創祀と発展』（神宮司庁教導部、昭和三十四年三月刊）の「第五章　伊勢神宮寺の創建」において、神宮と東大寺との関係について聖武天皇が大仏造立にさいし伊勢大神宮に祈願されたこと、この時代には神仏習合の観点でいえば伊勢大神宮と宇佐八幡宮は同じ位置にあったことを述べ、「聖武天皇の御代を頂点とする仏教興隆期には為政者の側に、イセ神宮として仏教と習合ないし協調せしめようとする態度がみられた」（第一節「神宮と東大寺の建立」二六六頁）と指摘された。そして道鏡の全盛時代には伊勢大神宮の神宮側にも神仏習合を受け入れる姿勢があったが、道鏡の失墜後は右大臣大中臣清麻呂の援助もあって、仏教との習合を避けることができたと述べられている（第三節「伊勢神宮寺の創建と推移」）。

私はここで伊勢大神宮と仏法との関係について論及する余裕はないが、前述したように、皇祖神として独自の地位を占めていた大神宮が、律令社会の進展する中で、天候不順、疾病流行などの国家の災害が増大すると、それらの災害に対処するため、まず諸国の天神・地祇と並列して臨時の祭祀を行っていること。ついでさらなる国家の災異が続き、より強固な神験が求められると、大神宮が名神と同位置に置かれて国家・天皇の祈願の対象となったこと、すなわち大神宮も神仏習合の波の中で、名神と同じく神霊から神明へと上昇・転化が求められたことを意味したといえよう。そしてその動きは田中氏が指摘されるとおり、大神宮が東大寺大仏造立と無関係でなかったことを示している。

しかし、こうした大神宮の在り方はほどなく是正された。それは仁明天皇の承和二年以降、それまで一体視されていた伊勢大神宮と名神への奉幣祈願が、まず仏会、ついで名神、その後に大神宮への天皇親祭と分離・区分されたことに示されている。このことは、仁明天皇の時代に入って「佛力神威相須尚」あるいは「勅、護持神道、不レ如二一乗之力一、転レ禍作レ福、亦憑二修善之功一」（『続日本後紀』承和二年十一月一日条）という仏神習合思想が王朝社会の大勢となる中で、古来の伝統的神祇の立場を維持する伊勢大神宮（および神祇官）側の努力が反映したものと思われる。こうした見方を裏付けるのが、皇位の安泰と国家の安穏を願うため仏法、仏神習合、伝統神祇の三者の調和を意図した一代一度の諸行事であった。その在り方を具体的にみると、仁明天皇は治政の始めに当る承和元年二月十日に勅して「万民安楽、五穀垂穎、不レ如二最勝希有之力一」として諸寺に『金光明最勝王経』を勤修させ、四月六日には再び勅して「防二災未萌一、兼致二豊稔一、修善之力、職此之由」として、諸国の国分寺において、昼は『金剛般若経』を転じ、夜は『薬師悔過』を修せしめた。そして四月に入って疫癘が頻発すると京畿諸寺に命じて、天神・地祇のため『大般若経』一部、『金剛般若経』十万巻を転読せしめた。ついで耕作の時期である六月に入ると、旱天のためにまず十五日に紫宸殿を始めとする宮中諸院で仁王経百座講会を行い、ついで十七日に群神に幣帛を奉って甘雨を願い、二十八日に伊勢大神宮および畿内七道名神に奉幣して雨を祈った。ついで三十日に至って百僧を大極殿に招いて三ヶ日を限って『大般若経』を転読して甘澍を祈り、兼ねて風災を防いでいる。

このように国の平安を願い、豊稔の祈願を行うさいに、修法開筵、名神奉幣、伊勢大神宮奉幣を包括的に一連の行事として位置付ける仏神習合の祈願方式は、こののち文徳・清和天皇の時代を経て、宇多天皇の時代に至って一応の形態が成立した。それが天皇即位にさいして行われる崇仏敬神の一代一度の諸行事、すなわち「一代一度大奉幣」「一代一度大神宝使」「一代一度々者・一代一度仏舎利奉献」そして「一代一度仁王会」である。これらの諸行事は宇多天皇の時代から平安時代中期にかけて制度として一応の確立をみているが、その淵源は平安時代前期、仁明・文徳天皇の時代に溯るものであった。

この各種の一代一度行事のうち、一代一度大奉幣は天皇の即位と大嘗祭にさいして五畿七道の天神・地祇に神祇官が奉幣するもので、中臣・忌部の神祇官人が派遣される神祇令制に副った奉幣であった。これに対し一代一度大神宝使と一代一度度者・仏舎利使は名神を対象としたもので、朝廷行事として殿上人等の廷臣、蔵人所雑色等が天皇の勅使として奉幣を行った。一代一度大神宝使の奉幣の対象となる神社は当初は畿内中心の十数社であったが、のちには伊勢大神宮および諸社とされ、諸社は宇佐八幡宮を頂点とする全国の名神五十余社が対象とされた。[17] 一代一度仏舎利使は宇佐八幡宮、賀茂社等をはじめとして五畿七道の諸社五十数社に度者・仏舎利を献じて名神の霊威の増大を願ったものであった。[18] また一代一度仁王会のことは『延喜式』太政官式、玄蕃寮式などにその規定がみえているが、皇位安寧、国土豊楽のために行われた。これらの諸行事については『古事類苑』にそれぞれ基本史料が掲げられ、また近年に甲田利雄・井後政晏・岡田莊司各氏の優れた論考があって、[19] その制度と実態がほぼ明らかにされている。とくに岡田莊司氏は「即位・大嘗大奉幣は、中臣・忌部の伝統的祭祀族二氏が遣使となる神祇官祭祀の範疇に属する形式であるのに対して、大神宝使は殿上制度―殿上人・諸大夫・蔵人所雑色所衆―による新たな天皇内廷機能に依拠した制度として運用された。[20]」と述べて、即位・大嘗大奉幣と大神宝使を明確に区別されたことは、平安時代中期の祭祀制度についての重要な指摘として高く評価される。ただし、こうした二系統の行事が成立する歴史的背景には名神信仰の成立とそれに伴う神祇思想の変質があったことが注目される。それは天皇勅願の祭祀として行われた大神宝使と仏舎利・度者奉献使はいずれも名神を対象とした祭祀であったことである。

大神宝使については『日本紀略』醍醐天皇の昌泰元年七月二十日条に

　下二知五畿七道諸国一、奉二幣神宝於諸名神社一

とみえ、同紀同年八月二十三日条に

　発二遣使者於伊勢大神宮并五畿七道諸名神一、奉二神財一、又豊前国宇佐宮同奉二神財一

と記事があって、名神を対象とした奉幣使であった。この大神宝使は『三代実録』清和天皇紀の貞観元年七月十日条に「遣二使諸社一、奉二神宝幣帛一」とあり、賀茂・松尾・平野・乙訓などの十五社に奉献されたことを初見としていて、甲田利雄氏はこの大神宝使が一代一度の大神宝使として制度化されたのは宇多天皇の時代とされている。[21] 尓後、この大神宝使は醍醐・朱雀・村上天皇と歴代天皇の即位に伴う恒例の儀式となった。

のち、後一条天皇の即位に伴って寛仁元年十月二日に大神宝使が発遣されたが、このことを記した『御堂関白記』同年十月一日条は、奉るべき宣命五十三通について、この度の奉納は大事をとって伊勢大神宮と別に豊受宮にも宣命を奉るべきこととし、

（前略）、至二于宣命一、見二件長案一可レ有二豊受宮一歟、明神御在所云(ママ)二伊勢宇治五十餘鈴川上一、又云二宇佐八幡一、又云二石清水一、今指所社是等也、豊宮(ママ)レ受不レ指二御在所一例、使只一通持来、若是彼社料歟、此度依二大事一相加歟、賀茂・稲荷等御所々只大明神者、別々所御神、無二別宣命一也云々、

と記して、一社に数柱の祭神がある場合は通例宣命は一通であるが、この度は豊受宮にも宣命を奉ることを命じている。この記事の中で藤原道長が豊受宮・賀茂・稲荷などの諸社を明神と呼んでいたことが注目される。(22)御堂関白として名高い道長は一条・三条天皇の時代に永らく執政として朝政を運営してきたが、長和五年正月に外孫である幼帝後一条天皇が位に即くと、道長は待望の摂政となり、幼帝を擁して理想的な摂関政治を行うことに努めた。神事についても後一条天皇の受禅直後の長和五年二月一日に伊勢大神宮に御即位由奉幣を発遣し、二月七日に即位の儀を終えると、三月八日には御即位の由を告げる奉幣使を五畿七道諸社に遣わした。ついで同年十一月に大嘗祭を挙行するとそれに先立つ十一月四日に伊勢・石清水・賀茂の三社に大嘗祭を行う由の奉幣使を遣わし、翌寛仁元年十月二日に一代一度の大神宝使を伊勢大神宮・石清水八幡宮を始めとして十大社、近辺神社五社、畿内社十一社、七道諸国社二十九社の合せて名神五十五社に発遣した。その詳細は『左経記』寛仁元年九月・十月記に詳しい。(23)

一代一度仏舎利・度者奉献使は当初、寛仁元年十二月が予定されたが、村上天皇の先例に従って御即位後三年の同二年十月十一日に延引された。その状況は『御堂関白記』『小右記』『左経記』に記載があり、それによれば同元年十一月三十日に仏舎利を銀壺に入れて厚朴木の多宝塔に納め、十二月十九日に神社に奉る度者として童部

の頭を剃り、同月二十一日に仏舎利と度者の度縁を支給するなどの準備が行われている。発遣について『小右記』寛仁二年十月十一日条は

今日被レ発下遣奉二仏舎利於京畿・外国神社一之使上、五十七社使沙弥、

と記して仏舎利・度者を奉る神社を五十七社としている。その五十七社の具体的社名は『左経記』にも記載はないが、対象とする名神はその数がほぼ一致するところから考えて前述した大神宝使が対象とした神社と同一であったと思われる。(24)

なお、名神と明神の関係については後日に別稿で論じるとして、ここでは私の考えを簡単に述べておきたい。国史にみえる明神の称の初出は衆知のとおり『日本後紀』弘仁五年九月戊子十五日条に「奉二幣明神一、報二豊稔一也」とある記事で、以降『続日本後紀』承和十五年十一月紀、『文徳天皇実録』仁寿元年六月紀などにその称がみえている。ただし、これらの史料は必ずしも名神と明神とを意識して区別して用いているとは言えないと思われる。国史などの官撰史料が名神と明神を区別して表記するようになったのは九世紀末期、清和天皇の貞観年間から宇多天皇の仁和年間の時代であった。その背景には名神が次第に天皇などの個人、あるいは寺院・地域などの守護神として神明な霊威が評価される動きがあったと思われる。その代表的な在り方を示しているのが文徳天皇と名神の関係である。文徳天皇は即位にさいして「賀茂大神社」・「春日大神社」を天皇の朝廷の守護神としたことが『文徳天皇実録』（嘉祥三年九月紀）によって判明するが、その在り方を増幅したのが延暦寺である。慈覚大師円仁の弟子であった十禅師恵亮は九歳で即位した清和天皇を擁護するため、天皇の守護神である賀茂名神・春日名神のためにそれぞれ年分度者一人を置き「利二益名神一、奉レ護二聖朝一」こととした（『三代実録』貞観元年八月二十八日条、『類聚三代格』巻二・年分度者所収同日太政官符）。名神の守護神化であるが、こうした傾向を更に推進したのが延暦寺座主であった円珍である。円珍は光孝天皇の仁和三年三月十四日に上表して、比叡山は賀茂

明神・春日明神のために年分度者を置きながら、比叡山の主神（法主・地主とも言っている）である大比叡・小比叡両神に年分度者がないのは礼に欠けるとして、それぞれの神分に年分度者一人を加えることを願い、勅許を得ている（『三代実録』同日条、『類聚三代格』巻二・年分度者所収同日太政官符）。この両記事で特徴的なことは、貞観元年の国史および太政官符が「名神」としていた賀茂・春日両神が、仁和三年には賀茂明神・春日明神と表記されていることで、守護神としての性格が高まるにつれて名神が明神として呼称されていたことを示している。名神の明神化は幼帝清和天皇の時代に急速に進められたと思われ、『三代実録』清和天皇紀は「勅、奉レ宛二諸明神神田一」（貞観七年四月十五日条）と述べて、松尾・賀茂上下社・稲荷・平野・大原野諸社に神田を寄進して天皇朝廷を日夜守護することを願うなどの記事を伝えている。

こうした明神顕揚の動きが幼帝を擁した外祖父藤原良房の考えによるものか、その意図を察知した比叡山側の深謀に基づくものか、明神についての政治的・思想的検討は改めて行うこととして、ここでは明神信仰は名神の中の有力名神が守護神に転生したものであり、時代的には摂関政治時代を象徴する神祇思想であったことを指摘しておくこととする。

むすびに代えて——所謂神身離脱説について——

以上、奈良時代中期から平安時代中期にかけて、所謂神仏習合の時代に急速に発展し、平安時代前・中期の神祇界の中心的存在となった名神について、それが出現するに至った歴史的背景を考え、制度史的考察を行った。そして伝統的な氏族社会の中で、天神・地祇信仰を基礎として律令行政上に成立していた神祇思想が、当時、東アジアの先進思想であった仏教文化の影響を受けて、神明思想を中心とする名神信仰に変質してゆく過程を概論した。奈良・平安時代の人々はこうした神祇思想の変化を明確に理解していて、神祇の祭神が持つ神性の変化を神霊から神明へという語句の使用例で表現していたことを詳述した。

ただし、この名神という呼称および神明という用語は時代に伴って急速に変化した。名神は平安時代後期には消滅し、有力名神は専ら明神という呼称に取って変わられる。それは所謂神仏習合思想が本地垂迹思想に変質したことに伴う変化であった。名神は前述したとおり、日本固有の風土神・祖先神が仏法の影響を受け、「佛力神威相須尚」「護二持神道一不レ如二一乗之力一」などの表現に集約される神仏習合の成果とされたが、本地垂迹説の成立によって仏・神同体となれば名神の存在理由はその根拠を失うこととなった。(25) このため、本地垂迹説の成立後は、名神は専ら明神となって「奉護聖朝」「王城鎮護」「諸国守護」という日本固有の守護神、国土鎮守神という面が強調され、二十二社あるいは一宮として崇敬を受けたものと思われる。

また、神明という語義も平安時代に入ると変化をみせ始めている。前述した通り、神明という言葉は奈良時代中期、神仏が交流を深める聖武天皇の時代に初見し、仏法の加護を受けて神威を増大し、人々の祈願に対応する神霊を指す言葉として、平安時代前期、仁明天皇の時代から清和天皇の時代にかけてその用例が増大した。しかし、清和天皇の貞観年間になると、神明が日本特有の神性を示す象徴的表現となり、日本の国は神明の国と称されて我が国の神国思想を代表する言葉として用いられるようになった。例えば『三代実録』貞観十一年十二月十四日条は新羅の舟が九州に来航したさいに、兵乱となることを恐れた清和天皇（時に二〇歳）は伊勢大神宮に奉幣して平安なることを願ったが、その告文に

（前略）、然我日本朝波所謂神明之国奈利、神明之助護利賜波、何乃兵寇加可二近来一岐、（中略）、掛毛畏支皇大神、国内乃諸神達乎毛唱導岐賜比天、（中略）、我朝乃神国止畏憚礼来礼留故実乎、（後略）（この告文は同月二九日条にも同文が石清水社に奉られている）

と述べて、日本の国を神明の国とし、神明の助け護る神国であると主張している。我が国を神国とするのは『日

本書紀』神功皇后紀摂政前紀に「東有二神国一、謂日本」とあるのが初見であるが、「神明の国すなわち神国」としたのはこの『三代実録』の記事が最も早く、とくに新羅との関係が緊張した清和天皇の貞観年代後半の時代に集中して用いられた。日本の神祇はかつて神功皇后の時代にみられるように、しばしば外国、ことに朝鮮半島に対してその存在を主張する傾向がある。それは日本の神祇の基本は自然の風土神および氏族の祖霊神であって、日本国内では文化・思想の共通性の上に成立し、その存在が神話の中に序列化されているため特にその特性を主張する必要がなかったと思われるが、農耕社会が成立し仏教文化が普及すると、中国大陸とくに朝鮮半島との間に文化の共通性が高まって、思想・文化の異質性が次第に薄れ始めることとなった。このため、特に日本と朝鮮半島との風土・民族の違いを強く意識するため、日本固有の風土・氏族の象徴である神祇の特性が強調され、日本独自の神国思想が成立したと思われる。さらに中世に入ると、神明は日本を守る総鎮守神の神霊を指す言葉となり、同時に伊勢大神宮を指す言葉として「神明社」としても用いられることとなった。[26]

なお、名神の在り方とその意義を具体的に伝えた伝承として「神身離脱」説がある。[27] この説は罪業を自覚した地方の有力在地神が仏法に帰依して神道を免れようとする説話を根拠とするもので、奈良時代中期から平安時代前期に成立し、説話の多くは神宮寺創建伝承として伝えられているのが特徴である。この「神身離脱」は岡田精司氏を始めとする多くの研究者が我が国における仏教普及の観点に立って注目している処で、説話の展開の担い手が私度僧を中心とする民衆であったとみるか、官僧による律令国家の仏教普及政策とみるかによって判断が分かれているといわれる。この「神身離脱」説は前述した「神霊」から「神明」への思想的展開とも密接な関係があり、神仏習合思想の質的検討を考える上にも重要であると思われる。[28]

この「神身離脱」説が成立する根底には仏教側からの視点だけではなく、神祇側からの問題意識が存在していた可能性も高い。「神身離脱」説を支える史料として代表的な例としては若狭比古神に関する『日本後紀』逸文である天長六年三月乙未（十六日）条（『類聚国史』巻第百八十、仏道七・諸寺項所引）の記事がある。この記事は神主和朝臣宅嗣の曾祖父赤麿がかつて養老年中に修行中の深山で若狭比古神に会い、神が

（前略）、化レ人語宣、此地是吾住処、我稟二神身一苦脳甚深、思下帰二依仏法一以免中神道上（後略）

と述べて、日本の山地に住む自然神としての苦悩が深いことを歎いたと伝えている。これに対し、こうした日本の深山の地主神の在り方を修法者の側からみた話がある。それは三重県名賀郡青山町種生の常楽寺に伝わった奈良時代後期書写になる『大般若経』にある沙弥道行の発願書写奥書である。天平宝字二年十一月の年紀がある奥書は伊勢大神を「神風仙大神」と称した願文として有名であるが、沙弥道行は巻第九一の巻末に記した発願文で、かつて道行が天平勝宝九年六月に修法のため山中に入っていた時に激しい雷雨に会い、「手足無レ知レ所レ措」、「失レ魂畏レ死」れる状態であったが、その時に「仰願為二神社安穏一電雷無レ駭、朝廷無レ事、人民寧レ之」のため『大般若経』六百巻を書写することを誓ったところ、雷電が響を輟め、道行は（仏法の）威力を蒙って平常心を得ることができたと述べている。そして道行はこの『大般若経』書写の功徳によって「伏願、諸大神社、被二波（ママ）若之威光一、早登二大聖之品一」らんことを願っている。(29)

中国で都会もしくは平地における学問中心の宗教として発展してきた仏教にとって、(30)山海、風雨など地形と気象の変化に富んだ日本の風土は未知の世界であり、その中から育まれた荒魂と和魂の両面を持った日本の神は、仏法からみると未開の自然神であり、煩悩を懐いた未度者としてみえたのであろう。つまり、若狭比古神の話と伊勢大神（神風仙大神）との話は仏法側からみると、日本の神が未開の状態にあることを伝えた表裏の関係にあったのである。ただし、この神身苦悩の話は焦点を日本の神に当てたために殊更に日本の神が苦業からの解放を求めるという特徴的な姿となっているが、広く仏法上の解脱の在り方に立てば特に神のみを「神身離脱」として格別視することであったとは思われない。『三代実録』貞観十六年三月十九日条はこの日、貞観寺の道場が新成

し、大斎会が行われたことを伝えているが、その願文にこの貞観寺が天皇・皇太后・公卿八座・内外百官の安穏を図ると共に

　一切神祇、一切霊鬼、雨師風伯、水恠山精、摂二此芳縁一、倶脱二苦業一、含生有識、或飛或沉、同嘗二法味一、共趣二覚路一

と述べて、この貞観寺建立の勝縁によって一切神祇、一切霊鬼、雨師風伯、水恠山精など日本の天神・地祇、気象・風土が苦業を脱し、法味に預ることを願っている。つまり、この願文は仏法渡来以前に展開してきた日本固有の神祇・気象・風土が仏法の功徳によってより高い立場に転生することを願った仏法側の考え方を示したものであった。

　この貞観寺は清和天皇の平安を祈るため、母后皇太后藤原明子と外祖父太政大臣藤原良房が僧正真雅に謀って建立した真言密教寺院であるが、この願文にみる世界観は天皇および朝廷・貴族社会の安寧のためには日本の風土・社会が仏法によって苦業を解脱し、法味を嘗めて、悟りへの道、すなわち菩提の道を歩むことを願っている。つまり、この願文にみる思想は神仏習合という相互的な在り方を越えて、日本を仏土とする、すなわち本地垂迹思想の原点を示しているといえる。(31)

　名神の存在は仏教が伝来して仏教文化が展開をしてゆく中で、我が国の神祇思想が時代の要請に応じて変質してゆく過程を示している。この名神は平安時代後期に本地垂迹説が成立し、仏法王法思想が普及すると名神も仏・菩薩と同体となってその存在意義を失なったが、名神が育んだ神明思想は古代的天神・地祇概念に代わる日本独自の鎮守思想として、中世社会の神祇思想の展開に大きく貢献した。その点で、名神が我が国神祇史に占めた歴史的意義は極めて大きいと評価される。

注

（1）森田悌氏「平安時代の神社」（『平安時代の信仰と生活』山中裕・鈴木一雄編、至文堂、平成六年二月二五日刊）。
（2）西宮秀紀氏「律令制神祇祭祀論」（『律令国家と神祇祭祀制度の研究』［塙書房、二〇〇四年一一月刊］所収）。
（3）梅田義彦氏「名神考」（『神祇制度史の基礎的研究』［吉川弘文館、一九六四年刊］所収）。
（4）西牟田崇生氏「名神祭の一考察」（『国学院雑誌』第七七巻一号、昭和五一年正月刊）。
（5）熊谷保孝氏「律令時代の名神」（『律令国家と神祇』［第一書房、昭和五七年六月刊］所収）。
（6）臨時祭の性格については藤森馨氏がその著『平安時代の宮廷祭祀と神祇官人』（大明堂、平成一二年九月刊）の「神宮奉幣使考」の中で詳論されている。
（7）式條にある「所司随レ事脩撰」の所司について、虎尾俊哉編『日本史料・延喜式上』巻第八・神祇八・凡四時諸祭不云祝詞者条の頭注は、所司について「神祇官」と解している。『延喜式』は対象となる官司が明らかな場合は「神祇官」「宮内省」「大膳職」などと具体名を記し、対象となる官司に流動性がある時は「所司」と表記している。例えば「神祇六、斎院司」忌火竈神祭料条が「右神祇官直移二所司一請取、令二宮主祭一」と定めているなどである。名神祭の祭祀は祈雨・除病など民政一般に係る場合が多く、仏事・僧事に互る場合もあって、祝詞作成にさいしては民部省・治部省などの諸司としばしば関連する場合があったと思われ、それ故に名神祭祈願にさいしては太政官が統轄する必要があった。つまり、この官・所司の解釈は名神祭の性格についての理解とも関連していると思われる。
（8）伊勢大神宮に対する天皇御願の臨時奉幣についてその次第の詳細を伝えた史料としては、時代は降るが長和四年（一〇一五）九月に行われた三条天皇の御眼平癒祈願奉幣がある。その次第を伝えた『小右記』長和四年八・九月記によれば、この奉幣のことは三条天皇の発願によって左大臣藤原道長が執行し、行事上卿に権大納言藤原頼通（のち大納言公任に改める）が指名され、使はたびたび変更があって最後に権中納言藤原懐平と定められている。使には先例によって王を副え、蔵人頭藤原資平が随行し、宣命は内記が草し、内侍に付して奏したとみえている。この間、行事の進行について伊勢大神宮司大中臣為公は御祈使発遣の時期などについて意見を述べ、道長も為公の申す所は太神宮が仰せられることであるとその意見は尊重しているが、行事の運営の主体は太政官が行っている。

（9）辻善之助『日本佛教史之研究』（金港堂書籍株式会社、大正八年一〇月刊）。

（10）『日本思想大系、律令』令・巻第三、神祇令第六解説（岩波書店、一九七六年一二月刊）。

（11）古代における「名山大川」に関する代表的論考としては三宅和朗氏の『日本古代の「名山大川」祭祀』（同氏著『古代国家の神祇と祭祀』（吉川弘文館、平成七年九月一日刊）がある。この論考は「名山大川」の祭祀のことは中国・朝鮮にもみられること、『續日本紀』の前半にみえる「名山大川」の祈雨記事は伊勢神宮・畿内諸社・天下諸社への祈雨奉幣を意味すること、日本古代の祈雨祭祀ではその奉幣対象が伊勢神宮・畿内諸社・天下諸社（いずれも式内社）の三種に限定されていたこと、一〇世紀の中・後期に律令制的班幣体制が畿内中心へと縮小化していくのに並行して、祈雨奉幣も天下諸社への奉幣が姿を消し、伊勢・畿内諸社への奉幣を軸とする二二社制が成立すると述べている。六国史を始めとする祈雨祭祀記事を博捜して整理された労作であるが、神社を「諸社」と単一的に把えていて、神社および神祇思想の変化にふれていないことが惜しまれる。

（12）「聖武天皇銅版勅願文」は表裏に銘文が刻字されており、神明の語は表面の天平勝宝五年の聖武天皇の願文の末に記されている。なお、この銅版勅書は平成一八年の第五八回正倉院展に出陳され、その表裏の銘文の写真が同展図録一四、一五頁に掲げられて、その解説が西山厚氏「勅書銅板の謎」として収められている。

この銅版勅書はその製作、年代について奈良時代説、平安時代説あるいは裏面偽作説があり、西山氏が適切な所見を述べられている。なお、東野治之氏も「古代の書と文章」（岩波講座『日本通史』第六巻、一九九五年四月刊）の中で銅版勅書について言及されている。

（13）辻氏は当初、神仏習合あるいは本地垂迹説の萌芽は、聖武天皇が東大寺大仏建立にさいして、神祇の支援を求めたことにあると考えておられたらしい。しかし、その根拠とされた『続日本紀』天平十三年閏三月甲戌二十四日の記事（八幡神宮に秘錦冠・金字最勝王経・法華経・度者・封戸・馬を奉り、三重塔一区を造立することを記している）が、大仏鋳造の発願と関係ないことが国学院大学の河野省三氏から指摘されて、『日本佛教史之研究』所収「本地垂迹説の起原」（五八頁）において「舊稿に神佛習合現象は天平十三年に見えたるを以て初見とすと述べたのは誤であった。」と注記している。河野省三氏はその趣旨を「史林」第三巻第一号（大正七年一月一日刊）に「平安朝神道の一側面」として発表され、その註記(1)に辻氏が『続日本紀』の記事について「大佛鋳造の発願に大なる関係あるものとして取扱ひ、神佛習合の端緒、即ち本地垂迹説の萌芽は大佛鋳造の為めの一時の必要から案出せられたものであると断定したのはいみじき誤謬であった。」と批判している。

こうした河野批判があったため、辻氏はその論を明確にされなかったが、文脈からは大仏造立に対して聖武天皇が神祇の協力を求め、協力した神祇が菩薩として位置付けられたと判断されていたことが窺われる。

(14) 宇佐八幡宮の入京を伝えた『続日本紀』天平勝宝元年十二月戊寅十八日条および八幡神・比咩神への授位などを記した同月丁亥二十七日条について、三橋正氏は「大仏造立と日本の神観念—神仏習合の多重性を探る—」（『論集、カミとほとけ』ザ・グレイトブッダ・シンポジウム論集第三号、東大寺、二〇〇五年一二月一〇日刊、所収）において、これらの条は『続日本紀』編纂時に東大寺僧によって作文された可能性があり、「特に『天神地祇を夲いて造立を助ける』という託宣が明された宣命は、後世に東大寺で偽作された可能性が高い」と述べられている。

(15) 前掲書虎尾俊哉編『日本史料・延喜式』は巻第三臨時祭第一八条・名神祭条の補注1（七八三頁）に「名神の祭」として、「この名神祭条に列挙される神は二〇三社・二八五座、その内訳は京畿内が五四社一〇〇座にのぼり、東海道は三〇社三二座、東山道は三四社三九座、北陸道五社一二座、山陰道一四社三四座、山陽道一二社一六座、南海道二〇社二〇座、西海道二四社三二座とし、神名式では「京畿内五八社一〇五座、東海道三一社三三座、東山道三七社四二座、北陸道七社一四座、山陰道二六社三六座、山陽道一二社一六座、南海道二六社二六座、西海道二七社三五座、計二二四社、三〇七座」としている。この数と小論の「名神分布表」所掲の数に差異があるのは神名式諸本の異同について、採否の判断の差異によっている。

(16) 名神の諸国分布について考察を加えた論考として熊谷保孝氏「律令時代の名神」（前掲注5）がある。同氏もその「四、分布」項において「名神社の分布」表を作成し、所在の地域・国名・社数を計上し、分布の傾向と所在数の多い十国について評価を加えられている。但し、その内容は名神に対する該念が山本と違っているため評価は別となっている。なお、山本作製の「名神分布表」に示した名神数は虎尾俊哉編『日本史料・延喜式』所載の名神祭条補注1が記した名神数とは差異がある。

(17) 岡田莊司氏は前掲書第二編「平安時代中期の祭祀制」第二章「即位奉幣と大神宝使」の第四節「大神宝奉献社と一宮制」において『左経記』寛仁元年十月二日条と『江家次第』を詳細に解説し、「大神宝奉献社一覧」表を掲示して一宮制との関連を論じている。

(18) 岡田莊司氏は前掲書の第二編「平安時代中期の祭祀制」・第二章「即位奉幣と大神宝使」・第三節「大神宝使の成

立」において、仏舎利奉献の対象神社について「仏舎利奉献の対象神社も五十余社とされており、大神宝使発遣神社と殆んど重複するとみられる」（二〇二頁）と述べている。

(19) 甲田利雄氏「一代一度大奉幣」（『平安朝臨時公事略解』［續群書類従完成会、昭和五十六年九月刊］所収）。井後政晏氏「一代一度大神宝使の研究」（皇學館大学神道研究所編『続大嘗祭の研究』［皇學館大学出版部、平成元年六月刊］所収）。

岡田莊司氏『平安時代の国家と祭祀』第二章「即位奉幣と大神宝使」（續群書類従完成会、平成六年一月刊）。

(20) 岡田莊司氏前掲書。

(21) 甲田利雄氏前掲書。

(22) 道長と同時代の藤原実資の日記『小右記』はかつて「名神」と呼ばれていた神社をいずれも「明神」と称している。例えば、

永作元年（一九八九）四月十四日条は「今暁夢想内、有二春日明神感応告一」

長和元年（一〇一二）九月十八日条「或云、辛崎者比叡明神祭場」

寛仁元年（一〇一七）十二月一日条「大閤（藤原道長）云、行幸日、河合・片岡・貴布祢三座明神可レ奉レ増二御位一」

万寿二年（一〇二五）十月三十日条「賀茂大明神仁王講、是恒例二度講」

などとあって、当時「明神」の呼称が普及していたことを示している。

(23) 『左経記』寛仁元年九月二十日条には一代一度の大神宝使について、宇佐及び近辺諸社、畿内（大和・河内・摂津）使、七道使についてそれぞれの使を定めた記事があり、同年十月二日条には伊勢・度会、宇佐二所、石清水二所、賀茂上下と、その他に神宝を奉るべき近辺五社、畿内十一社、七道諸国三十社の社名についての記載がある。

(24) 名神の社名を具体的に記した史料は意外に少ない。その理由は名神が平常は『延喜式』神名式にも記された常祭の社であって、非常のさいに「夫銷二災眚一招二福祐一者、唯般若冥助、名神厳力而已」（『続日本後紀』承和三年七月癸未（十六日）条）、あるいは「但神明之道、転レ禍為レ福」（『日本後紀』弘仁三年七月朔条）という理念に基づいて神威を発揮する臨時の祭祀の神として扱われたため、その社名を必ずしも明確にすることは多くなかったものと思われる。したがって名神で社名を明らかにしているのは名神の中で特に霊威がある著名な神社であった。名神で社名を明らかにしている例を掲げると次の通りである。

『続日本後紀』承和九年三月丁巳（二十二日）条、「遣レ使奉二幣松尾・鴨御祖・鴨別雷・乙訓等名神一、祈雨也」

『三代実録』元慶二年三月七日条、「是日分二遣使者一、奉二幣馬於賀茂御祖・別雷・松尾・石清水・稲荷・住吉・平野・大原野・梅宮一、及班二幣五畿七道諸名神一、賽二旧禱一也」

なお、村上天皇の天暦四年七月二日の『九條殿記』（『御産部類記』所引）によれば右大臣藤原師輔は同年五月二十四日に誕生した外孫憲平親王（のちの冷泉天皇）の息災を祈って、石清水八幡、平野、賀茂上社・下社、春日、大原野、稲荷の七社に使僧を遣している。名神の呼称はないが僧侶を使者としていることはこれら七社が名神として崇敬されたことを示している。

(25) 辻善之助氏は前掲『日本仏教史の研究』「奈良前期弁に奈良時代」において「(前略) 平安時代後期になって本地垂迹説が普及すると、神は菩薩から進んで佛となり、神は佛の化現したものとなる。」神が佛となれば佛の冥助を受ける必要がなくなり、神明も即ち佛となり、「即神明は佛法によりて解脱するといふ思想の現われた史的事実は、全く跡をたちて見なくなったことである」と述べている。

(26) 神明が伊勢大神宮をさすことについて、山本信哉編『神道要典（国体篇）』（博文館、昭和十七年七月刊）は「文献通考七十八、「漢文帝十五年、趙人親垣平、以二神明一曰二東北神明宮、西方神明之墓一也。」の註に「神明ハ日也」と見ゆ。我が國で天照大神の祠を神明宮といふは之が為である。」と述べている。

(27) 「神身離脱」説について論じられた論文は、岡田精司氏「古代国家と宗教」（『講座日本史』1、東京大学出版会、一九七〇年刊）を始めとして河音能平氏「王土思想と神仏習合」（『中世封建社会の首都と農村』東京大学出版会、一九八四年刊）など数多いが、近時、上川通夫氏が「神身離脱と悔過儀礼」（『論集、カミとほとけ』ザ・グレイトブッダ・シンポジウム論集第三号、東大寺、二〇〇五年一二月一〇日刊）において、研究概要を適切にまとめられていて有益である。

(28) 河音能平氏は注(27)で記した「王土思想と神仏習合」の論考の中で、古代の神を「律令古代村落の紐帯たる自然神」（四頁）と「密教系の修行僧のイデオロギー的活動を媒介として、祟り神・疫神と化した旧共同体神を普遍的宗教である仏法でもって救済した」神身離脱神（六頁）とに分け、自然神を支えたのは「自然神を紐帯として自己を再生産してきた一般班田農民層」（五頁）であり、神身離脱神を成立させたのは「私出挙と営田を中心とする富豪層」(五頁)であると論じている。この論旨はやや高踏的で具体性に欠けていて難解であるが、仏法の普及によって神祇の神格に変革があったとする問題提起は私の小論に共通する視点があって注目される。

(29) この常楽寺の『大般若経』の奥書について、律令国家は伊勢大神宮を天皇親祭の社としているから、一僧侶が大神宮を信仰することは許されていないはずで、従ってこの奥書は偽書であるとした説を知見したことがある。しかし、私はこの『大般若経』を昭和三十六年(一九六一)に調査して、奈良時代写経であることを確認して、同三十七年二月付けで国の重要文化財に指定した経由があり、偽書説は成立しない。

(30) 古代日本において、中国での仏教徒の山岳信仰の影響をうけて、八世紀には仏教徒の山岳修行が高まりをみせていたといわれる。このことは逵日出男氏『奈良期山岳寺院の研究』(名著出版、一九九一年〈平成三年〉二月二五日刊)に詳述されている。同氏は奈良時代に山岳寺院に居住して山岳修行を重ねた官僧が多かったこと、また、吉野山を中心とした優婆塞・沙弥・禅師等の原始修験道の山岳修行が盛んであったことを指摘している。こうした仏教徒の山岳修行について、逵氏は「中国では道教の神仙思想による高山・深山に居する風潮が盛んであり、この影響を受けながら仏教徒による山岳修行が盛行していた」状況が留学生・留学僧の帰朝報告で日本に伝えられ、「我が国に於いても、仏教徒の山岳修行が漸く盛んになった」と述べている。

常楽寺の『大般若経』に記された沙弥道行の山岳修行の背景にはこうした中国における山岳修行の影響も時代の風潮として充分に考えられるが、都市における寺院の学問仏教という規制の中で学んでいた我が国の仏教徒にとって日本の山中の自然の厳しさは想像以上に強烈な印象を与えたものと思われる。

(31) 神仏習合を東アジア世界にみられる一般的現象として捉え、日本の神仏習合を中国仏教圏で進展した事象として論じた研究に吉田一彦氏の「多度神宮寺と神仏習合—中国の神仏習合思想の受容をめぐって」(水野祐氏監修『伊勢湾と古代の東海、古代王権と交流4』所掲、名著出版、一九九六年〈平成八年〉一一月二五日刊)がある。同氏は日本の古代の神仏習合が「わが国固有の神信仰と外来宗教たる仏教、この内なるものと外なるものとを一つに融和させた神仏習合」とする従来の見解に疑問を呈され、「日本古代の神仏習合を語る時に必ずとりあげられる「神身離脱」の思想や「護法善神」の思想、あるいは神宮寺建立や神前読経のロジックは中国仏教で広く説かれていた思想であって、日本古代のそれは、中国仏教の思想を受容したものに他ならない」と論じて、今後、神仏習合の考察にさいしては日本と中国の神仏習合の「両者を比較して、また朝鮮半島のそれとも比較して同一性と差異とを明らかにすることであろう」と述べられている。その指摘は的確で、私も教示に預かることが多かった。ただし、日本の神仏習合を考える場合、前提として吉田氏の指摘の通り、それが中国仏教圏における思想と類型的事象である可能性が高いという視点を持つことは必要であるが、重要なことはその類型的な中に日本独自の神祇思想がどのように伝えられ、反映しているかを明らかにすることであろう。そのためには我が国の神祇思想に対する一層の解明が必要であると思われる。本論で述べた名神に関する考察もそうした基礎的研究の一つであると考えている。

［追記一］　本稿は平成十八年八月、京都・賀茂御祖（下賀茂）神社における神社史料研究会大会において、「名神の成立とその変遷」と題して口頭発表をした内容に加筆訂正を加えたものである。

なお、本論の素稿は私が国学院大学大学院在学中に勘案したものであるが、このたびの成稿にさいして、かつて恩師岩橋小弥太先生から「名神は仲々難かしい問題があって、うかつには扱わないほうがよい」と御指摘を頂いたことを懐かしく想い出している。

また、成稿段階で林陸朗先生、岡田精司・岡田莊司氏から貴重な御助言を頂くことができた。林先生は私が国学院大学在学中に岩橋教授研究室の助手、そして史学科専任講師時代を始めとして今日まで親しく御指導に預った恩師であり、岡田精司氏は同じく大学時代に古代史への手引をして頂いた想い出深き先輩である。また岡田莊司氏は神祇学界の研究動向について懇切に御教示を頂いた。終稿にさいして厚く感謝の意を表する次第である。

［追記二］　本論を平成二十年夏に開催された神社史料研究会の大会参加者および知友に配布するため、思文閣出版の配慮を得て、「神社史料研究会叢書五（思文閣出版、平成二十年刊）『神社継承の制度史』抜刷」と肩書した抜刷若干部を作成した。しかし、同書の刊行が平成二十一年に遅延したため、抜刷に記載をした「平成二十年刊」は事実に反することになったので一言付記する次第である。

石清水八幡宮の祭祀と僧俗組織

——放生会と安居神事をめぐって——

西　中　道

はじめに

江戸時代後期には、石清水八幡宮の祭祀を代表する「七大祭」として、一月—厄神祭、二月—初卯御神楽、三月—臨時祭、五月—神田植、六月—高良祭、八月—放生会、十二月—安居祭が挙げられていた。(1) 中でも、勅会である放生会と臨時祭は、古来二大祭として別格の扱いを受けてきたが、室町時代の史料に(2)「当宮安居者、朝家第一之御祈、宮寺無双之大営也」とみえるように、規模の大きさや華やかさという面では、その二大祭にも決して引けを取らないとされたのが、安居神事であった。

本稿では、こうした多数の神事奉仕者を必要とする祭祀として、放生会と安居神事を採り上げ、これらを通して浮かび上がってくると思われる人々の姿、すなわちかかる大規模な祭典を長年にわたり維持運営することを可能とした組織、特に八幡の山上山下を中核とする祠官、社僧、神官、所司、神人等と呼ばれる僧俗の組織について述べてみたい。

一　石清水八幡宮寺の組織

1　宮寺の起源

石清水八幡宮は、清和天皇の貞観元年（八五九）、宇佐八幡大神の「吾近都に移坐して国家を鎮護せん」という託宣により、山城国石清水男山の峯に鎮座したとされる。この託宣を受けたのは、大安寺の僧行教（俗姓紀氏）である。『石清水八幡宮護国寺略記』(3)によると、行教は貞観元年四月十五日に宇佐宮に参着し、翌日からの一夏を宇佐宮で過ごすこととなるが、これは仏教でいうところの「安居」である。同縁起によれば、行教は毎日宝前に祗候して昼は大乗経を転読し、夜は真言密教を誦念したとあり、行教が託宣を受けたのは、その安居の最終日である解夏、すなわち七月十五日の夜半である。七月二十日に宇佐を出発した行教は、八月二十三日には山崎離宮辺に到り、そこで同二十五日夜、再び八幡大菩薩の示現があって、「石清水男山の峯なり」と告げられたという。

この男山には、八幡大菩薩の鎮座以前、すでに奈良時代、行基を開山とする山寺があったとされる。(4)この寺院は、石清水の湧出する近傍にあったので石清水寺と呼ばれ、本尊薬師如来を安置する薬師堂と宝塔から成っていたらしい。行教は、この石清水寺の薬師堂を増改築してこれを神宮寺とし、山頂には朝廷により六宇宝殿と呼ばれる八幡造の御殿が造営され、ここに翌貞観二年（八六〇）四月三日、三所の御体を安置し奉った。神宮寺は石清水八幡宮護国寺と称され、そこでは行教と彼の甥で初代別当となる安宗、そして新たに置かれることとなった十五人の僧たちが勤仕した。宇佐宮に倣い石清水にも神主が置かれるようになったのは、貞観十八年（八七六）からである。初代神主となる紀御豊は、やはり行教の甥であり、この御豊の血筋から、のちに祠官家と呼ばれる家々が興ることとなる。

山内には、摂社末社をはじめ仏堂や僧坊が逐次建てられ、山下にも極楽寺など下院の諸施設が整えられていった。これらを山上の護国寺が統括し、一山の組織は総体として石清水八幡宮寺、略して「宮寺」と呼ばれた。

2 祠官

宮寺に奉仕する僧侶、すなわちここでいう社僧の中から、一山の事務長官として朝廷から任命されたのが別当である。さらに別当以下を監督する非常置の職として検校が任ぜられる。別当は一山の中から、検校は外部から迎えられるのが当初の例であったが、のちには何れも一山中から選ばれるようになり、平安時代末頃からはこれが祠官家の独占するところとなる。初代別当安宗の在任期間は、貞観五年（八六三）～仁和三年（八八七）、二代別当は安宗の弟子幡朗で、在任は仁和三年～昌泰三年（九〇〇）である。一方、初代検校は行教の親族（一説に弟）で、宇多法皇の戒師としても高名な益信。東寺長者、東大寺別当等を歴任した益信は、寛平八年（八九六）から延喜六年（九〇六）まで石清水八幡宮寺検校の任に在った。二代検校は、天慶二年～同三年（九三九～九四〇）在任の義海で、彼は豊前宇佐氏出身の天台僧であり、天慶三年には第十四代天台座主にも任ぜられた人物である。(5)

別当の下に権別当が置かれたのは延喜十八年（九一八）――一説に承平六年（九三六）――とされ、その下に修理別当が置かれたのは応和二年（九六二）、寺任少別当の初めは承平二年（九三二）、官符をもって朝廷から任ぜられた少別当の初例は長久三年（一〇四二）である。ここに少別当の中から修理別当が、修理別当中から権別当が、権別当中からは一人の別当が選ばれ、別当を経て検校に至るという、閉鎖的な階梯構造が形成されるようになる。この少別当から検校に至る少数の特権的管理者層は、朝廷から僧正・僧都などに任ぜられ、あるいは法印・法眼等の僧位に叙せられる「祠官」として、他の社僧とは一線を画される存在であった。初期の検校や別当は、他の社僧と同じく清僧、すなわち妻帯せざる僧侶であったから、当然のことに子孫もおらず、誰もが血統的には一代限りであった。また、その顔ぶれからも窺えるように、「宮寺は何宗にも属せず」(6)とされた当時の八幡宮は、超然とした公的性格のもとにあり、南都諸宗、真言、天台と、宗派の枠を超え、外に向かって広く門戸が開かれていたといえる。

こうした検校及び別当以下祠官の性格が大きく変わるのは、豊前の人で宇佐弥勒寺講師であった元命（俗姓栗林氏）という人物が、稀代の才知・政治力を駆使して石清水を支配下に置くことに成功してからである。彼は、寺任少別当から権別当へと駆け上がり、治安三年（一〇二三）には第十九代別当となり、長元十年（長暦元＝一〇三七）には同職を弟子清成に譲与、同時に自らは第八代検校となった。上﨟を飛び越して別当に据えた清成は元命の実子であり、清成は同じく我が子清秀に別当職を譲り、次には清成の弟、元命三男の戒信が継ぎ、その次には元命外孫の頼清が継ぐというように、石清水の検校・別当等の重職は、全て元命の一族で占められることとなった。

一方、石清水の神主家は、初代御豊の三人の子息、二代良範、三代枝直、四代春実が順に受け継ぎ、次いで春実の子息二人が、五代良真、六代滋村と続き、さらに二代良範の後嗣となった良常が神主を経ずして初代俗別当となった。この良常の子息のうち、兄の聖清（聖情か）は出家得度して十三代別当、六代検校となる。なお、紀神主家出身で僧侶となり、検校にまで昇った者としては、これ以前に五代神主良真の子・四代検校の定杲がいる。聖清の弟・安遠は神主家を継ぎ七代神主、二代俗別当となり、安遠の子・兼輔が八代神主、三代俗別当となった。その兼輔の子が、出家して兼清と名乗り、元命女を妻に迎え頼清を成したのである。(7)頼清の子息光清は、康和五年（一一〇三）に二十五代別当となり、大治三年（一一二八）に第十代検校となった。光清の子孫は大いに繁栄し、三男の勝清は田中家の祖、十二男成清は善法寺家の祖となり、さらに両家から分かれ出た西竹・東竹・新善法寺・壇・平等王院等の諸家が、祠官家として互いに競い合いつつ隆盛を極めていくこととなる。祠官家の人々は社僧と異なり、妻子を養い家司下僕等も召し抱えていたから、それぞれ山下に屋敷を構えていた。

元命以後、とりわけ光清以降の祠官は、いわば僧俗を超越した立場で、社僧及び神官の上に君臨する存在となった。祠官最上位の座を占める者は、宗教上の最高指導者であると同時に、世俗界においても八幡山上山下はじめ全国に分布する石清水傘下の八幡宮（石清水別宮）及び石清水神領を統轄する最高権力者であって、さらにいえば、僧形八幡神像に象徴される八幡大菩薩の、地上における代理人としての性格をも備えるようになっていたのではないかと想像される。この立場は、鎌倉時代中期以降、「社務」と呼ばれた。社務の地位は、一山内部の秩序に基礎を置くものであったが、朝廷でもこれを重んじ、社務たる者を石清水八幡宮寺の検校職に補すこととなるから、ふつう社務＝検校であった。全国的組織の頂点に立つ社務は、今や一宮寺の検校という立場を遙かに凌駕する存在であり、山下にある社務当職の屋敷は「政所」とも呼ばれた。

3　社僧と神官、その他

僧俗を超越した祠官の下に位置づけられるのは、社僧と神官、及び所司等である。社僧は、いうまでもなく仏事を司り、その多くは山上諸坊の住職でもあった。社僧の最上位には、上座・寺主・都維那の三綱と呼ばれる職があり、社僧中の重役として当初は別当に次ぐ地位を占めた。のちに権別当以下の祠官が増員されると、三綱の地位は相対的に下落したといえるが、宮寺で執行される仏事においては、一貫して儀礼上の重役を担う存在であり続けた。社僧は祠官とは異なり、あくまで妻帯せず子孫を儲けることがなかったから、師弟相承により各々が受け持つ山上諸職や諸坊の管理を引き継いだ。社僧の出身としては、祠官家の他、京都の公家、近世には諸国有力武家の庶子等も多く、彼らは俗に男山四十八坊と称される山内の諸坊(8)に居住した。諸坊は本宮への祈禱を取り次ぐ祈願所、また宿坊として機能し、中世から近世にかけては、諸国の大名が大旦那となり経済的にこれを支える事例も見受けられた。(9) また、いくつかの坊では、山下に里坊を構えていた。

社僧が担う諸職には、山上執行職、御殿司、入寺、不出座、五座などがあり、このうち、御殿司は本宮内陣の事を司る重職で、紀氏出身の僧侶のみに限られ、松本坊・桜本坊・杉本坊の各坊住持がこれに当たった。御殿司の補佐役たる入寺は梅本坊・岩本坊・横坊が、これに次ぐ不出座は中坊・萩坊・橘本坊が担う職として、いずれも近世以降に固定されるようになる。これら特定の職を持たない社僧は衆徒と呼ばれた。

神事を司る神官には、俗別当、神主、検知、神子、大禰宜、小禰宜、他姓禰宜、六位禰宜等がいた。俗別当・神主・検知・神子は紀氏の世襲するところであり、大禰宜は山城方禰宜、小禰宜は楠葉方禰宜(10)とも呼ばれ、源氏と紀氏の流れを汲む者が任ぜられた。その他、神宝預禰宜、相撲預禰宜、唐鞍預禰宜等、各預禰宜職の存在も知られる。

さらに、社僧と神官の中間的存在として、所司と総称される公文所・兼官・達所・絵所・御馬所等の役職を担う人々がいた。彼らには僧侶もいれば俗人もいたが、本来は仏事・神事の奉仕者とは異なる事務職員であり、文書の起草や管理等を司る公文所、山上山下各地への通知・連絡等を担う達所、仏師や絵師等が働く絵所、馬の飼育・管理を業とする御馬所など、山下に存在した各役所に勤務する役人であった。各所には、実務にあたる多数の下僚や職人、馬丁らが働いていたはずだが、後述するように室町時代後期以降、宮寺の組織は大幅に縮小されたものらしく、近世に入ると紀氏源氏の特定の家々がこれらの諸役を世襲し、その名跡を細々と伝えるのみとなる。その他、常勤職としては、宮守、仕丁、巡検衆、楽人、巫女、侍等々が宮寺に勤めていた。彼らも俗人であったから山内には住まず、毎日山下から通勤しており、宮守・仕丁・巫女（市殿）等が出勤する時に通った坂道を、仕丁坂とも市殿坂とも呼んだ。(11)

4　神人

石清水八幡宮寺僧俗組織の末端、もしくは別働隊として位置づけられるのは、八幡郷内はじめ近郊各地に今も散在する神人各家で、主に放生会の神幸に供奉する神役を代々世襲する人々である。石清水神人各家に伝わるところでは、彼らの多くが貞観元年の石清水遷座の折、豊前宇佐の地より八幡三所大神に随伴し、はるばる当地へ移住してきた者の子孫だという。その実否を確かめる術はないが、一定の真実を含んでいる可能性はあろう。

神人とは、読んで字のごとく、神の人である。神輿、神馬、神宝が、神の所有する、神のための、神に属する輿であり馬であり宝であるように、神人は神の所有する人間である。そして、神の所有物を最も大切に扱うべきは、神に仕える人々である。神人達が日常従事している生業は、農業、商業、手工業、その他さまざまであり、たとえ世俗的にみれば身分は低かったとしても、石清水放生会という非日常の特別な状況下では、八幡三所大神に直属する神の人であり、上卿、宰相をはじめとする朝廷の高官も、宮寺の高位聖職者も、神の威光を受けて輝く彼らを徒や疎かに扱うことは許されなかった。

『本朝世紀』や『古事談』によると、山科藤尾寺の尼僧が石清水宮より勧請した八幡新宮の放生会が、石清水放生会を淩ぐ盛況を呈するようになったため、業を煮やした本宮では八月十五日の式日を変更するよう新宮に迫ったが、藤尾寺の尼はこれを無視したので、遂に天慶二年（九三九）八月十二日、本宮の神人等数千人が山科新宮に押し寄せ、その社を破壊し、安置されていた八幡大菩薩の霊像を本宮に移し、尼を捕縛・連行したという。天慶二年といえば、関東で平将門が新皇を称し、西海では藤原純友の暴戻いよいよ極まっていた時期に当たるが、この両雄も相次いで討伐されるに及び、同五年（九四二）には乱平定の報賽として石清水臨時祭が初めて斎行された。また『宮寺縁事抄一』等によれば、天慶八年（九四五）七月、突如として摂津国に現れた六基の神輿が、歌い躍る大群集に囲まれ入京の構えを見せ、ようやく石清水八幡宮東門下に志多羅社として祀られることにより沈静化したという事件が起こっている。

政治的経済的にも中央の統制が弛み、朝廷の権威が動揺し、物情騒然とした雰囲気が醸し出される中、古来の軛からひととき解き放たれた民衆は、自分たちの味方であると信じた神々や仏に群がり縋ることで、新たな活力と自信を付与され、安心を得たように見える。阿弥陀仏の名号を唱えつつ市中を遊行した念仏聖・空也の活動も、この時期に重なっている。いわば世俗の塵が一挙に空中に舞い上がり、視界が遮られたところに射し込んできた光こそ阿弥陀仏であり、八幡大菩薩であると信ぜられたに違いない。初期石清水神人の活動も、無論そうした時代思潮と無関係に展開されたものではなかったであろう。

石清水放生会は、貞観五年（八六三）八月十五日、石清水初代別当安宗の沙汰として始められたとされるが、当初神幸の儀は畏れ多しとして催されず、社僧が山麓の子持川（現放生川）畔に赴き、純然たる仏事としての放生会を営んでいたものらしい。石清水放生会に初めて勅使が遣わされたのは、村上天皇の天暦二年（九四八）のこととされる。一方、『男山考古録』[12]によると、「御三所御躰を遷し動し奉らん事は、御祟の有らん事を恐みて、陰陽寮に御卜を仰せられて、安倍・鴨両家の難陳など在しは応和三年（九六三）」とあるのを認めれば、神幸の儀は応和年間以降に始められたと見てよさそうである。ともあれ、その時代の風潮、具体的には志多羅神の神輿騒動等に見られる庶民大衆の行動が、勅使の差遣や神幸の儀の裁可といった国家側の反応を引き出したのだとも評し得よう。

朝廷の節会に準じて雅楽寮の楽人舞人が遣わされ、左右馬寮から御馬十列の奉納がなされたのは、円融天皇の天延二年（九七四）から、上卿・参議以下参向し行幸の儀に準じて鳳輦渡御を行わしめたのは、さらに下って後三条天皇の延久二年（一〇七〇）からである。すなわち石清水放生会は、近代以降喧伝されているように、「始めに勅祭ありき」「始めに官祭ありき」というような、当初からの国家的祭祀ではなかった。むしろ、石清水放生会の盛行は、神人をはじめ八幡大菩薩を敬仰する名も無き民衆が生み出したものであり、これを後追いする形で、天皇と朝廷はその上に花を添え給うたものと言いうるのである。

二　放生会と安居神事

1　放生会の概要

後三条天皇の勅旨によって整えられた延久二年(一〇七〇)からの式次第[13]は、当時考えうる最大最高の規模格式を備えた神仏両様の精緻な儀礼体系であり、その後も一つの理想型として、長きにわたり石清水放生会の在り方を規定し続けることとなる。時代は相当下るが、江戸時代中期頃の放生会を描いた絵巻[14]を参照すると、神幸祭の奉仕者として画かれた人物の数は、僧俗合わせて千四百名を上回る。平安時代後期における奉仕人員の総数は不明であるが、雑色・白丁等を含めれば、大方それほどの隔たりはなかったであろう。これだけ多くの参勤者を動員し、暗闇の中で順序よく供奉の列に従わしめるだけでも、なかなか一筋縄ではいかなかったに違いない。さらに天候不順、奉仕者の急病や忌服、神幸中の神輿転倒、神官や神人の懈怠や乱行、神幸道で発見される死穢や血の穢れ等々、当時の記録にみえる式中の困難な状況には様々なものがあり、一つの齟齬が全体の破綻に波及しかねないという構造上の問題もあって、実際にすべて滞りなく執行し得たという事例の方が、むしろ少なかったのではないかと思われる。しかし、そうはいっても、平安時代後期から室町時代中期にかけての石清水八幡宮は、全国に分布する所領からの莫大な収入に支えられ、財政的には極めて豊かであった。宮寺の組織は増員に次ぐ増員で、常時数百人規模の職員を擁する体制のもとにあったから、放生会や臨時祭のような大規模な行事を毎年催行する余裕もあったのだといえよう。

さて、この理想型としての石清水放生会は、大きく分けて祭祀と法会の両部分によって構成されていた。このうち、祭祀は神幸祭と奉幣祭に分かれ、そこにはまた官祭と私祭の別があった。当日の未明に始まる山上本宮から山麓絹屋殿に至る神幸は、宮寺の沙汰で行われる私祭であり、三基の鳳輦を中心として、神官、所司、宮守、仕丁、楽人、巫女、神人らが奉仕し、社僧も行列に加わる。一基の鳳輦には、四本の轅に四人ずつ十六人の駕輿丁（古くは八人）、前後四筋の御綱に六人ずつ二十四人（同八人）の御綱曳が付き、御紋章付高張提灯を四隅に掲げ、雅楽慶雲楽（同賀王恩）の調べに導かれ、厳かに本宮を進発する。絹屋殿から頓宮殿に至る神幸と、頓宮門内で行われる奉幣祭は、朝廷から遣わされた奉行の監督下で催される官祭であり、上卿、参議、弁、外記、史、官掌、内蔵寮、左右近衛府、左右兵衛府、左右衛門府、左右馬寮等の官人と共に、俗別当以下の神官が奉仕する。三基の鳳輦は、天皇の行幸に準じた形式をもって左右近衛次将はじめ弓箭を帯した六衛府の武官に警固され頓宮へ進み、頓宮殿渡御の際には、次将が「ケーヒー」と警蹕の声を発する。

夜が明ける頃には、奉幣祭が頓宮庭上で始まる。その際、祠官は頓宮回廊の座に列するが、頓宮殿上において神前に供物を献じ、官幣を進めるのは、あくまで俗別当以下の神官であり、祠官・社僧が祭祀に直接携わることはなかった。上卿と参議及び上卿に随伴する弁、外記、史、官掌ら朝廷の文官は、頓宮殿西側の極楽寺南庇下に座を占めた。朝廷からは三座への幣帛供進に続き造花十二瓶が奉献されたが、この時それぞれの舞装束を着した菩薩、鳥、胡蝶の舞人十二人が各一瓶ずつ、これを舞台左右から進み出て神前に供えた。

奉幣に続いて営まれる法会はむろん仏事であり、ここでは祠官・社僧が奉仕し、神官はおおむね退出した。この法会は、神願の法会であると共に天子御願の法会、つまり勅会でもあったから、宮寺と朝廷が協同して行う形となっていた。すなわち、頓宮殿と舞台の間には高座が左右二所に設けられたが、そこに法会の主役として登るのは、導師と呪願の二人である。導師は、延暦寺、園城寺、東大寺、興福寺などの諸官寺から僧都・法眼が、呪願は宮寺の上座が勤仕する例であった。唄、散花、引頭など舞台上で順次勤行する僧や、舞台左右に居並び行道や読経などに加わる色衆（衲衆、讃衆、梵音衆、錫杖衆）は百二十名に上ったが、諸寺の官僧と共に宮寺からも別当以下の祠官・社僧がこれに連なった。表白や放生目録の奉読、最勝王経の講読などを終えて導師と呪願が高座を下り、色衆も退出すると、勅楽として唐楽と高麗楽が二曲ずつ、次いで東遊、駿河舞などが奏された。さらに十数曲に及ぶ舞楽が奏された後、相撲十七番の取り組みがあり、夕刻法会を終了した。

夜の帷が下りる頃、再び宮寺の沙汰による私祭として還幸祭が催され、神官、所司、宮守、仕丁、楽人、神人らが奉仕し、社僧も行列に加わって、雅楽還城楽の調べと共に山上本宮へと向かった。還幸祭では、諸行無常、盛者必衰の理を表すとして、祠官・社僧以下、浄衣に藁沓を履き白木の杖を突いて行列に加わり、その様子は華やかな神幸祭とは打って代わり、さながら葬列を思わせるような哀愁に満ちた風情であったという。

2　安居神事の概要

石清水八幡宮の二大祭は放生会と臨時祭であり、このうち放生会は現在も石清水祭として存続し、臨時祭の方は明治維新後に廃絶したままとなっているのであるが、前にも触れたとおり、維新後に失われた重要な祭儀としては、かつて毎年十二月十五日を中心として盛大に催されていた安居神事というものがあった。放生会と臨時祭は、何れも勅会であるという点で特に重視され、式次第等に関する記録類も多数残されてきたが、安居神事の方は、基本的に朝廷とは没交渉の行事であり、公家流の綿密な儀式の次第・作法書の類とも縁遠い存在であったから、行事の詳しい内容や由来についても判然としない部分が多い。

安居神事の由来に関しては、大きく分けて二つの説がある。一つは仏家の主張するところで、石清水開山祖師行教の宇佐宮安居にちなむとする説である。第二は神官社士達の説で、彼らは神武天皇紀の説話や成務天皇紀にみえる「天下安居」の語に結び付け、これは元来神道行事であったが、たまたま仏教の「安居」と文字が同じであったため、七月十五日に営まれていた仏事としての安居に関わる社僧巡役による堂荘厳の頭役、「僧供頭」「花厳頭」「宝樹頭」等との混同が起こってしまったもの、とした。

ここで、後者の説による安居神事の来歴を『男山考古録』や『天下安居神事之記』[15]をもとにして概説すると、以下のようになる。すなわち、社僧勤仕の安居とは別に社士輩が勤仕してきた安居神事の起源は、源平争乱最中の寿永元年（一一八二）、右大将源頼朝が四海の静謐を祈り、祭式故実に詳しい高田蔵人菅原忠国という者を石清水八幡宮への幣礼使として鎌倉から派遣し、同年十一月に天下安居の祭祀を執行せしめたことに始まる。翌年、金振但馬助宣という者が、忠国の祭式に倣い代幣使を勤め、以後これを安居祭と称し連綿として八幡の社士が毎年交代でこれを勤めることとなった。高田忠国は八幡の地に住み着き、その子孫は志水氏を称した。応仁の乱よりは途絶えがちとなったものの、放生会や臨時祭が途絶しても安居祭のみは細々と続けられていた。しかし、関白豊臣秀吉が八幡社士始め住人の所領を没収したため、ついに断絶のやむなきに至った。当時、石清水祠官田中家は、豊臣氏と極めて密接な関係にあったが、徳川家康が天下の権を掌握すると、高田忠国の遠孫・志水宗清の娘として八幡に生まれ、家康の側室となり、尾張徳川藩祖を生んだ亀（於亀の方＝相応院）が重要な役割を担うこととなった[16]。安居祭の復興を求める於亀の愁訴に心を動かされた家康は、慶長五年（一六〇〇）、安居頭人各家の領地朱印状を発給し、同年十二月に安居祭を再興せしめた。しかし、安居頭人として名を連ねることとなった八幡社士らは、儀式に関して山上社僧の指導を仰ぐことが多かったため、社僧勤仕により七月に行われていた安居の堂荘厳頭役との混同が起こり、近世には神事仏事を兼ね合わせた形になってしまった、というものであった。

こうした社士輩の言説が、全面的に信用しうるか否かは判断しかねるところであるが、ここでは取りあえず行事内容の概要を見ていきたい。前掲書及び『安居神事諸事記』[17]を参照すると、江戸時代における安居神事は、大きく分けて三つの要素、段階によって構成されていたことが窺われる。

まず、「お壇」[18]と呼ばれる祭壇が整えられる。十一月十一日、八幡南郊の安居塚と呼ばれる場所(頭人が八幡南部住人の場合)、または男山の地主神を祀る狩尾山(頭人が八幡北部住人の場合)から芝土を採り、これを特定の場所三カ所(山上三ノ鳥居前、山麓山路里の東、頭屋宅門外)に運び来たって八角形の壇を築き、そこに御幣や榊を立て注連縄を張り、洗米御酒などを供え八幡三所大神及び末社諸神を祈請するという。

第二に、「頭人」である。安居頭には、主宰者である本頭と、その補佐役となる脇頭があり、慶長五年の『八幡山上山下知行帳』[19]には「石清水八幡宮社司安居本頭神人面々、八幡住人侍分とも云う」として、志水、神原、片岡、橋本、森元、松田、柏村、林などの姓を持つ六十人の名が挙げられ、「他所入来安居脇頭神人」として、姓のない六十二人の名が挙げられている。彼らは、安居神事の本頭や脇頭に選ばれる資格を有する人々であった。年々の安居頭には、この有資格者の中から一種の籤引きによって一人のみが選ばれた。その選定・指名の儀式は差符神事と呼ばれ、毎年九月十五日の夜、八幡宮宝前で厳粛に行われた。頭屋宅では、まず山上の社僧(権寺主)を自宅に招き、これを「御師」[20]と称して尊び、饗応する。次いで「コナシ」といって、郷中の町民、百姓を順次招いて饗応する。十二月に入ると、頭人夫妻は揃って男山北側の谷筋(不動谷)に入り、その奥にある小さな滝に打たれ水垢離をする。これを「塩湯カケ」という。それ以後、頭人は十五日に宝樹の儀を終えるまで、斎服に冠を着用する。同月十三日には、やはり夫婦揃って放生川に架かる安居橋を渡り、大勢の従者を引き連れて山上に向かう。頭人は本宮に奉幣の後、山内の宿坊に入り、御師の僧と同座する。

第三に、「宝樹」である。十二月十四日の夜、山上では燈籠のすべてに灯を点し、宝前には数多の造花を飾り付け、幡蓋を懸け列ねて荘厳する。山下では八幡近郊から伐り出された長さ四、五間（七～九メートル）に及ぶ枝付きの松の大木が薦に巻かれ、頭屋宅祭壇前に据えられる。この松を「宝樹」と呼ぶ。祭壇で祈願の後、十五日午前二時頃から、壮丁四、五十人が揃いの半纏・鉢巻姿でこの宝樹を曳き進め、「ヤーハンヤー」、と掛け声を合わせつつ、山下二ノ鳥居の先、猪鼻坂から山内へ曳き上げ、山上三ノ鳥居に至って、これに三本の綱を結び付け、六筋の白布を懸け垂らして飾り付け、さらに馬場前を進んで本殿前に至り、三本の綱を巧みに操って庭上の西側（本殿に向かって左側）に立てる。そこへ、美麗な振袖を着て紅白の玉襷を掛けた十二、三歳の「猿」と呼ばれる少年が宝樹の幹を一気に駆け上り、上辺の一ノ枝を切り落とす。この枝を安居頭があらかじめ用意していた白木の唐櫃に納め、直ちに蓋をして山を下り、頭屋宅の祭壇に納めて神事を終了するという次第であった。(21)

3　安居頭役対捍と放生会の途絶

鎌倉・室町期の文献(22)には、十二月に安居祭を行っていたとする記事が見当たらない代わりに、七月十五日の夜、「安居宝前造花風流事」「安居宝樹荘厳事」「燈明幡蓋等并安居懃修事」等と呼ばれる行事のあったことが記されている。長禄四年（寛正元＝一四六〇）の『八幡宮寺公文所差文』からも窺われる通り、当時七月十五日に行われていた安居の行事は、非常に大掛かりなものであったらしい。この七月の行事に関しては、社僧達の主張する通り、行教が宇佐八幡宮で安居に臨み、その最終日に当たる七月十五日に男山遷座の託宣を受けたことを記念し、奉祝する意味の行事であったと考えられるが、なおその上に、八幡宮に関わる諸伝承が様々な彩りを添えていったものであろう。中世の宝樹は、堂荘厳宝樹（西一ノ木）、伝戒宝樹（西二ノ木）、楽頭宝樹（西三ノ木）、大堂供宝樹（東一ノ木）、乞戒宝樹（東二ノ木）、十童宝樹（東三ノ木）と、社頭東西にそれぞれ三本、計六本を立てていた。これが江戸時代には一本に略されたが、白布のみは六宝樹の名残を留め、一本の宝樹に六筋懸けることとな

ったものであろう。(23)

もともと安居の行事は、「荘厳頭」に選ばれた僧侶と、「僧供頭」に選ばれた僧侶とが、互いに競い合いながら協同して運営する行事であったと思われる。その両頭指揮の下で荘厳さるべき宝樹を預かる者として、山下住人の中からそれぞれの「宝樹預」が四人ずつ選ばれたが、この宝樹預も安居頭役と称されていた。翌年の荘厳頭と僧供頭、及び各宝樹預を定める安居頭差符の儀式は、当時は同じ七月十五日の夜、宝樹荘厳の行事に引き続き本宮宝前において執行された。

注目されるのは、前述の『八幡宮寺公文所差文』に「始自宮寺祠官所司神官神人等、至于神領預所庄官百姓住民、令勤仕此頭者例也」とある通り、当時の宝樹預に、地元八幡の科手、常盤、山路、金振の各郷(24)から選ばれた住人に交じって、畿内はもとより、はるか遠方の山陰や関東に在る石清水八幡宮領からも名主、下司、預所などの肩書を持つ人々が差定され、名を連ねていることである。この全国に散在する神領各庄住民にとって、それは一生に一度あるかないかという、極めて稀な、名誉なことであったに違いないが、実際のところ安居頭役を勤めるには相当の負担も伴ったことから、中には対捍、すなわち本宮からの参勤命令に従わず、出頭を拒否する者も現れるようになる。鎌倉時代には、八幡宮寺からの要請に応え、関東及び六波羅から「安居頭役を懈怠無く勤仕せよ」と命ずる旨の御教書や施行状が度々発せられていること(25)から、安居頭がやはり当時も「武家の沙汰」に係るものと認識されていたことが窺われる。

だが、朝廷・幕府ともに衰微する一方の戦国期ともなると、公武の権威権力と不可分の関係にあった石清水の威光も一気に翳りを見せざるを得なかった。威光なき石清水は、これを基層で支えていた地方領民にとっても、もはや魅力ある存在ではありえない。石清水傘下であり続けることの意味が問われる事態とは、石清水の威名に限らず、まさに古代・中世的権威全般にわたる雪崩的暴落の始まりといってよいかもしれない。かくて社務を頂点とする石清水の全国組織は実質的に瓦解し、各地の領地も戦国大名らの蚕食するに任せ、庄園からの収入に依存し肥大化していた宮寺の僧俗組織は、戦国期に入るやたちまち機能不全の事態に立ち至る。財政の破綻は人員削減を余儀なくさせ、人手不足がさらに組織の維持を困難にする。そうした中、石清水放生会も勅会としては寛正六年(一四六五)まで、社家の沙汰としての放生会も文明十五年(一四八三)の例を最後に途絶えてしまうのである。

三　安居神事の変容と放生会の再興

1　社　士

石清水八幡宮寺の僧俗組織は、最上層の祠官、上層の社僧・神官・所司、中下層の宮守・仕丁・巡検衆・楽人・巫女・侍、下層の雑人等々によって構成されていたことは前述したが、神人と呼ばれる人々は、非常勤の奉仕者であり、宮寺に仕える僧俗組織の内側から見れば、いわば客分的存在であるといってよかった。

一方、安居本頭人の有資格者として近世初期の文献に見られる「社士」と呼ばれた人々は、どのように位置づけられるのであろうか。彼らは、八幡郷に住む地侍であり、宮寺に雇われた侍(宮侍)とは異なる存在であったと見られる。志水、神原、片岡、橋本、森元、松田、柏村、林などの各家は、宮寺との関係は深かったが、始めからその組織に組み込まれていたものとは認められず、宮寺から見ればいわば客分的存在であったという点で、旧来の神人たちと似た立場にあったといえよう。彼らは豊臣時代の「兵農分離」で士分とされたが、江戸時代にはそうした八幡郷士と呼ばれるべき人々を、特に社士と称したものと解される。一方、宮寺の僧俗組織内にあった者は、山上=僧侶、山下=俗人に二分され、山下に住居を構える祠官・所司・神官・神人等は、山上「社僧」

に対し「社司」と総称される場合があった。江戸時代には、この社司と社士との混用が見られるようになる。社士の中にも、志水家のように鎌倉時代初頭にさかのぼる旧家もあれば、織豊時代になって新たに定着した家もあった。こうした出入りの激しい流動的な状況は、士分以下の商工業者なども同様であり、新来の家々を八幡郷内の定位置に固定させるためには、八幡郷の主権者である石清水八幡宮の神人として位置づける必要があったといえる。慶長五年の『知行高帳』にみえる「石清水八幡宮社司安居本頭神人面々、八幡住人侍分とも云う」と「他所入来安居脇頭神人」は、そうした徳川政権及び八幡社務側の要請に基づいて新たに人選された人々であったと見られる。

豊臣秀吉にしても徳川家康にしても、絶大な権力と富を掌握した天下人にしてみれば、放生会や臨時祭を復興することなど、いとも容易いことであったはずだ。しかし、この時代、彼らが朝廷の権威を再び高めることに手を貸すような施策に本気で乗り出すはずもなかった。朝廷の沙汰による放生会と臨時祭はすでに廃れて久しく、それらに代わる新たな公的祭祀として前面に立ち現れようとしていたのが、「武家の沙汰による安居神事」であったと言いうるであろう。(26)

2　七月から十二月へ

ところで、中世に七月十五日解夏の夜を中心とする仏事であった安居の行事が、なぜ近世には十二月十五日に最高潮を迎える神事へと大きく変貌を遂げることとなったのか。仏教の安居には、四月十六日~七月十五日を期間とする夏安居の他に、禅家で行われる冬安居(雪安居)というものもあるので、例えば慶長再興の際、夏季では何か都合の悪い事情があり、そこへ強い影響力を持つ禅宗僧侶の進言などがあって、一挙に冬安居へと変更されたというようなことが考えられるだろうか。しかし、ふつう冬安居の期間は十月十六日から翌年の正月十五日

（臨済宗では二月十五日）までというから、十二月十五日を最終日とすることは、やはり仏教の安居からのみでは説明がつかない。そこで、仏教の安居とは関係なく、もともと十二月に行われていた神道祭祀であったとする前述の社士輩の主張に戻ってくるわけだが、他に考えられる余地はないであろうか。

慶長再興の数年前、天正末から文禄初年にかけては、朝鮮及び大明国の征服に向け遮二無二突き進んでいた豊臣秀吉が、八幡神への信仰心を異常なほどに高揚させていた時期である。以下はあくまで推測の域を出ないが、キリスト教世界との対抗上、東亜世界を統合する普遍的宗教の確立が不可欠と認識した秀吉は、その新たな世界宗教の頂点に八幡大神を据えようとしていたのではあるまいか。そして秀吉こそは、今この地上に肉身をもって再来した新八幡である、との考えに至ったものと思われる。神功皇后＝大政所を聖母マリアに、応神天皇＝秀吉をイエスに対置させ、磔刑に処せられた西洋の神の子は挫折せし救世主であるが、東洋の神の子は成就せる救世主である、すなわち過去においては応神天皇として偉大な治績を残し、今は天下人として東洋世界を「神の国」のもとに統合する、と。[27]

今日の石清水八幡宮では、応神天皇の誕生日に当たる十二月十四日に、これを記念する御誕辰祭という祭儀が斎行されているが、室町時代以前には御誕辰祭の記録がないことから見て、これはどうやらキリスト教の降誕祭＝クリスマスの影響を受けて、戦国時代末期以降に始められたものではないかと推測される。かつて七月に行われ、戦国期にほとんど廃れたかと思われる安居の行事も、あるいは慶長再興に先立つある時期、豊臣秀吉の肝煎りによって華々しく復興されることがあったとすれば、その際には応神天皇降誕祭に付随する行事として、あえて十二月に執行せしめたと考えることはできないであろうか。秀吉による安居祭の復興という事実を証明するものは今のところ見出されていないが、仮にそうしたことが秀吉の時代に行われていたとすれば、それまでの安居祭の意味や伝統は力ずくで変換され、あたかもキリシタン宗門が催す異国風行事のごとき相貌を呈した可能性もあり、とすれば、これが八幡山上山下の伝統的風土に馴染むはずはなく、この時代に安居祭がいったんは断絶したと捉えられても致し方のないことだったと言える。

社士らの説では、源頼朝以来の安居祭が豊臣時代にいったん中絶したのは、秀吉が社士達の所領を没収したからであり、これが復興を遂げたのは、ひとえに大権現様の御陰である、とした。しかし、豊臣政権の側からみれば、地元住民を安居頭の過重な負担から解放し、彼らに代わって公権力が安居の運営を全面的に引き受けることとしたのだ、とも捉えうる。このことは、逆にいえば地元住民を安居の行事から閉め出す形となり、また公権力が情勢の変化等により行事の運営主体から退けば、その後は誰もこれを支える者がいなくなってしまうという弊害を生じることともなる。徳川政権は、この運営主体を再び地元住民の手に返し、そのための支援策として、安居頭神人への経済的優遇措置を講じたわけであろう。

江戸時代の社士らに見られる豊臣を否定的に捉え、徳川を全面的に肯定する態度は、おそらく豊臣氏滅亡前後の厳しい情勢によって呼び起こされた反応が固着したものであり、秀吉が八幡信仰の世界宗教的再構築という構想を抱き、これを当時の社務当局が積極的に受け入れたという事実が仮にあったとしても、元和から寛永の頃になれば、八幡山上山下が一致してこれを隠蔽し、ほのかなキリシタン風の余香とともに豊臣時代の絢爛なイメージを残らず払拭しようとすることも大いに有り得た話ではなかったかと思われる。(28)

3　放生会の復興と安居神事

江戸時代も初代家康以来七十年余を経過した四代家綱から五代綱吉の代になると、もはや幕藩体制は揺るぎないものとなり、豊臣の残党やらキリシタン、南蛮・紅毛諸国への警戒心はもとより、禁中並びに公家、あるいは外様雄藩等に対する緊張感も薄れ、そこから生じたゆとりが、朝廷の諸祭儀を幕府が先頭に立って復興せしめるという、一時代前には考えられなかったような変化をもたらしたといえる。その結果、石清水社務検校田中要清の長年にわたる努力とも相俟って、ここに霊元天皇の延宝七年(一六七九)、石清水放生会はようやく再興されることとなった。形式上はともかく、この時代、公家と武家及び社寺の上に超然と君臨する「公儀」とはすなわち幕府であり、その大公儀の沙汰によって石清水放生会が再興された局面においては、もはや公家の沙汰、武家の沙汰という色分け自体、意味をなさなくなっていた。そうなると、「源頼朝以来、武家の沙汰として行われてきた」という点が重視された安居神事を、それゆえにこそ幕府が全面的に保護・育成すべきものとする趣意も曖昧なものとならざるを得ない。伝統的な官・私の区別でいえば、放生会が官祭として復興されたのに対し、安居神事はあくまでも私祭であり、実質的には八幡山上山下、すなわち男山の山上に住む社僧と、山下に住む社司・百姓・町民から成る一種の自治組織が運営主体となって、毎年この大掛かりな行事を執行し続けていくこととなる。しかし、安居頭役の経済的負担は極めて大きかったから、いつ誰が安居頭に差定されても良いよう、各郷では自衛手段として頼母子講を組織し、そこで蓄えられた資金の中から必要経費が賄われるようになっていた。

安居神事は、そうした郷中の自助努力によって何とか保たれてきたが、慶応四年一月、鳥羽伏見の戦による兵火で山下一帯が灰燼に帰してしまったことや、度重なる水害、木津川流路付替えの大工事などで八幡郷中疲弊しきっていたところへ、新政府による上地や神仏分離の実施、社僧その他の大量失業なども追い打ちを掛け、以後は遂に安居神事の復興を見ることなく今日を迎えているのである。

おわりに

明治元年の大変革により、石清水放生会は仏教色を排され、純然たる神道祭祀として再出発することとなり、その名も仲秋祭、同三年には男山祭と改められた。同五年には神幸の儀も廃され、地方長官が奉幣使として参向するのみとなったが、由緒ある石清水・賀茂・春日の三祭については、政府内でも宮内省を中心として旧儀復興の検討がなされ、石清水では明治十七年より新暦九月十五日に勅使参向の下、祭儀が厳粛に執行されることとなる。

明治五年に神幸の儀が廃され、山上本宮でのみ行われる「居祭り」となった男山祭は、太陽暦が採用された同六年以降は、新暦八月十五日を祭日としたが、八幡宮では源姓華族有志の支援や、地元旧神官らの強い意向を受け、同七年から宮司の沙汰として新暦九月十五日を祭日とする私祭「八幡祭」を催行し、これにより神幸祭の伝統を守ることとなった。その際、八幡宮ではこれまで神幸祭に奉仕してきた神人達との関係を永続的に保持し続ける必要から、各所役や地域ごとに御前講、火長講、御弓講、榊講、御牧講等々、それぞれの名称を冠する講社として組織せしめた。これらの講組織は、今も山城・河内・摂津方面に広く分布しており、昭和七年に全国的崇敬者組織として新たに設立された石清水八幡宮附属八幡講社(現石清水崇敬会)に対し「旧講社」と総称され、今日に及んでいる。

とはいえ、神社側としても八月の男山祭に続き九月に大掛かりな神幸を伴う八幡祭を私祭として執行し続けることは、もはや能力の限界を超えていた、というのが当時の偽らざる状況であった。国家としては、かかる状況の下に置かれた神社側の悲鳴にも似た支援要請に基づき、八月の男山祭と九月の八幡祭を「勅祭」のもとに一本化し、その指導監督、維持運営を全面的に引き受けることとした。それが明治十七年における旧儀復興の実態であったといえよう。しかし、昭和二十年の敗戦と、それに続くいわゆる「神道指令」により国家との関係を断たれた今日の石清水八幡宮が、一社の自助努力によって勅祭の伝統を護持継承することは、ますます困難の度を加えており、今や「平成の神人制度」の確立が喫緊の課題となっている。

石清水八幡宮の諸祭儀に関わる組織・制度について、その複雑多岐にわたる変遷過程を辿り全体像を究明していくことは、実に容易ならざる難問であり、今後検討すべき課題も多々残されているが、大方のご教示を乞いつつ、なお考察を深めてまいりたい。

注

(1) 京都府教育会綴喜郡部会編『山城綴喜郡誌』(一九〇八年刊)による。

(2) 『年中用抄』上、「八幡宮寺公文所差定、明年七月十五日安居頭役事──長禄四年七月十五日」(『石清水八幡宮史』──以下『宮史』と略記──四、『石清水八幡宮史料叢書』──以下『叢書』と略記──四所収)。

(3) 『三所大菩薩移坐此男山峯安置御体為後代縁起事──貞観五年正月十一日』(寛喜四年世尊寺行能書写、『宮史』一所収)。

(4) 『石清水八幡宮護国寺勘進宮寺建立縁起幷道俗司次第事』(長徳元年)、『石清水八幡宮末社記』(『宮史』一所収)など。

(5) 緒方英夫「第十四代天台座主義海(その一)」(『大分県地方史』一八三、二〇〇一年)、「同(その二)」(同誌一九六、二〇〇五年)に詳しい。

(6) 『朝野群載』国史大系本巻第十六仏事「石清水八幡宮護国寺牒──天永四年四月十八日」。

(7) 元命と石清水祠官家については、飯沼賢司『八幡神とはなにか』(角川選書、二〇〇四年)に詳しい。

(8) 室町時代には四十数坊を数えたが、次第に退転し無住となる坊も増え、幕末には二十三坊に減少していた。鷲尾順敬「石清水神社神仏分離調査報告」(辻善之助他編『明治維新神仏分離史料』所収、東方書院、一九二六年)に詳しい。

(9) 室町時代には橋本坊が足利家の祈願所として栄え、近世には豊蔵坊が徳川家祈願所として最も栄えた。他にも土州長曾我部家は鐘楼坊、備前池田家は中坊、播州浅野家は太西坊をそれぞれの取次坊としていたことが知られる。

(10) 大禰宜は男山の東に位置する山城側、小禰宜は男山の西に位置する楠葉側に居住地があったことから、それぞれ山城方、楠葉方の名称が起こったものと考えられる。

(11) 石清水八幡宮寺に常時どれほどの人数が勤めていたかということについては、時代によっても異同があろうし、一概に論ずることはできないが、例えば応永二十二年(一四一五)の『来五月五日御節頭僧衆書分事』(『宮史』四所収)を参考にすると、検校(政所)一、別当一、権別当十四、少別当二十三、三綱及び三綱に準ずる者二十八、その他衆徒八十八、以上で僧の合計は百五十五名を数える。俗官は、俗別当・神主が各一、御馬所検校一、紀氏五位禰宜十三、同六位禰宜二十五、他姓五位禰宜六、同六位禰宜六、山城方禰宜十五、楠葉方禰宜三十、宮守十五、仕丁十九、巡検衆二十二、楽人二十二、侍十、合わせて百八十六人で、僧俗合わせると三百四十一人、これに加え木工、檜皮師、塗師、壁工、畳差、染工、石工、草清等々、雑人として一括される人々が二百五十七、他に巫女が十名前後いただろうから、総計すると六百人を超える大所帯であったと推定しうる。

(12) 嘉永元年(一八四八)石清水宮工司藤原姓長濱尚次著(『叢書』一所収)。

(13)『長秋記』(保延元年)、『兵範記』(仁安三年)、『臨放記』(『叢書』三所収)、『榊葉集——秋』(『叢書』四所収)、『宮寺縁事抄佛神事次第——放生会前後事』(『神道体系』神社編七所収)など参照。

(14) 石清水八幡宮文書のうち、『石清水祭神幸之図』二巻(江戸時代中期)。

(15) 石清水八幡宮文書のうち(江戸時代中期)。奥書に「菅原朝臣志水小八郎忠宗七代末裔花井蔵人勝忠(花押)」とある。

(16) 志水家は石清水祠官田中家と姻戚関係にあり、於亀自身は母方を通じ当時の田中家当主秀清と従兄弟同士の関係にあった。

(17) 石清水八幡宮文書のうち(江戸時代中期)。奥書に「松田氏藤原秀尚書有三冊之内得ト拝見之上、備用仕入用之事ナル写置候也、他江猥ニ見セル事堅ク可謹也、林文蔵宗篤(花押)」とある。

(18) 壇が築かれる場所を指す「壇所」という名称は、今も「山路里の東」に当たる地域に「旦所」という地名として残る。

(19) 石清水八幡宮文書のうち、『八幡山上山下知行帳』十六冊(『宮史』六所収)。

(20)『安居神事諸事記』に採録された伝承によれば、頭人は勅使に、御師は行教に擬せられたものという。

(21) これらのことは、等正覚を得た八幡大菩薩が戒定慧の箱を根元に埋めたとの伝えを持つ箱崎の「標の松」や、大隅正八幡宮ゆかりの『御因位縁起』にある大比留女とその子「八幡」の持つ国王の印鎰を猿が奪って高い木に登ったが、人まねをするうちにこれを取り落とした、という伝承をも彷彿とさせる。

(22)『八幡宮年中讃記』、『榊葉集――秋』(『叢書』四所収)。

(23) この六宝樹は、建久六年四月、源頼朝が石清水参拝の折、山麓三ノ鳥居前東側に植えたとされる「六本松」とも何らかの関係がありそうだが、定かではない。

(24) 八幡領域は、内四郷(科手・常盤・山路・金振)と外四郷(美豆・際目・生津・川口)の八郷によって構成され、石清水八幡宮が直接支配する「神領」とされた。

(25)『榊葉集――秋』(『叢書』四所収)に、貞永元年六月廿九日付の武蔵守相模守連署による御教書と同年七月廿三日付の施行状、文永元年十一月廿二日付の御教書等の写しが収録されている。

(26) 石清水八幡宮文書『徳川家康朱印条目』(慶長五年九月廿五日、『大日本古文書』家わけ四③所収)に「先年検地免許之神領之内、為地下人之役、安居之神事相勤之間、田畠等他所之者并坊寺江売候者、相改可弃破之事」とあり、安居神事重視の姿勢が示されている。

(27) 豊臣秀吉と八幡信仰については、鍛代敏雄『神国論の系譜』(法藏館、二〇〇六年)を参照されたい。

(28) 近年、石清水八幡宮内においても、社殿大修理に先立つ本殿はじめ各建物の本格的調査が緒につき、これに伴って従前の見解とは異なる新たな見方が浮上してきている。従来の見解とは、「現在の本殿以下主要建造物は、寛永八~十一年(一六三一~一六三四)徳川家光によって造替されたもの」であり、「源氏である徳川将軍家の下で、石清水八幡宮は豊臣時代とは比較にならぬほどの厚遇を受けた」というものだが、現社殿の多くの部分が豊臣秀頼による慶長十一年(一六〇六)の造営、一部は秀吉による天正十七年(一五八九)の造営にさかのぼる可能性もあることが指摘されており、特に秀吉の石清水八幡宮に対する思い入れが尋常のものではなかったことが、殿内神宝類等の調査によっても明らかにされつつある。

なお、ここでは逐一挙げ得なかったが、石清水文書の調査・研究を精力的に進めている石清水八幡宮研究所の田中君於・鍛代敏雄両氏による一連の論考・口述等を参考にさせていただいたことを付言する。

若狭彦神社の神仏関係

嵯峨井　建

はじめに――『若狭国鎮守一二宮社務代々系図』を中心に――

一　習合の実態

1　社家の祖と神宮寺の創建

2　出家神主の出現

3　十代利景の時代

4　十一代景尚と孫たち

二　十二代景継の出家

1　神主の出家作法

2　後白河上皇と「暇申」

3　景継とその係累

三　十三代光景とその周辺

まとめ

はじめに――『若狭国鎮守一二宮社務代々系図』を中心に――

若狭国一宮である若狭彦・若狭姫神社に関連して、『若狭国鎮守一二宮社務代々系図』（以下、『社務代々系図』とよぶ）や『若狭国鎮守一二宮神人絵系図』（以下、『神人絵系図』とよぶ）などがつたえられている。両社の祭神は典型的なヒコ神・ヒメ神であり、社家の祖節文はこうした神々に随伴し鎮座に関与したとされ、さらに神宮寺の創建にも関わり、歴代をつうじて祭祀奉仕の家として仕えるなど、きわめて興味深い神仏相関の構図を示す。とりわけ掲出の二本は旧来の社家牟久氏の古系図であって、その豊かな内容からすでにいくつかのすぐれた研究がある。たとえば近藤喜博はこれら二つの系図を駆使して、この二本は密接な対応関係にあることを述べ、若狭両大神の御鎮座過程とこれにかかわった節文以下の歴代神職たちを描き出している。(1)また網野善彦は家族史の立場から詳細な分析をくわえ、十代利景以降、平安時代後期から鎌倉時代にかけて同系図が兄弟はもちろん、姉妹もしるし女系系図をふくむことを指摘し、さらに、若狭国内の諸氏と血縁関係を結び、国衙・在庁官人、供僧なども網の目のようなネットワークを張りめぐらせた情況の一端をくわしく描き出している。とりわけ一族内から常満供僧と国分寺小別当を兼務する者や、天台僧の出現や相次ぐ出家者に言及している。結果的に本稿が主題とする神仏習合を支える実態の一部をあきらかにしている。筆者はこれまで伊勢の荒木田・度会の両氏、住吉社の津守氏、賀茂社の県主一族など、祭祀にたずさわる社家の出家という実態をあきらかにしてきたが、網野は同じ系図史料をもとに異なる視点から、さらに深く家族史、女性史、社会政治的な観点から考察をくわえ、系図史料をもちいた、すぐれた研究として示唆に富む。(2) しかしながら出家神主を中心とした習合の実態、思想史的の考察の観点からみるとき、なお研究の余地は残されているといえよう。また河音能平は近藤喜博、網野善彦、景山春樹の研究をふまえ、『若狭国鎮守一二宮縁起』を中心に、さらに中世一宮と国衙の関係に考察を加えている。(3)

いずれにしろ、こうした先学の業績をふまえつつ、本稿が主題とする出家神主および神祇の側における仏教の内部受容の実態をあきらかにしたい。

『社務代々系図』は、史料名の通り若狭国一宮に仕えた神職家牟久氏の系図で、若狭彦神社の所蔵となっていたが、現在は京都国立博物館蔵となっている。その内容は、初代節文から三十四代徳(よしみ)まで、全部で三百七十余名が記載されている。本系図は十四世紀後半に成立し、以後、明治時代まで書き継がれてきた。内容を検討すると、初代~九代までの部分は年齢が百歳・九十歳の高齢がしるされ、事実性がとぼしく伝承的記述である。十代利景(十二世紀)から十四代景盛(十四世紀)の間は正確で、さらに注目されるのは男子だけでなく女子もしるし、随所に女系も含み、すぐれた家族史の史料となっている。既述の通り、網野はこうした部分に着目して考察をくわえたのである。

さて本稿の立場からみるとき、同時期すなわち十二世紀あたりから仏教関連の記述が多くなり、にわかに出家者・僧尼が輩出する。しかも網野が指摘したように、国衙・国分寺・惣社など神仏を中心とした国人たちの紐帯の中から、やがて分裂の兆しがあらわれ、こうした動向のなかで自己主張として系図が作成されたとおもわれる。

この部分の事実性についてほとんど疑いを差し挟む必要はなく、牟久氏のおびただしい仏教帰依の事実、神祇側あるいは神祇職の内部受容の実態をつぶさに知ることができる。

一　習合の実態

1　社家の祖と神宮寺の創建

若狭彦・姫の両神がこの地に鎮座したのはいったいいつだったろうか。『社務代々系図』の縁起が伝えるところによれば、和銅七年(七一四)、まず若狭彦神が国内巡歴ののち、鵜の瀬川より長尾山麓に移り、翌霊亀元年(七一五)笠臣節文の案内によって現社地にまつられた。つづいて若狭姫神が現社地に遷座したのは養老五年(七二一)であったという。興味ぶかいのは別伝ながら、同じく養老年中(七一七~二四)には、赤麿なる人物の神託によって道場を建立し神願寺と号したことである。

神仏習合の源流を考えるときに注目される古伝であるが、国学者伴信友が『神社私考』に収録した『若狭国鎮守一二宮縁起』から引用しよう。まず遠敷郡西郷の「霊河の源、白石の上に始て跡を垂れ坐し、その形は俗体にて唐人が白馬に乗るが如し」、それが若狭彦大明神であった。このとき大神に御剣を持ち随従した童子が節文という。のち社家の祖として子々孫々まで仕える。その節文が多田嶽の艮の麓で草や椙葉で葺いた仮御在所として、七日間国内を巡歴し数千の杉が生い茂る地をはじめて正殿とし鎮座したという。そして節文が最初に建てた「仮殿跡」に「精舎」を建立したのが「神宮寺」という。いうなれば大神の鎮座前の仮地を神宮寺として建立したのである。ここでは従来の神宮寺縁起にみられる、本社の周縁部に設置されるのではなく、仮ではあれ当初の仮遷座、すなわち神の一つの本源の地をもって神宮寺の地としているのである。従来の神宮寺創建パターンは多度神宮寺のごとく、初めに多度社があり、その周縁に満願なる僧が来住し多度神の神託をもって神宮寺（小堂）を建立するのが基本的な姿である。しかし若狭彦では、源流に位置する神の始原の地に神宮寺を設けるという独自の神仏関係のパターンが見出される。

いっぽうで、天平十三年（七四一）にすぐ近くに若狭国国分寺が建立される。たとえば若狭姫神社を起点としてみた場合、国分寺・国府が一キロメートル内外の所に位置する。このように政治的環境として枢要の地となり、国家鎮護の願いを担った仏教の接近と相俟って、その影響の程が推察される。つぎに、系図史料を中心に、こうした環境にはぐくまれた神仏習合の実態をあきらかにしたい。

2　出家神主の出現

『社務代々系図』における出家者の初見は、同神社の最高職である禰宜の第七代景正であった。彼は六代目守景の嫡男として康平二年（一〇五九）に誕生、仁平三年九月に九十五歳で他界している。その間の久安六年（一一五〇）に出家しており、年齢九十二歳であった。高齢で、他界の三年前に出家していることになるが、この前年は後継の九代景安が禰宜（神主）職を譲り受けており、継承の後、安堵の内の就任であったことがわかる。八代景遠は二十余歳で早世し、また子が無かったという。前節でのべたごとく、この九代までは事実性に乏しい。まず景正の没年九十五歳、景正八十歳の時の子景安の誕生、など荒唐無稽とされよう。したがってこうした虚構に等しい年齢にもとづく事柄は本来すべて否定さるべきであろうし、事実そうすべきであろう。しかしこの時期を精査すると、後述するが景正出家の久安六年に近い、一一七〇・八〇年代に相当し、一族内のはじめての僧泰賢や仙印も誕生している。単なる仏教帰依にとどまらず、この年代が仮に五十年ほどの違いがあるにしても景正出家の事実性を疑うまでもないだろう。(4) これを広く全国諸社の実例と比較すれば蓋然性が高い。最も早い例は意外にも神仏隔離意識が強いとみられる伊勢であった。内宮神主荒木田重頼が出家したのは寛徳二年(一〇四五)、外宮禰宜度会康雄は延久四年(一〇七二)である。いずれも景正の出家より九十五年前、七十八年前ときわめて早い。(5) さらに正確な年代は不明ながら、ほぼ同時代とみられる上賀茂神社の神主重助は仏教的事績があり「大入道神主」とよばれた。ついで確かな上賀茂神社の出家神主の初見は、神主保久で仁平四年(久寿元・一一五四)、景正出家の四年前であった。(6) 内外両宮と上賀茂神社の例をみる限り、景正出家の久安六年はそれほど疑うことではなく、むしろ蓋然性が高く事実とみるにそれほど問題はあるまい。

3 十代利景の時代

はじめての出家神主(禰宜)七代の景正についで現れたのは、三代あとの十代利景である。利景(一一六二～一二二七)は九代景安の嫡男として生まれ、安貞元年(一二二七)六十六歳の時に出家した。そのちょうど十一カ月後に他界している。特段の記述も無いから死期を悟る中、死へ真向かう作法として選んだかたちが臨終出家だったと思われる。牟久家の嫡男として生を享け神前奉仕五十年、後継を見届けての出家で(禰宜の退任でも)あった。老齢、病気といった経過も考えられ、その十一カ月の後の他界という情況からみても、いずれにしろ従容とした静かな諦念を読み取ることもできる。そして、そのあらわれた形(儀礼)が出家という「仏事」であったのであり、神仏習合化の具体相であった。時期としては利景の出家した年の安貞元年(一二二七)が一つの指標とみることができよう。ついで利景の弟の泰賢は生没年を欠くが、兄より数年下とみて仮に一二三〇年頃生まれで出家を十五歳頃とすれば、一二四五年すなわち十三世紀中ごろ若狭彦神社の神職家の内部、そして僧の誕生という形で仏教の内部受容、すなわち神仏習合化が相当深化したと見てとれよう。

系図によれば利景は男ばかりの五人兄弟であった。このうち三男と五男が僧侶であった。まず三男、「僧泰賢／山僧肥前注記／為聖之間無子。仍以甥大和房舜憲為弟子譲跡畢」とある。景の一字を入れた俗名も無いから、おそらく幼くして出家したものであろう。僧の系統として注目されるのは頭注の山僧、すなわち比叡山延暦寺に入寺した正式な僧であったことである。しかも妻帯せず聖僧であったため子が無かったとわざわざしるす。さらに後述するが、甥とあるように利景の三男僧舜憲をもって弟子として跡目をゆずっている。こうした僧とはいったいいずこに所属するのであろうか。当然身近に存在する神宮寺と考えるべきであろうが、本系図におびただしい僧名をしるすものの、実はわずか一例を除いて見当たらないのである。それは牟久家出身の僧は神宮寺に入寺しなかったとすれば当然であるが、それはむしろ逆で、あえてしるすまでもなく神宮寺僧であるがゆえに、系図という簡略な記載法をとるため、無いのであろう。したがって神宮寺僧でない場合に限り常満供僧、多田薬師堂別当僧、国分寺小別当などと明記されるのであろう。この時期の若狭神宮寺は天台系であり、延暦寺で修行した正規の僧が勤仕し、しかも社家である牟久氏が跡目を継いでいたことがわかるのである。神社と神宮寺、社家が神仏双方に配当される実態を知ることができ、同様の例を筆者はすでに住吉社と同神宮寺における津守氏の実態を明らかにした。(7)

五男は「僧仙印／上総房山徒也」とある。山徒とあるから、三男泰賢とおなじく比叡山に入り正式の僧となった。系図に一男三女の子供のうち二人の娘が常満供僧の妻となっている。まず常満供僧とは国衙祈禱所の供僧のことで、若狭国の国衙は移転説もあるが、(8)いずれにしろ遠敷地内にあり、いずれも三キロ内と近い。この二人は、さらに子を儲けている。

その女のうち長女は、「女／常満供僧／月静房妻」、そして儲けた長男は「僧長祐／同供僧但馬房」、次男は「僧静印／同供僧下野房」「僧祐慶／同供僧民部房」となっている。

次女は、「女／常満供僧／桑心房妻」、姉と同じように二人の子を儲けている。長男は「僧円／備前房栂下／同供僧」、次男は「僧伊賀房／同供僧」となっている。

すなわち利景の末の弟僧仙印を初めとして、その孫に至るまで僧俗全員が妻帯していること、常満供僧も妻帯していたこと、など必ずしも清僧を要件としていなかった。三男泰賢には聖なので子が無く甥が跡を継いでいるが、五男仙印は同じ比叡山延暦寺に入り正式僧となりながら帰郷ののち妻帯している、この違いは、妻帯の可否はいずれでも構わないことを意味しよう。少なくともこの時期、牟久一族から多くの常満供僧を輩出し、女たちもその妻となったのである。

利景の弟（次男）景基は、兄を助けて神職の道を歩み「上下宮御供備進役」となっているが、彼には三人の子供があって、うち二人が僧となり、それが播磨房と願生である。とくに願生は「越後房／弘安四年四月十六日他界。彼妻女者禰宜景継女房与一腹、一生之（中）妹也／弘安六年七月十九日他界了」とある。まず「彼妻女」とあるから妻帯したが、その娘は（一二五一～一三三六）「養子也」とあるから養女であろう。のち牟久朝景の妻となっている。彼女は永仁元年（一二九三）十月二十八日四十二歳で出家し、法名生彼を名乗った。そのあと八十七歳まで長生きをしている。

十代利景以降、すなわち十三世紀前半から十三世紀末にかけてのこうした出家禰宜と共に、一族からの僧尼の輩出は、引きつづき著しい神仏習合化を示すものといえよう。

4　十一代景尚と孫たち

景尚自身に直接的な仏教記事は無いが、ただ彼の女房が若狭国分寺の別当厳俊の娘であった。四人兄弟のうち、三男は「僧舜憲／山僧大和房」とある。先にのべた通り、叔父にあたる十代利景の弟泰賢の弟子として、後継者となった。

末の妹は「女／号多田女房／常満供僧多田慈心房妻／上下宮神田畠壱町余譲之得」とある。常満供僧、多田薬師堂の慈心房の妻として多田女房と呼ばれた。牟久家の娘として上下宮神田畠を壱丁余り譲り受けている。彼女の孫は七名いたが、次の二人が僧になっている。

宗弁は資政の四男で「僧宗弁／多田弁房／為聖之間無子／常満供僧。多田薬師堂別当」とある。牟久氏の僧・出家者の多くは妻帯しているが、わずかながら「聖」すなわち清僧も存在したことになる。当時、とりわけ若狭周辺の僧たちは独身を要件としなかった。

承長は資政の末子で「承長／多田助律師／常満供僧」とある。

さらに多田女房のひ孫に「大弐房」「能登房」「大夫房／多田薬師堂別当」「尾張房／国分修理別当」「卿房」「三位房」「大輔房」などがいた。

次男景茂の孫に「肥後房」、ひ孫に「僧信正」「僧澄円／浄忍房／常満供僧」がいた。

二　十二代景継の出家

1　神主の出家作法

同系図の圧巻は十二代景継の部分における詳細な記述である。すでに網野善彦の解説するところだが、神仏習合の観点からなされておらず、あらためて検討をくわえたい。

十二代／景継

景尚二十二子也。元久二年乙丑生。弘安七年甲申十月十七日辛酉、着浄衣詣上下宮令備進御供式〻詔戸令啓白、供僧三十人・御子・祝・海人等已下勧饗膳酒肴之後、於下宮南廻廊奉向神殿致三拝暇申出家畢。法名善真。歳八十。戒師多田妙観阿闍梨。布施二貫文。次女房於同所南局同出家。歳六十六。法名真阿。戒師同前。布施壱結。彼女房親父者平大納言時忠卿従父兄弟下野守師季之孫永田太郎時信次男下総房子息進止刑部允頼忠出家法名善願嫡女也。二女者願生房妻。号山田局。三女者三浦若狭前司泰村四男四郎式部允子息出家法名道阿妻也矣。公文掃次真阿母者本郷重代部允藤原守綱二女也矣。善真者正安元年己亥二月六日他界畢。歳九十五。

本系図でもっとも詳細な記述で、かつ内容豊かな部分である。

まず景継は、牟久家の正嫡で十一代景尚の子として、元久二年（一二〇五）に生まれた。彼の事績についてはさしたる記述のないのは、むしろ本系図の特徴でもある。しかるに弘安七年（一二八四）十月十七日、この一日の記述が彼の系図部分の大半を占める。やはり牟久家にとって、そして若狭彦社にとって重大な出来事であったからであろう。

この日、父の死後から約四十年間にわたって、一社の長として祭祀を担ってきた八十八歳の老禰宜景継は出家を遂げる。この日、清々しい浄衣に身を包んだ老禰宜は、まず上宮すなわち若狭姫神社の社頭に参向した。ただちに神前に御供をそなえ、みずから「詔戸」を「啓白」、すなわち祝詞を奏上した。つづいて一、五キロメートル離れた下宮、すなわち若狭彦神社に参向し、ここでも同じく御供備進、詔戸啓白、と両社で同様の型どおりの神事をみずから勤めた。趣旨は言うまでもなく退任奉告の祭儀である。終了後、参列していた供僧三十人、御子・祝、海人などに「饗膳」すなわち直会が振舞われた。祭典と直会、とここまでが神事である。酒肴のあと、下宮の南廻廊に座を定め神殿に向き「三拝」を致し、「暇申」し「出家」しおわんぬ、としるす。いわば仏事で、きわめて注目される部分である。関係者が列座し見守る中、あらためて本殿に向かい「三拝」した。参拝とするすべきところを三と表記したのか、あるいは文字通り三度の拝礼をしたのか、当時の地方神社で行なわれた祭式作法は分からず不明というほかない。この時点でおそらく浄衣を脱ぎ、白衣姿であったろう。戒師は多田妙観阿闍梨で「出家」とは剃髪、もしくは髻を降ろすといった作法を行なったのであろう。多田寺は牟久氏からは何人か入寺し、例えば叔母が多田慈心房に嫁いでおり多田女房と呼ばれ、その系統から多田薬師堂別当に就任した宗弁おなじく大夫房、承長などがいるように密接な関係があり、戒師妙観自身は牟久氏ではないが、当時の多田寺の長老クラスに依頼された。謝礼である布施の二貫文までしるす。出家した景継には法名が授けられ善真を名乗った。

出家したのは禰宜景継ばかりでなく、彼の女房も出家した。夫景継の出家作法がおわると、引き続き妻も南局において多田妙観阿闍梨が戒師となって出家作法が行なわれた。法名は夫と真の一字が同じ真阿で、戒師への布施は壱結（一貫文）であった。以上により夫婦同行による出家であったことが分かる。

ここでさらに景継の出家の儀について検討をくわえたい。出家の場として選ばれたのは神域内、御垣内の空間である南廻廊であった。いわば神域内の仏事であり、若狭神の照覧の下に行なわれたことを意味する。出家の場としては、神仏隔離の意識があれば廻廊外の施設、たとえば社務所に当たる施設、若狭彦神社から一キロメートル弱にある神宮寺など適当な場が考えられよう。しかし禰宜として長年奉仕した神前が選ばれたことは、景継にとって何ら憚ることなく、神域内こそが相応しいと考えた結果であろう。神前の仏事は忌むべきものでなく、むしろ嘉納されるという「敬虔」な思いで行なわれたことは間違いない。神仏習合思想にもとづく仏事の実施というべきだろう。そして「神殿に向い奉り、三拝《（参拝）》致し、暇申し、出家しおわんぬ」とある。注目されるのは、「暇申」という表現である。出家するに際し、なぜ暇乞いせねばならぬのか。景継の場合、神前奉仕の一線から退くことに対する神への報告の意味もあろう。さらにいえば、出家という仏教的領域に参入することに、習合色の色濃い時代ではあっても神職として憚りがあり、引き返しえぬ地点に立つからであろう。

2　後白河上皇と「暇申」

ここで「暇申」しの事例をあげておこう。『梁塵秘抄』巻第十に後白河上皇が出家されたおり、信仰された神々にやはり「暇申」しをのべておられる。これについて景継出家の弘安七年（一二八四）から仁安四年（嘉応元・一一六九）まで一世紀以上の開きがあり、また地方神職と上皇という根本的立場の違いがあり、同列に論ずるには問題があろう。しかしながらいずれも祭祀の担い手であること、出家という仏への自己投企である点などから、さほど問題ではなかろう。周知のごとく後白河上皇は在世中、深く熊野を信仰され三十四度の熊野詣でをされたことでしられる。

仁安四年（一一六九）正月……今度十二度に当りて、出家のいとま申しに参る。……此姿にては此度許りにてこそあらむずれば、我独り両所の御前にて、なかとこ（長床）にねぬ。

終夜、ほのかな明かりのなか御正体の鏡が光り輝き、離れて奉幣、法楽の読経の声が聞こえた。上皇は今様などをみずから奉納したが、明けがた香ばしき匂いが満ち、鏡が揺れ鳴り渡る神秘な出来事が起こるなどした。都へ帰洛の後、つづけて二月、今度は賀茂社へ参拝された。

大雪降りたりし日、さまをかへむいとま申に賀茂へ参りき。まづ下の社に参りてみるに、面白き事限りなし。

……

熊野、賀茂両社への願意は全く同じであろう。天皇の位を退位すること、さらに天皇である限り叶わぬ念願の出家を前に、そのことを神へ告げまつることであろう。天皇は内侍所において天照大神を祭祀する唯一の御方であって、いわば天皇の専権事項である。したがって仏事に接することはあってもその実修にはおのずと隔離すべき定めがあった。ましてや仏事帰依はあっても剃髪は許されぬことであった。とくに賀茂詣にしるす「さまをかへむ」とは様を変える、すなわち剃髪のことであった。だからこそ「いとま申に賀茂へ参りき」とのべられるのである。出家をすれば、従来と同様に神に対して詣でることに憚りがある、だから暇申しに参拝されたのである。後白河上皇と若狭彦神社の禰宜景継を同列に論ずることにはためらいはあるが、共通する神と仏への対処の仕方、隔離されるべき神仏関係を示す事例といえよう。

ところで景継の女房真阿の出自がここで記されている。すでに網野善彦があきらかにしたように、彼女の父は若狭国の平師季の一族であり、鎌倉幕府の実力者三浦泰村の姻族であった進士刑部允頼忠の娘であった。この時期には、すでに言及した越後房願生の妻（山田局）が二女、願生の養女となった女性は三女であった。この二人の妹にはいずれも「禰宜景継女房与一腹」としるされ、これら三姉妹は進士刑部允頼忠の娘として生まれ、三人とも牟久家に嫁いだのである。既述のとおり三女は姉に遅れること九年後の永仁元年（一二九三）に出家している。この時期、若狭国一二宮の社家牟久氏が国内の有力者と姻戚関係を結んだことになる。そしてさらに、こうした姻戚関係を背景に禰宜景継が一宮造営を可能にした、と黒田日出男は指摘する。(9)

3　景継とその係累

既述のとおり景継夫妻の出家は、若狭彦神社における仏教受容が一つのピークをしめす事件であった。そして、この事例は特異例ではなく、この事実を形成する裾野もまた広いのである。景継の生きた時代、すなわち鎌倉時代における一族の情況をあきらかにしたい。

景継の生存年代は元久二年（一二〇五）から正安元年（一二九九）であった。この時代を同系図でみると、景継の兄弟姉妹八人のうち正式僧となったのは實尚と堅海と号した尼公の二人だけであった。實尚は「大夫房／号願運／正応四年……他界。歳八十四。常満供僧／国分寺小別当」としるす。すなわち常満供僧・国分寺小別当を歴任し、若狭一国の国衙・国分寺の要職にあった。一宮神主を兄、国衙・国分寺の僧を弟と、つまり兄弟をして若狭国の神・仏の主要な両職を分業したことになる。

さらに第二世代の十七名のうち、この實尚の子、備中房尚印は父とおなじく常満供僧と国分寺小別当に就任しており、世襲している。また神職とみられる景高の子弟四人のうち僧周防房、僧行景（上野房欣阿、のち遁世）の二人が僧となっている。なお彼らの末の妹が備中房尚印の妻となっており、従妹婚であった。五男景範の長男景忠が出家し、法名心蓮を名乗っている。「上下宮御子勾当」をつとめた長女は池田某の妻となり、僧土左房を生んでいる。さらに第三世代以下には、僧伊与房（常満供僧）、僧頼盛（神宮寺住侶）、僧景俊、景国（出家）、僧慈忍、僧静景、筑前上座、女（出家）、卿房、景氏寂円、刑部房（常満供僧）などがいる。大半は年代を欠くので時期は特定しがたいが、推定で景継夫妻をふくめ出家者七名、僧十三名にのぼり、総じていえば神職の家系にありながら一族挙げて仏教帰依の傾向が著しい。

三　十三代光景とその周辺

十三代光景は、先代の出家神主・景継の嫡男として生まれたが、母が出家し真阿を名乗ったこと以外、彼自身に直接の仏事関係の記事は認められない。彼もまた鎌倉時代中期を生きた神職であるが、出家神主景継の子としてどのような立場にあったのであろうか。まず兄弟姉妹四名のうち、弟朝景（一二四七～一三一五）について、彼の妻は、既述の越後房願生の養女となり永仁元年（一二九三）十月に出家した法名生彼である。この朝景四十六歳の時、永仁元年四月に母が他界する。「以母儀之骨納高野山之時出家。法名為阿」としるす。母の他界を期に出家するのはこの一族にとって何ら異とするに足りないが、注意されるのは納骨先が高野山だった点である。これまで若狭彦神社の神宮寺および牟久家の仏教的関連はすべて比叡山延暦寺すなわち天台宗であった。ここで初めて高野山への納骨の事実がしるされている。比叡山は一般論として納骨および埋葬の風習は少なく、祖師たちおよび一山僧侶に限定されるといってよかろう。しかるに遠い紀州の高野山まで母の（おそらく分骨であったろう）納骨を、当時盛行の風習とみるべきか、あるいは真言の教線が及んだためとみるべきか、にわかに判じがたい。つづいて彼の妻も六カ月おくれて同年十月に出家している。また末子とみられる助房について「僧道有／牟久助房、童名孫熊／母同于資景等。弘安五壬午五廿一辰時生」とある。

つぎに妹は「上下宮御子腹也」とあり異母妹で、のち常満供僧の但馬房長祐の妻となっている。興味ぶかいのは常満供僧の妻として彼女が儲けた三男二女のうち、長女が安賀庄の地頭弥三郎の妻に嫁いだ他四名はすべて仏縁があり、次女は「女／多田助律師承長妻也」とあって、多田薬師堂の助律師承長に嫁いでいる。三人の男達は次のように仏門に帰依している。

長男　「僧實盛／越中阿闍梨／常満供僧／国分寺供僧／小浜八幡宮禰宜」

實盛は常満供僧、国分寺供僧を兼任もしくは歴任するが、注目されるのは小浜八幡宮禰宜に就任したことである。同宮は現小浜市男山に鎮座しそれほど遠くない距離にあり、本系図ではじめて確認される事実である。いったい、僧が禰宜を兼ねることができるのか。経をよみ剃髪した法体の僧が、祝詞を読み神前奉仕することが可能なのか。筆者の承知するところでは、僧による神前読経や表白、神分はあっても、祝詞を読む事例は聞いたことがない。逆もしかり、神職が私宅で経を読み仏事に親しむことはあっても、神前の祭儀で読経することは無い。習合といいながら制度、役職として神・仏は区別、隔離、分担され、いわば住み分けがなされていた。實盛が一個の人格として神仏双修したことは間違いないが、それは時期が異なり時間差があったかもしれない。いずれにしろ詳細は不明である。もちろんこれが中世神道の実態であったかもしれない。

實盛もまた妻帯して一男一女をもうけ、男子は實慶と称し、また民部房を名乗り常満供僧となっている。常満供僧職は、実態として一族内でほとんど世襲化されていたようだ。

次男「頼賢／大和阿闍梨／神宮寺住侶之間聖也。仍無子」

この記述によって神宮寺住侶は聖たるべきことが明示され、僧本来の清僧であったことを知りうる。本系図を見る限り、若狭彦神社と習合関係にあった神宮寺僧に牟久一族から入寺した例は、先の頼賢とこの頼盛の二例だけである。慣例として神宮寺僧は清僧（聖）であることが求められていた。

三男「長玄／薩摩阿闍梨／常満供僧」

長玄には二人の妻があり、最初の妻は常満供僧民部房祐慶のむすめで、儲けた子に治部房・大貳房・下野房・伯耆房の四僧があった。二人目の妻は和田下司平太重員の三女といい、さらに一男一女をもうけている。

このように、この三男二女の兄弟は、地頭に嫁いだ一人を除き僧侶の道に進んでいる。この五人兄弟の生没年はいずれも不明であり、したがって実年代は不明というべきであるが、叔父にあたる十三代景継が既述の通り分かっているから、この兄弟は一二六〇年代に生まれたとみられ鎌倉時代中・後期を生きた人達であった。すると十二代景継とほぼ同時代であり、出家神主の出現はこうした牟久家一族挙げての仏教帰依を象徴する、一つのピークを示すものといえよう。

十三代光景には四男三女の子があり、次女は「女／少名姫熊／出家法名如浄／母本郷住人覚念」とある。興味ぶかいのは長女（少名姫鶴）で和田下司平太重員の妻として一男四女をもうけるが、末娘は「女／常満供僧薩摩／阿闍梨長玄妻」とするす。すなわち十三代光景の孫娘がのち叔父にあたる長玄に嫁いだことになる。さらに系図上たしかめると、長玄は七人の子をもうけるが、うち治部房・大貳房・下野房・伯耆房の四僧を生んだ妻は常満供僧祐慶の娘であり、さらに一男一女を生んだのは和田下司平太重員の娘であった。この和田某の娘がもうけた男子は和田孫次郎とあって和田姓でしるされている。後妻ではないが認知されていたのであろう。いずれにしても、当時の婚姻関係を知ることができ、また逆にいえば、あらためて本系図の事実性を物語るものといえよう。

三男景直（一二九一〜一三三〇）は鎌倉時代末期の人物であるが、七名の男子があり、礼訓・某・静円の三名が僧侶の道へすすみ、五男景氏は、のち「出家法名寂円」を名乗る。彼らは室町時代初期に活躍したとみられるが、出家者は彼ら兄弟を最後に激減する。

まとめ

以上の通り、『社務代々系図』に記された仏教記事、とりわけ出家という事象を洗い出すことによって仏教の内部受容の実態をたしかめることができた。これほど詳細に直系ばかりでなく、兄弟姉妹、さらには母方の出自まで言及する系図は少ない。とりわけ習合関係の記事は江戸期以降の系図にままみられる不記載や削除がみられないのが特徴であった。

出家神主の初見は七代景正で久安六年（一一五〇）で、これに始まり十三代光景の時代（一二四五〜一三〇四）をピークに十四代景盛の時代をもって牟久一族から出家者、僧尼は『社務代々系図』から完全ではないが消える。このことは本系図の祖本の成立した十四世紀中頃の記述態度――神仏習合の認容を前提とすることからくる結果によるもので、事実これ以後、本系図は記述態度の簡略化に向かい、そのことによって仏教記事の不記載、削除をもたらした可能性もある。いずれにしろ、本系図がしるす仏教記事は習合、仏教の受容を示す重要な史料である。次表はその量的データである。

平安時代後期から鎌倉時代後期の間、本系図は牟久家一族の総員二百七十四名（男百七十九・女九十五名）をしるし、男性のうち僧五十三名、出家者九名であった。女性のうち尼一名、出家者二名であった。つまり一族の男

出家者数(10代利景〜14代景盛)

(総員 274名)			
男 179名	非出家者	117名
	僧	53名
	出家	9名
女 95名	非出家者	92名
	尼	1名
	出家	2名

女合わせて五十四名、約二十パーセントが僧尼に、のちの出家者十一名を加えると広義の出家者六十五名で実に約二十四パーセントにのぼる。その社会的立場からみて、予想外のウェイトをもってこれら一族に仏教受容が浸透していたことになる。こうした若狭彦神社の社家牟久家から輩出した出家者たちの存在は何をものがたるのだろうか。

思想的には大前提として、仏教は忌避されるべきものではなく、神仏習合が浸透していたことは間違いない。神、仏は相反するものではなく、調和、融合された関係にあった。具体的には神祇祭祀の実修者自身であり、若狭国鎮守一二宮を統括する社務すら退下後ながら、仏教世界への投企である出家を敢行している。このことは神祇の否定ではなしに、仏教に帰依しうることを示す。十二代景継の出家は祭祀の総領職として禰宜の立場にあり、剃髪をともなうことから、辞職に際し若狭大神へ「暇申」しをするという「けじめ」さえ奉修さえすれば許容されたのである。さらに周辺の神宮寺はもちろん国分寺・多田薬師堂・国衙の常満供僧などの寺院、仏事に僧尼として牟久氏一族挙げて従事している実態は、神祇と仏教が矛盾、相克しない関係を示している。そのことを『社務代々系図』によって、中世神祇の具体例として如実に知ることができるのである。

注

(1)『国華』六七三~六号(一九四八年四~七月)。
(2)「中世における婚姻関係の一考察――「若狭一二宮社務系図」を中心に――」『地方史研究』一〇号、一九七〇年。
(3)「若狭国鎮守一二宮縁起の成立――中世成立期国衙の歴史的性格究明のために――」(河音能平著『中世封建制成

立史論』所収、東京大学出版会、一九七一年)。

(4) たとえば河音は『社務代々系図』における禰宜の死亡年齢と、『神人絵系図』の肖像画の年齢がほぼ一致してくるのは七代景正からであること、具体的、現実的記述があらわれること、などから事実性をみとめている。

(5)「伊勢神宮の神仏関係」『神道文化』第五号、一九九三年。

(6)「中世賀茂社の神仏習合」(岡田精司編『祭祀と国家の歴史学』塙書房、二〇〇一年)。

(7)「津守氏古系図の研究——生きた神仏習合史——」『國學院雑誌』一〇一〇号、一九九一年。

(8) 藤岡謙二郎「北陸道の国府」『国府』吉川弘文館、一九六九年。

(9) 黒田日出男「若狭国鎮守神人絵系図の世界」(『週刊朝日百科・日本の歴史別冊・歴史の読み方8 名前と系図・花押と印章』朝日新聞社、一九八九年三月)。

吉田兼右の神道伝授と阿波賀春日社

宮永一美

はじめに

吉田兼右（一五一六〜七三）は、唯一神道を創唱した希代の神道家吉田兼倶を祖父に、儒学者清原宣賢を父にもち、幼くして卜部吉田家当主となったのちは、たびたび地方へ下向し、戦国大名や地方の神社と交流を持って、唯一神道の普及発展に努めた。兼右は越前にも下向して、朝倉当主や家臣等に神道伝授を行なったが、このような活動については、戦国大名の領国支配と神社政策という視点からみた、萩原龍夫氏の先行研究(1)がある。また、兼右の神道伝授を戦国武将への文化普及として捉えた米原正義氏の研究(2)もある。

しかし、朝倉氏と吉田家の交流は、すでに先代当主吉田兼満の時代から確認でき、両者の交渉は戦国期を通して継続されていたのであるが、その経緯・理由については十分に検討されたとはいえない。また、朝倉氏は一乗谷の入口「阿波賀」の地に鎮座する阿波賀春日社を崇敬外護したが、阿波賀春日社神主卜部氏は兼右と交流があり、『日本書紀』や『中臣祓抄』等多くの神道書も伝授された。阿波賀卜部氏が書写・伝授に関わったことを示す典籍類は、現在でも天理大学附属天理図書館吉田文庫等に所蔵され、これらについて調査研究された西田長男博士は、吉田神道の北陸方面への宣布、京都文化の地方武士階層への伝播という興味ある問題を提供するものであると指摘された(3)。

朝倉氏と吉田家、そして阿波賀春日社の関係については、近年、朝倉氏や卜部氏に宛てた吉田兼右書状(4)や、春日神社伝蔵の縁起類(5)等、良質の史料が紹介され、新たな史料をもとにした再考察が可能となっている。本稿では、これまでほとんど注目されてこなかった越前の吉田社領「鳥羽庄」に着目し、鳥羽庄神用をめぐる朝倉氏と吉田家の交渉について検討し、兼満・兼右の神道伝授を中心に考察することとしたい。また、兼右と阿波賀春日社神主卜部氏の交流を通して、朝倉治世下における卜部氏の役割と、朝倉氏滅亡後の阿波賀春日社再興に至る経緯についても明らかにしたい。

一　朝倉氏と吉田家

1　越前鳥羽庄をめぐる交渉

朝倉氏と吉田家の交流について考えるには、中世を通して吉田社の社領であった越前鳥羽庄について考察する必要がある。鳥羽庄は日野川支流の浅水川流域に位置し、現在の鯖江市鳥羽町に比定されるが、『吾妻鏡』建久元年（一一九〇）四月十九日条に、伊勢神宮の内宮役夫人工作料未済成敗所として「越前国、鳥羽・得光・丹生北・春近、成勝寺執行《昌寛》相逢使、究済畢由申之」とみえ、古くは京都左京岡崎に所在した六勝寺の一つ、成勝寺の寺領であった。しかし、『仁和寺文書』所収の官宣旨案(6)により、遅くとも嘉禄年間（一二二五～二七）には吉田社領として成立していたことが明らかである。その後の鳥羽庄伝領の変遷については断片的にしか知ることができないが、南北朝期にはこの地に南朝方の鳥羽城が築かれ、暦応二年（一三三九）四月一日には、幕府方の徳江頼員が攻めこんだことが知られる。[7] しかし、この頃よりすでに、鳥羽庄からの社用納入が安定していたとは考えにくく、壬生本『朝倉系図』[8]によれば、

康永元年壬午（一三四二）、請シテ別源大和尚（別源円旨）ヲ弘祥寺開山也、師ノ年時ニ四十九歳也、徳岩（朝倉高景）モ又空海（朝倉広景）以後所々田畠ヲ割テ弘祥寺へ寄進ス、鳥羽・山内・春近・布施田、弁浜三分一地子寄進也、鳥羽・山内ハトリハケ天下国家祈禱之為ニトテ、正月朔日ニ寄進状ヲ調ヘ判ヲナサル、

とあるように、朝倉高景は別源円旨を招いて弘祥寺を建立する際、鳥羽や山内・春近の一部を寄進した。「トリハケ天下国家祈禱之為ニトテ」という表現も、鳥羽が吉田社領の鳥羽庄（山内は「越前国絵図」にみえる山内郷の一部か。文殊山西麓に位置し鳥羽庄と隣接する）を指すと考えれば、もともとが社領であったという由来からきているとも推察できる。以上のようなことから、鳥羽庄も越前にあった多くの荘園と同様に、対捍や押領といった問題に直面し、吉田社領としては有名無実化していたと考えられる。『斎藤基恒日記』宝徳二年（一四五〇）二月十七日条には、吉田社造替料段銭について、越前国は守護請で納入することが記され、越前守護の斯波氏が納入を請負っていたことがうかがえるが、鳥羽庄神用納入に関して吉田家が斯波氏へ交渉したことは確認できない。ちなみに、中世の鳥羽庄の規模・範囲についての詳細は不明であるが、「越前国絵図」（慶長年間）には今北東郡に「鳥羽郷」とみえ、高二六七三石一斗四升九合と書かれている。

戦国期に入ると、越前の支配権をめぐって守護斯波氏と守護代甲斐氏、朝倉氏の三者で熾烈な争いが繰り広げられることになる。一方、吉田家はというと、応仁・文明の大乱の中、吉田社が兵火で焼失する（『碧山日録』応仁二年〈一四六八〉条）などの災難にみまわれるが、吉田兼倶はこの混乱期に唯一神道を創唱し、教理表象の施設として斎場所を創設、地方の神社に対しては位階・神号の授与、神主へは装束その他の裁許を行うなど、吉田神道の確立・発展の基礎を作った。兼倶の生涯については先行研究[9]も多いので、それによることとするが、兼倶

の代には、具体的に越前との関わりを示す史料は少ない。孫の兼満が自邸に放火し出奔したため、兼倶自筆の史料の大半がこの火事で焼失してしまったとされ、史料数の少なさが関係しているとも考えられる。永正八年（一五一一）に吉田兼倶は亡くなったが、その息子兼致は父に先立って明応八年（一四九九）に卒していたので、孫の兼満が吉田家を継いだ。そこで、鳥羽庄をめぐる交渉は、斯波・甲斐氏を国外に追い出し越前一国を掌握した朝倉氏と吉田家当主となった兼満との間で始まった。

　鳥羽庄の神用について、吉田家から朝倉氏へ、どのように働きかけていたのかをうかがい知る注目すべき史料として、天理大学附属天理図書館吉田文庫所蔵の「集筆」十三巻に収められる吉田兼満書状案がある。

（ウハ書）
「遣朝倉右馬助返状案永正九年四月卅日」
尊翰之旨、委細拝披、本望候、至今誠当年之御慶、漸雖事旧候、猶以不可有際限、多幸々々、国家安泰、
御子孫繁昌、御満足、珍重々々、抑神用厳密被仰付候、目出度存候、如御状御差上之申候、殊御加増、末代之御敬神不可過之候、
別而致祈念候、仍秘法御祓進献之候、
一、御小袖壱重、菊花雪葛御□・鱒鮨壱桶、拝受、祝着無極候、則令着用、於神前致勤行候、歓喜此事候、返々御懇志一
所、祝着存候、難尽謝詞候、委細御使へ申候、
一、名法要集、慥返給候、相構〳〵不可有外見候、神書上下（日本書記神代巻）、拙者雖悪筆候励其功、可進献候、平生多病之故、
于今遅怠、口惜存候、連々可終書写候、
一、神道行事初壇事、御志深重候上者、可伝受申候、神道相伝儀、無其例堅制禁事候、雖然真意難黙存候間、
不可有子細候、然者、御誓約御状可給候、可然仁躰可有上洛候、如何御加行肝要候、将亦保留異于儀被懇
用候御演説候、殊受□□済ニ拝領候由申間、進候、
一、御蒙気之由驚存候、乍去、御験之由候間祝着候、就無御由断、可有御奉慎候、別而抽懇丹候、御祈療之ニ

肝要存候、凡、暦書加進候、
一、著代日候間、重可進候、
一、地鎮祭文幷五色祓調進候、輒雖無相伝不存疎意候条、以別儀進候、四方中央ニ洗米、御酒祓事、□ヲ可有
御差候、東ハ青色、南ハ赤色、西ハ白色、北ハ黒色、中央ハ黄色ナリ、如祭文可有御進候、
一、軍陣祓調進候、極秘候、チカヤヲ次テハ、御酒ヲ一ソ、キ候、
一、神神主、是亦相伝候、重而可書上候、
一、御祓下進候、
一、日所作、御申上事、日本国中三千余□天神地祇八百万神、別而、至心崇敬、神号可然候、
一、諸社神馬毛事、神宮ハ黒毛、其外神社次社例用之候、前定易二冊、四聖人画進候、
一、六甲占、不所持候、一見相尋、重而可申候、皇代記加一見、好便可進候、
一、一賽ヲ打占事、重而可写進候、
麻始として可進候、
一、打刀事、御懇蒙仰候、祝着存候、然者、可申給候、御懇候儀、多山難有存候、之外、猶重期相応候之間、
可給候、于可申候、目出度期好信候、恐々謹言、

卯月卅日　　　　　　兼満(吉田)

朝倉右馬助殿

御返報

この書状案には、永正九年（一五一二）四月三十日と端ウハ書があり、兼満が吉田家を継いだ翌年に出された文書ということになる。その主たる内容は、朝倉右馬助が神用進納を約束し加増してくれたことに対する感謝で

あり、その礼として、秘法御祓を進献し、『唯一神道名法要集』を貸与し、『日本書紀神代巻』の写本を贈ったりしていた。後半には地鎮祭ならびに五色祓・軍陣祓・日所作・諸社神馬・六甲占・賽打占についてなど、種々相伝する旨が書かれる。しかし神用加増がかなったのが鳥羽庄のことであるかどうかは文中からはわからない。この点については、宛所の朝倉右馬助について明らかにすることで、自ずと答えを導き出すことができるであろう。

西田長男博士は朝倉右馬助について何人であるかわからないとしながらも、朝倉一族であるに相違ないとして、続群書類従本『日下部系図』に、

—景冬（遠江守、敦賀郡司、孫四郎修理亮、文亀四年四月四日死去於能登国、法名芳永宗弼、）—┬景豊
　├女
　├女
　├女
　└女（鳥羽右馬助妻）

とみえることから、この鳥羽右馬助を朝倉右馬助ではないかと類推された(10)。この説は次の壬生本『朝倉系図』(11)によって裏付けることができる。

心月─┬光照用公居士（豊後守弾正左衛門尉）─┬鳥羽（長男）─怒山景正（九郎）─景忠堅叟宗確（出羽守孫三郎）─旭岫金朝（右馬助景富）─一翁宗東（右馬助景忠）─景富（右馬助）─与三景忠
　│　└勝蓮華（二男）─一天宗得（近江守景世）─右春紹新（右京進景純）─又太郎（義海）─右京進（景保）
　└固山（長男）

この系図からは朝倉教景（法名心月宗覚、初代朝倉孝景の祖父）の次男、豊後守弾正左衛門尉将景[12]の子孫が、代々右馬助の官途名を用いていたことがうかがえる。朝倉氏の庶流は「東郷」・「中嶋」・「阿波賀」など、それぞれが土着した地名を苗字としており、この系図は将景の長男が鳥羽、次男が勝蓮華（現在の坂井市春江町正蓮花）を拠点としていたということを示している。江戸時代に編纂された地誌によれば、鳥羽野城は鳥羽豊後守将景・右馬助の城跡で（『越前国古城跡并館屋敷蹟』）、鳥羽村の天台宗真盛派永渡寺は朝倉右馬亮の館跡（『越前地理指南』）、鳥羽庄を見下ろす橋立山には鳥羽右馬之助の山城として杁子山城があったとされる（『越前国古城跡并館屋敷蹟』・『越前地理指南』）〔図1「鳥羽庄周辺地図」参照〕。これらのことから、朝倉右馬助は鳥羽に在地し、鳥羽右馬助を名乗っていた人物と考えられる。つまり、吉田兼満は鳥羽庄に勢力を持っていた朝倉右馬助に神用進納を頼んだのであり、加増がかなったのは鳥羽庄のことであったと推察してほぼ間違いないであろう。また、書状に書かれているように、朝倉右馬助のほうは、兼満に対して神道に関する教えを請うという関係であった。

天文二年（一五三三）十一月の『兼右卿記』（天理大学附属天理図書館所蔵）紙背にも、朝倉氏や一族の武将に出された兼満筆と考えられる文書案がある。日次記の料紙として使われているので前後が裁断されているが、朝倉与三宛、朝倉弾正左衛門尉（孝景）宛が確認される。

（前欠）無相違様被仰付候、尤可為御敬神候、抑神道秘法御祓并匂香廿貝・引合十状進候、儀□□□進之候、
望神用計候、無遅怠様被運送可給候、猶使者可申候、恐々謹言、

十一月　日

朝倉与三殿　まいる

一、朝倉殿　御祓并板物壱面、

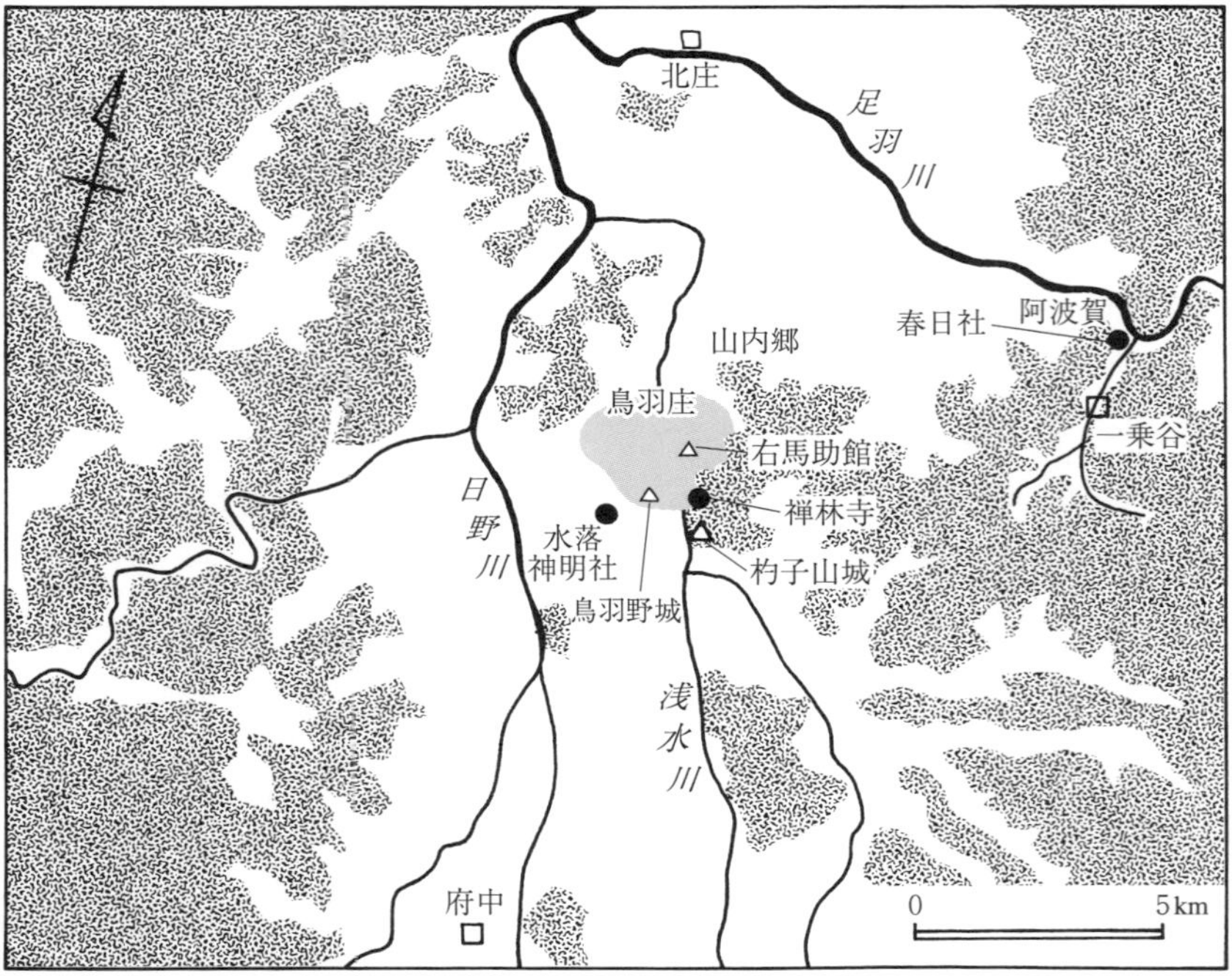

図1　鳥羽庄周辺地図

斎藤弥三郎殿

一、朝倉与三殿　御祓、匂香廿貝、引
　合十帖、

進之候、人々御願成就勿論候、幷板物
壱面、進之候、表賀状計候、抑神用儀
無相違様被仰付候由、可為御敬神候、
委曲斎藤弥三郎可申候、恐々謹言、

　十一月　日

朝倉弾正左衛門尉（孝景）殿御宿所

（下略）

これらの文書案は日次記の料紙に再利用されているということから、天文二年以前に書かれたことになるが、朝倉与三については、この頃、朝倉一族の中で与三を名乗る人物として朝倉与三右衛門尉景職が考えられる。景職は初代孝景の従兄弟で、三代貞景の娘（天性寺殿白照心桂大姉、北殿）（『朝倉系図』壬生本）を妻とした人物である。

三条西実隆に和歌の色紙を所望する(『実隆公記』享禄四年〈一五三一〉六月二十日条)など、都の文化人と長年交流を持ち、座敷飾や笛など諸芸能の伝授も受けていた。[13] この書状案から、兼満は朝倉一族の有力者であった与三右衛門尉景職に、神道秘法御祓や香を贈って神用が早く納入されるよう依頼していたことがうかがえる。また、四代当主朝倉孝景には神用進納について礼を述べ、板物(芯に板を入れた唐織物)一面を贈った。斎藤弥三郎は、朝倉氏の家臣で吉田家との交渉のために使者として上洛していたようである。これらの書状案からも、吉田家が神用確保のため、朝倉当主や一族の有力武将たちに、様々な方法で働きかけていたことがうかがわれる。

吉田兼満は、朝倉右馬助宛の書状にも「平生多病之故」と書いているとおり、病弱であったようで、また、平野社預であった叔父の兼永との間に訴訟問題を抱えており、大永五年(一五二五)三月には自宅を焼き払って出奔してしまい(『二水記』同年三月十九日条)、享禄元年(一五二八)十一月三日に子供がないまま亡くなった。このことにより、吉田家は兼倶の三男で清原家を継いでいた清原宣賢の三男、兼右(十三歳)が継ぐことになった。[14] 清原宣賢が兼右の後見となって骨を折っていたことは、先代の兼満から唯一神道行事の伝授を直接受けることができなかった兼右のために、断絶してしまった行事次第について返し伝授してくれるよう、能登の気多神社社務桜井弾正大弼俊基に依頼をしているという事例からもよくうかがえる。[15] また、このような吉田家相続の状況を踏まえると、清原宣賢の越前下向についても別の面がみえてくるように思われる。

清原宣賢が朝倉治世下の学問普及に果たした功績が多大であったことはまぎれもない。しかし、越前下向を繰り返し、最後は一乗谷で亡くなった宣賢の下向目的については、必ずしも明確でない。応仁・文明の乱以降、越前には公家や僧侶、連歌師や猿楽者等、様々な文化人や学者・芸能者が都から下向してきたが、米原氏はそれらの下向を目的別に、A型(御料所貢租督促・家領直務・困窮のため)、B型(地方遍歴流寓)、C型(朝倉氏の招請・文化活動)と類例化し、宣賢の下向については、朝倉氏の求めに応じて、『日本書紀神代巻』・『中庸』・『孟子抄』

などの講義を行なったことから、おおむねC型に当てはまるとされた。[16] しかし、和島芳男氏は『言継卿記』天文十四年（一五四五）十月十六日条に「環翠軒（清原宣賢）従越前近日上洛云々、就知行之分之儀、藤黄門（高倉永家）へ礼に罷度之間、」とあることから越前に所領を有していたと指摘されたのを考慮し、A型も加味しなくてはならないとされた。[17] そこで、この宣賢の越前知行分について明らかにすることで、越前下向の目的についても考察を試みておこう。

宣賢は息子兼右が吉田家を継いだ三カ月後の享禄二年（一五二九）二月十一日、大徳寺において剃髪出家し、その五日後には早々越前へ下向した（『実隆公記』享禄二年二月十二・十五日条）。これが宣賢の越前下向の初例である。そして宣賢の息子清原業賢の日記である『享禄二年外記日記』（尊経閣文庫所蔵）三月七日条には、「従越州家君（宣賢）御書到来、国之儀可然様被仰下之間祝着」とあり、越前の宣賢から書状が到来したことが見える。そこには越前滞在中の費用捻出に関する要望が書かれていたと思われ、同日記の三月二十七日条によれば、

向吉田神龍院、一臈外記宗貞同道、侍従兼右予弟、堪忍料、以越州神領鳥羽庄公用可被申付之由令申之、従家君依被仰上、

というように、業賢が吉田社へ赴き、弟の兼右に面会し、越前鳥羽庄の公用から勘忍料（客分の食禄・知行）を出すよう頼んでいる。その後宣賢は能登へ下り、八月十七日には能登から上洛し、翌年の享禄三年（一五三〇）七月には、能登の気多社社務桜井俊基のおかげで唯一神道の返し伝授が無事果たされた。この時期、宣賢は息子兼右の家督相続のために東奔西走していたのであり、このときの越前下向については、朝倉氏の招請によるものとは考えられない。また、宣賢が吉田家のために行動していたことが、吉田社神領の鳥羽庄から堪忍料が出された理由であったとも考えられる。以上のことから、宣賢の越前知行分とは鳥羽庄の堪忍料のことと推察される。天文十九年（一五五〇）七月十二日、宣賢は一乗谷で亡くなったが（『公卿補任』）、その遺骨が鳥羽庄近くの禅林寺に埋葬されたという[18]のも、鳥羽庄との地縁によるものと推測される（図1「鳥羽庄周辺地図」参照）。

2　兼満・兼右の神道伝授

吉田兼満は鳥羽庄からの神用納入が実行されるよう朝倉右馬助や朝倉孝景に依頼し、同時に神道面での教示をし、神道伝授を行なうようになっていったと考えられる。孝景は大永三年（一五二三）に館の艮（北東）に一寺を建立し、その鎮守として赤淵大明神を勧請することにしたが、この時、兼満は遷宮儀式の次第やその吉日について教示した。兼満筆の「赤淵大明神遷宮次第」（天理大学附属天理図書館吉田文庫所蔵）と題される史料には、次のように書かれる。

　赤淵大明神御遷宮吉日
十一月廿八日甲午　時刻亥
十二月四日庚子　時刻亥
同十日丙午　時刻亥
大永三年（一五二三）十一月十五日

　遷宮次第
兼日社壇造立以下如常、当日早旦以浄水可洗神殿、次社壇左右柱幷鳥居柱□各立柳付四手、次修中臣祓一反、以件祓串宮殿社中悉祓之、次役人各以件祓各全身於祓清之、次於御神体前再拝、祝戸〔詞カ〕於申、読畢又再拝、退座、此間仁神殿於奉餝、
天井　壁代　机〔几カ〕帳　差筵　浜床　御畳　御茵　御簾
　此外夏冬神服宝在之、
次筵道於敷申、其上仁布単於敷渡也、路次筵道左右引回幕者也、其儀口伝、次垂几帳幷御簾、次供神膳御酒等、

次神楽、次棒〔捧〕幣帛、次祝戸〔詞〕、

已上、

右遷宮次第大概如斯、

大永三年（一五二三）十一月十五日　神道長上従三兼満（吉田）

当月七日尊翰、同十四日未下刻到来、委細令拝見候、尤以本望存候、抑艮方ニ御建立一寺、為御鎮守赤淵大明神可有御勧請之由、珍重存候、就其御遷宮之次第并吉日事、蒙仰候、則註進候、総別御神体安置事者、当流神代以来唯受一人相承候、日神直ノ御璽、是ヲ神籬之霊璽ト申候、自神武天皇以後、璽御箱ヲ以テ真神体ニ奉安置候、又被奉授神号事、当流必存知候、諸国之御神体、自斎場所当宮被渡事也、分配候事、或御尊形、或御正体ヲ、神体ニ用申事、

遷宮を行なうのに相応しい吉日として、十一月二十八日・十二月四日・同月十日の三日を挙げ、儀式の次第や調度について教示している。後半は朝倉氏からの質問に答えた兼満の書状案ともいうべきもので、遷宮次第や吉日について注進する旨、神号を授けること、御神体を分配することについて書かれている。しかし、「赤淵大明神遷宮次第」には、半端に無関係の別紙が接がれており、文面は不自然に途中で終わっているので、書状案の後半部分を欠いていると思われる。そして、このことに関連する史料と考えられるのが、「集筆」十九巻（天理大学附属天理図書館吉田文庫所蔵）に収載される十一月十五日付の吉田兼満書状写である。

当流唯一神道ニハ、其之両部習合ノ神道ト申テ、神道ト真言ト習合具テ神道ヲ専用之候、是ハ四大師伝教・弘法・慈覚・智証、以胎金両界、習内外二宮、以諸尊合諸神、故ニ本地垂跡ト云儀出来候、其已前ハ無其沙汰候、日本ハ神国也、仍一代一度候、大嘗会之時去仏経念珠等候、是則、神国之遺法、神勧請ニ就テハ、神代之霊璽肝要候、看御正体ニ被奉副御箱度思食候也、聊不可有如在候、次事次及巨細候、将又鵝目千疋被懸御

意候、過当之至祝着存候、於祈念者長久無懈怠候、猶以可抽懇丹候、万端期後信候、恐々謹言、

御表書過分候、向後者可有御改候、

十一月十五日　　　　吉田三位　兼満　判

朝倉弾正左衛門尉殿（孝景）

参　尊報

この書状は、「赤淵大明神遷宮次第」と同じ日付で出されており、唯一神道の説明とともに、神勧請について神代の霊璽が非常に大切であることが書かれていることから、内容からも「赤淵大明神遷宮次第」に続く部分と推定される。二つの史料が示すように、兼満は神道儀式に関して、朝倉氏に細やかな指導をしていたのである。

このような、朝倉氏への神道行事・儀式に関する指導や伝授は、吉田兼右のときになるとさらに多くなる。兼右は少なくとも天文四年（一五三五）と同十四年（一五四五）の二回、越前へ下向している。越前滞在中に朝倉氏四代の孝景や家臣等に神道伝授を行なったため、米原氏は先述の分類で、C型（朝倉氏の招請・文化活動）と推定されている。これについては、鳥羽庄神用納入の交渉を含めて再考したいが、まずは、兼右が越前の武将や神主等に対して行なった神道伝授の事例についてまとめれば、表1の通りである。

軍陣祓作様法など種々の神道伝授を受けた朝倉宇兵衛は、その名前から、朝倉与三右衛門尉景職の息子、右兵衛景隆と考えられる。『朝倉系図』によれば、初代の孝景の弟、下野守経景から続く家柄で、特に、右兵衛景隆は三代の貞景の娘、北殿を母親としたことから、五代の義景とは従兄弟にあたり、一族の中でも上座に列した。

下野守余三右衛門尉 壮岳 禅勇経景 ―― 余三右衛門 然翁景職 禅照 ―― 右兵衛 景隆 雲叟宗瑞 ―― 孫三郎 景健

表1　吉田兼右の神道伝授一覧表

伝授された人	伝授年月日	伝授の内容・備考	出典	所蔵
朝倉孝景（4代）	天文4年12月12日	護身加持（陰陽道身固義、人号隠形加持）	神道相承抄	吉田文庫
	天文5年6月	本地垂跡事・両部習合神道ニ用来ル本地垂跡事	宗源宣旨秘要	吉田文庫
	天文14年9月9日	神道修行（行事護摩北斗祭・太元延命行事護摩）	天文十四年日記	個人
朝倉義景（5代）	年未詳12月22日	神道秘法御祓	武家手鑑	尊経閣文庫
朝倉宇兵衛	年月日未詳	大麻ノ祓作様・疾病消除祓作様・天度祓・地鎮祓事・神代弓矢并兵具事・軍陣祓作様法	祓覚書	吉田文庫
	天文5年12月	禁中御崇敬神社等について	祓覚書	吉田文庫
秋光與太郎	天文4年5月	日所作次第・参詣次第	神道相承抄	吉田文庫
長谷弥二郎	天文4年	参詣次第	神道相承抄	吉田文庫
斎藤弥三郎吉唯	天文5年12月	招魂祭文用意様・日所作次第・作竈法	祓覚書	吉田文庫
前波七郎兵衛與勝		屋室裁許状	宗源宣旨秘要	吉田文庫
宿所の亭主	天文5年5月24日	服忌裁許状（兼右越前滞在中）	宗源宣旨秘要	吉田文庫
卜部定澄	天文5年7月	護身神法・服忌令・持笏口決大事・沓揖大事・三元神道三妙加持経	兼右卿越州安波賀之神主江御相伝之留	吉田文庫
	天文9年5月	日本書紀	日本書紀	宮内庁書陵部
	天文15年9月	唯一神道名法要集	唯一神道名法要集	神宮文庫
		中臣祓	中臣祓之抄	吉田文庫
卜部定富		中臣秘之抄抜書并水柏之口決	定富抜書	吉田文庫

父景職は先述のとおり、吉田兼満に神用納入を依頼されていたが、このような間柄から、息子の代になっても吉田家との交流が続いており、神道伝授がなされたと考えられる。同様に斎藤弥三郎吉唯も、兼満の時代から朝倉氏の使者として上洛していたので、神道伝授を受けることができたと考えられる。

兼右も、鳥羽庄をめぐっては、朝倉義景との交渉に苦労していた。『兼右卿記』永禄二年（一五五九）正月五日条に、「自越州鈴鹿若狭守上洛了、神用如形到来、自鳥羽庄」とあり、越前から吉田家雑掌の鈴鹿若狭守が上洛し、鳥羽庄からの神用が到来したことが記されており、神用が例年、年末に送られ、年明けに京都に届いていたことがうかがえる。ところが、永禄三年（一五六〇）に、鳥羽庄神用に過分の未進があるとして、御内書等が出された。『兼右卿記』十一月二日条には、次のように書かれている。

二日、越州指下鈴鹿若狭守了、鳥羽庄過分未進無沙汰候間、女房文・御内書等申給指下了、

吉田社領当国鳥羽庄事、無別儀雖京着候、年々過分無沙汰之由、不可然候、厳重可差上旨、堅可申付事簡要候、猶晴光(大館)可申候也、

十月廿二日　御判

朝倉左衛門督(義景)とのへ

就吉田社領、貴国鳥羽庄儀、被成　御内書候、彼社事、不混自余子細共年々無沙汰得無退期、神慮不可然被思食候、厳重候了、社納段堅可被仰付儀、可為専用旨、得其意可申由、被仰出候、恐々謹言、

十月廿二日　陸奥守晴光(大館)判

謹上　左衛門督(義景)殿

足利義輝の御内書と大館晴光副状が書き留められており、年々未進が増加したことに困った兼右が、御内書を給わり、それによって朝倉氏に鳥羽庄神用の完納を求めたことがうかがえる。また、『武家手鑑』（尊経閣文庫所蔵）所収の朝倉義景書状によれば、

芳札令拝閲候、仍神道秘法御祓頂戴、幷織色一面給候、畏悦至候、就中神用之事、如例年申付候、将亦白綿弐屯進入候、表祝儀計候、委曲斎藤民部丞可申候、恐々謹言、

十二月廿二日　　　義景（花押）

吉田（兼右）左兵衛督殿

というように、義景は兼右から神道秘法御祓と織色（唐織物）を贈られ、鳥羽庄からの年貢進納を約束している。この文書は花押の形状から、永禄元年から四年の間のものと比定されているが[19]、これも兼右からの神用督促に答えて出された書状の可能性が高い。

以上のように、兼満・兼右は鳥羽庄神用進納のために、朝倉当主や一族の武将等に様々な方法で働きかけていたのであり、神道儀式について指導したり神道伝授をすることも、その手段の一つであったと考えられる。もちろん、越前の武将に対して行なった神道伝授のすべてが、鳥羽庄に関係するものとはいえないが、兼満や兼右が、吉田家当主として家学・家業を、朝倉氏との交渉に効果的に用いていたことは明らかであろう。また鳥羽庄をめぐる交渉が、結果として朝倉治世下において唯一神道の普及浸透を進めたともいえるであろう。

二　阿波賀春日社と吉田兼右

1　阿波賀春日社と卜部氏

ここまで、朝倉氏と吉田家の鳥羽庄をめぐる交渉と、吉田兼満・兼右による神道伝授についてみてきたが、神道伝授は朝倉氏や一族の有力武将に対して行なわれただけでなく、越前の神主に対しても行なわれていた。[20]特に、兼右は阿波賀春日社神主の卜部氏と関係が深かったが、両者の交流について考察する前に、まず阿波賀春日社と卜部氏についてみておこう。

阿波賀春日社は、朝倉氏が城下町を築く以前から、一乗谷の入口、阿波賀（現在の福井市安波賀町）に鎮座し、戦国期には歴代当主をはじめ家臣等の崇敬を受けた。史料や絵図[21]によれば、朝倉氏の時代、一乗谷には赤淵明神や熊野・愛宕・八幡・諏訪社などが存在したが、朝倉氏滅亡後、ほぼ同じ場所に再興されたのは春日社だけである。もともと、一乗谷一帯は近衛家領宇坂庄の庄域にあり、朝倉氏がこの地に拠点を置いたのも、貞治五年（一三六六）十一月に宇坂庄を含む越前七カ所の地頭職を得たのが契機とされ、[22]春日社も宇坂庄の鎮守社として、この地に勧請されたものと推測される。また、阿波賀の地名は、朝倉氏が守護神である粟鹿《あわが》大明神を但馬国から勧請したことに由来するとされ、吉田兼右が朝倉孝景に伝授した「両部習合神道ニ用来ル本地垂跡事」（『宗源宣旨秘要』）[23]には、「阿波賀―春日社ニ同シ」とあり、春日社は中世には阿波賀社とも呼ばれていたのである。

阿波賀は一乗谷川と足羽川の合流地点に形成された水運交易の要所であり、戦国期には足羽川を利用し様々な物資が陸揚げされ、京都へ送る米を収める倉が建ち（越前国ニ上国衙米収納算用注文「真珠庵文書」）、市が開かれ、唐人の在所もあった（『大乗院寺社雑事記』明応七年〈一四九八〉九月十一日条）。現在、春日神社の社殿は、安波賀の集落を見下ろす一乗谷西側山裾の高台、城下町を守る防御施設である下城戸のすぐ北隣に所在することから、当時から軍事的にも経済的にも重要な場所にあったことになる。

従三位富小路資直は天文四年（一五三五）に越前に下向し、春日社に参詣して和歌を詠んだ。資直が越前滞在中の様子を記した『詠三十一首和歌』（尊経閣文庫蔵）には次のように書かれる。

一乗といふ所にゆきつきては、人しけくまきる丶事のみ有て、日ころへぬ物のつゐてに、春日のおほん神のみやしろとある鳥井の見え侍れは、ことさらにまうてんと思てうちすき侍るを、さらはあすとおもひたちぬる夜の夢に、哥よみてまいらすとみて、うちおとろきてさめぬ、（中略）

あふく哉有しにまさる藤のかけこ丶も春日のおなし宮ゐを

此一首をそた丶今よみくはへてかきそへ侍る、時に天文よつのとし青陽の三月十八日、これを誌す、

従三位藤原資直

これは戦国期の春日社の様子についてうかがい知ることのできる数少ない史料であり、資直は一乗谷に到着し、阿波賀から下城戸を通って城下町に入る際、春日社の鳥居を目にして参詣を思い立ち、奈良の春日社と同様に藤の花が咲いていたのでそれを歌に詠んだというのである。

安波賀春日神社には江戸時代に書かれた縁起や由緒書が伝来しているので(24)、これらの史料をもとに、春日社について吟味しておこう。『阿波賀社縁起写』（春日神社所蔵）には、次のように書かれる。

爰尋越前国足羽郡阿波賀社之根元、治暦四年（一〇六八）四月十一日、藤原隆家為信濃国諏訪社之勅使、令発遣此国之時、老翁忽然而来、于時隆家問云、汝是誰也、翁云、吾自仲哀天皇御宇此地主也、名云大汝神、隆家亦問云、何故今出現此矣、翁云、可建立一社、吾教其地、隆家問云、勧請何神、翁云、夫春日四所者、有広大美麗之神徳、此国者帝都之正北《東イ》也、為王城鎮護、於此地可安置、宣訖排分天八重雲遂不見、依是同月廿一日奏聞、任神語勧請此社、同五月十三日為卜部兼忠奉幣使有宣命、（中略）于爰文明比、軍卒徘徊社内、剰灰燼、雖然

依国守之信心、新並甍造社壇、神者依人之敬増威、人者依神之徳添運、国郡静謐、寿算無彊、是無他者也、

天児屋根尊四十八世孫
神祇道管領勾当長上侍従卜部（兼倶）朝臣在判印撰之、

（下略）

治暦四年（一〇六八）信濃の諏訪社に勅使として遣わされた藤原隆家が、阿波賀を通りかかった際、忽然と翁が現れ、王城鎮護のため春日四所を安置するよう告げたため、この地に一社が勧請され、卜部兼忠が奉幣使として遣わされたのを創まりとする。そして、文明の頃には戦火で灰燼に帰したが、国守の信心によって再興されたという。春日社が延焼したというのは、朝倉孝景が一族の有力武将と争った長禄の戦い、すなわち長禄三年（一四五九）二月二十一日、阿波賀城戸口で戦闘に及んだときのことと考えられ、この際に社殿が焼失し、その後、朝倉氏によって再興されたということであろう。

天和三年（一六八三）閏五月二十一日に書かれた『安波賀春日之縁起』（春日神社所蔵）をみると、朝倉氏は代々春日社を敬い、大雪や旱魃といった凶事の際には、臨時祭礼を催し神事能が奉納されたという。この縁起は『朝倉始末記』等の軍記物をもとに書かれたと思われ、朝倉時代の記述で唯一、春日社の神主が登場するのは、神事能において神主権少輔が鼓の芸を得意としたという部分である。『朝倉始末記』にも、足利義昭御成の演能で神主権少輔が出演したことが書かれている。[25] また、『阿波賀由緒書』（春日神社所蔵）には以下のごとく、朝倉時代の神主として、吉田定澄の名前が挙げられ、朝倉氏滅亡後は甲斐の武田信玄のもとに落ち延びたとある。

朝倉義景公代、　卜部朝臣　吉田定澄
此神主、義景公兵乱之時、春日の御しんたいを以テ、しなの丶国かいのしんげん公へ落行、其後子孫吉田しゆけい斎ト名のり、天下ノ御書物預リ役勤、

これらの縁起が書かれた時にはすでに、中世の阿波賀春日社について知ることのできる良質な記録や文書類は

残されていなかったようで、縁起の内容について、春日神社側から吉田家に問い合わせた。これに答えて書かれたのが『越前国阿波賀春日神社勘物條々覚書』(26)（天理大学附属天理図書館吉田文庫所蔵）である。前半は春日神社からの質問が箇条書きされていて、後半に覚として吉田家からの回答が書かれる。主な質問は以下のようなものであった。

①兼倶作と伝えられる『阿波賀社縁起写』について、兼倶作としてよいか。

②藤原隆家や卜部兼忠なる人物はいずれの家の先祖か。

③文明年中阿波賀社炎上の後、朝倉孝景がこの社を再興して京都に申請し神職を据えたとして、神主に卜部定行・定継・定澄・定富の名が伝えられている。位階は『歴名土代』から左のごとく知られるが、定行は卜部本家の庶流かどうか。また、定澄は兼右の妹を娶り養子になって神職を勤めたと伝えられることについて。

卜部定行……〔正五位下〕文明元・九・十八、〔従四位下〕文明八・正・六、〔従四位上〕文明十三・六・十二、

卜部定継……〔従五位上〕文明元・九・十八、〔正五位下〕十三・六・十二、

卜部定澄……〔従五位下〕天文五・二・廿九、同廿・十・二、神祇権少副、

卜部定富……〔従五位下〕天文十四・七・廿六、同巳、大炊助、

④阿波賀社神主の定富が、朝倉家滅亡後、甲州三州に移って吉田守警斎と号し、その子供は周禊と名乗り、周禊の子までは駿河以来、将軍家に奉公したと伝わることについて。

質問の最後には「右の内、相知申分、又ハ阿波賀春日社之事、証拠等合之事御座候ハバ、此上ニ付紙ニテモ被成御書付被遊可被下候」というように、阿波賀春日社のことで吉田家の記録に照合するような史実がないか教えて欲しいと求めている。吉田家からの回答は次のようなものであった。

①兼倶作か否かは本紙を一覧しないと判断できない、縁起の年代には少々相違があるけれども、古い縁起にはかようなことはあるもので、文明年中に神道執行した人物とするならば兼倶である。

②不明である。

③定行・定継は吉田社の社司である。しかし阿波賀社の神主に遣わされた経緯については、家記からもわからない。定澄は天文の頃吉田家門弟として阿波賀の神職を勤め、伊勢奉幣使となっている。しかし、兼右の婿であったかどうかはわからない。

④周禊が定澄の子孫であるということは伝えられているが、それ以後その筋は断絶したと聞いている。

結果として、春日神社側が一番知りたかったところの縁起の内容の信憑性や歴代神主の経歴については、吉田家のほうでもわからなかったようである。

阿波賀社神主とされる卜部定行・定継については、『兼致朝臣記』（文明十六年〈一四八四〉正月一日条）に、

予(兼致)着斎服参斎場、先是家君(兼倶)、於内陣令勤行神道給、此間、萩原権大副兼昭朝臣・弾正大弼定行朝臣・権少副兼永・前刑少輔兼冬・左馬助定継、各着衣冠、供神供、

と両人の名前がみえ、吉田兼倶とともに正月の神事に吉田社へ参勤していたことがうかがえる。このことからも、定行らが吉田社に勤仕する卜部氏の庶流であったことは間違いない。しかし、卜部氏の系図にはその一流がみえず、阿波賀社の神職を勤めることになった経緯についても、吉田兼満の日次記等、該当する時期の史料が焼失していることもあり明らかにできない。定行・定継については、越前下向や一乗谷に滞在したことを示す史料も確認できず、阿波賀社神主としての活動が具体的に追えるようになるのは、卜部定澄・定富からである。

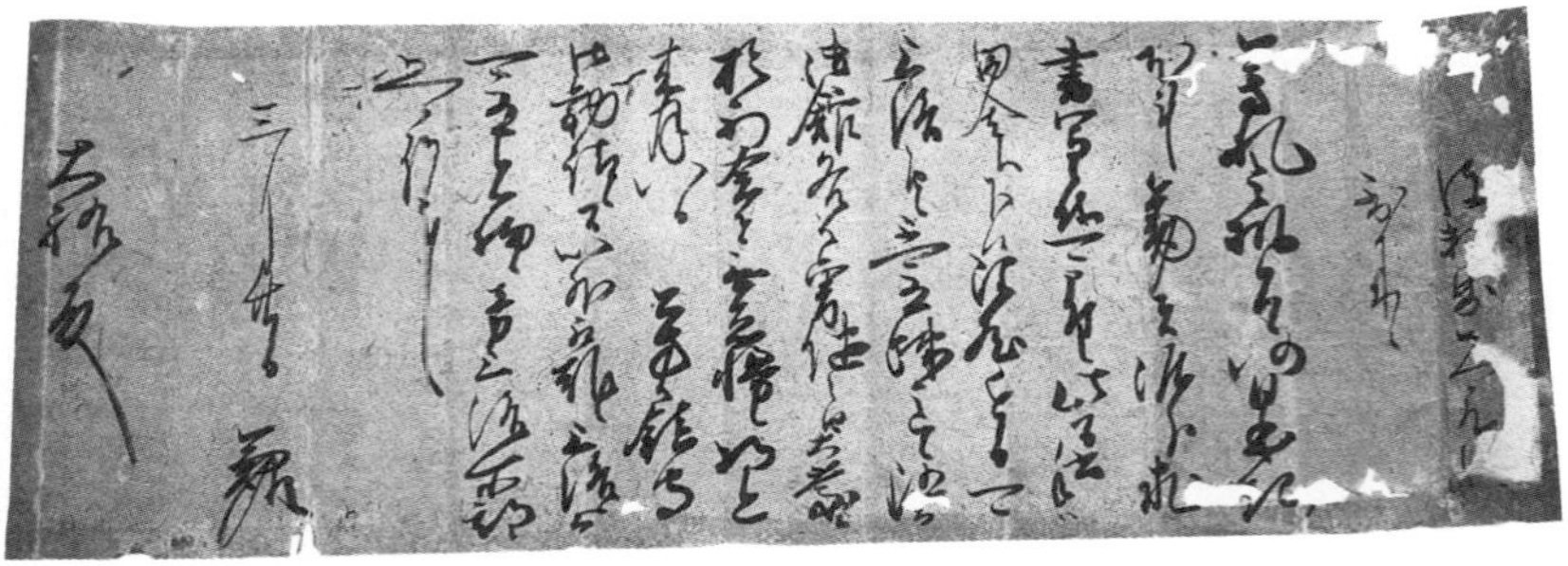

図2　吉田兼右書状（安波賀春日神社所蔵）

2　卜部氏と吉田兼右の交流

前掲の「吉田兼右の神道伝授一覧表」からもわかるように、卜部定澄・定富は、兼右から多くの神道書を伝授されていた。定澄が天文五年（一五三六）に『護身神法』や『服忌令』を伝授されてから（『兼右卿越州安波賀之神主江御相伝之留』、天理大学附属天理図書館吉田文庫所蔵）、永禄二年（一五五九）十二月、伊勢神宮の奉幣使を勤めるため上洛し兼右に対面するまで、史料上確認できるだけでも両者の交流は二十年以上に及ぶ。阿波賀社神主としての定澄親子の活動は、兼右との交流を通してのみうかがい知ることができる。

宮内庁書陵部所蔵『日本書紀』（『大日本史料』第十編之十三）の奥書によれば、

> 此書、天地之開闢、初代之元由、王臣之系譜、披之如向鏡、覧之似仰日、輙不流布天下、爰阿波賀社神主神祇大祐卜部定澄依度々之懇望、授一部畢、深凝信心、厚致崇敬、莫令外見矣、
>
> 天文第九暦（一五四〇）仲夏中旬　　神道長上卜部朝臣兼右

というように、定澄は天文九年（一五四〇）に、兼右にたびたび懇望して『日本書紀』の伝授を受けた。現在、安波賀春日神社には一点だけ兼右の書状[27]が伝来するが、この書状は定澄が『日本書紀』の伝授を依頼したことに対する返書と考えられる。

彼□（判カ）帋先度□（憸カ）到来候、芳札令披見候、仍日本紀本計筆者涯分求、書写之儀可申付候、此間書手ハ田舎へ下候、
雖然近日可上洛之由候、不可有疎意候、随而御館各御勇健之由、大慶候、於祈念者無怠懈候、将亦来月八日
公方御鎮守御勤仕候間、以外取乱候、上洛候而可有御見物候、旁上洛所期候、恐々謹言、

三月二十日　　兼右

大祐殿（卜部定澄）

書き手が田舎へ下向していたので遅くなったが、本の書写を精一杯急ぐよう申し付けており、疎かにしていないと伝えるとともに、定澄の上洛を誘っている。内容から、定澄はしばしば上洛し、その際に神道書を伝授されていたことがうかがえる。文中に「御館」と書かれるのは朝倉氏のことと思われ、兼右がその健康を慶んでいることから、朝倉氏の近況なども卜部氏を通じて吉田家に伝えられていたものと推察される。

卜部氏は兼右との交渉を通して、朝倉氏と吉田家を結ぶ使者としての役割も担っていたと考えられるが、このことは、兼右自筆の書状が五通まとまって伝えられている「大内良一氏所蔵文書」(28)からもうかがえる。定澄親子は、朝倉氏滅亡の際、兼右から送られた書状を携えて落ち延びたと考えられ、これが「大内良一氏所蔵文書」として伝わったようである。文書の伝来については次節で考察することとし、これらの文書について吟味しておこう。

まず、天文十四年（一五四五）に出されたと推定される兼右書状を次に掲げる。

先日芳問為悦候、不得好便之条無音、慮外候、仍息男（吉田定富）一級一官之事、令申沙汰候、口宣案下之候、名乗於此方相定候字之通可然候、珍重候、一級始叙五位之儀、雖不打任事候、随分申沙汰候、次其方一官被申候可然候、長々大膳（吉田定澄）無其曲候、拙者風度令下国、太守（朝倉孝景）へ御礼可申心中候、毎事馳走頼入候、此間於禁裏日本紀講尺申候、取乱候、恐々謹言、

（天文十四年）
八月十三日　　（兼右）（花押）
（卜部定澄）
大膳殿

兼右は、卜部定澄の息子の官位について申沙汰し、名付親にもなっていた。長く官位昇進が無かった定澄のことも取り計らったようで、これ以後、大祐から大膳と名が改まっている。また、兼右は越前に下向し朝倉孝景に対面したいと伝えているが、これらのことは、兼右の日記にも記される。『天文十四年日記』（東京大学史料編纂所影写本）七月二十八日条によれば、「越前国阿波賀社神主神祇大祐定澄息一級一官申入了、廿八日、今日件官位到来、先年後定澄予申沙汰之、」とみえ、八月末には京都を出発し越前へ下向した。その行程は次のようなものであった。八月二十九日、出発、近江坂本に下着。晦日、片太保（堅田）に到着。九月一・二日、片太保に逗留。三日、打下郷に到着。四日、海津に到着。五日、越前新保に到着。六日、越前府中到着。七日、一乗谷到着。朝倉備前守のところへ下宿。明日は凶日のため九日に参る旨申す。八日、阿波賀神主と息子定富が来る。礼として太刀と百疋を持参する。九日、朝倉霜台（孝景）に神道修行（行事護摩北斗祭、太元延命行事護摩）する。十一月中旬、帰洛。以上のように、兼右は越前滞在中に定澄親子と対面し、官位申沙汰のお礼を贈られ、朝倉孝景には神道修行を行なった。

続いて、年末詳の朝倉孝景宛書状をみてみよう。

（封紙ウハ書）
「（孝景）
性安斎　　　　吉田侍従
　参貴報　　　　兼右」

貴札令拝読候、仍阿波賀大膳（定澄）罷上候、少々致伝授候、抑太刀一腰・馬一疋送給候、御懇之至執着無極候、将亦一切経堂御建立之由候、千秋万歳珍重候、弥御願成就勿論候、旁期後音候、恐々謹言、

九月一日　　侍従（花押）（兼右）

性安斎（朝倉孝景）
参貴報

定澄が上洛して神道伝授を受け、孝景からの贈答品の太刀と馬を届けている。これは以前、孝景が一寺建立の際に鎮守として赤淵大明神を勧請し、吉田兼満に遷宮儀式次第について教示を求めたのと同様に、一切経堂建立に際し、兼右に何らかの神道伝授を求めたものと考えられる。そうだとすれば、寺社建立に関係して行なわれる神道儀式について伝授を求め、それを修得するために定澄が上洛したとも推察される。

次の文書は、年未詳の定澄宛書状である。

先度者芳札為悦候、仍只今如例年霜台（朝倉孝景）へ以使者申候、次此状、北殿へ慥被相届候て可給候、乍無心憑申候、
今度者長々在京何計不申候、非本意候、明春上洛所期候、子細此者可申候、恐々謹言、

十一月廿四日　　侍従（花押）（兼右）

大膳殿（吉田定澄）

前章で鳥羽庄神用をめぐる交渉についてみたとおり、鳥羽庄の神用進納を依頼する書状の多くは、十一月頃に出されていた。この書状も十一月下旬に出された書状で、「例年のごとく霜台（朝倉孝景）へ使者を以って申し候」とあるので、鳥羽庄神用の進納を朝倉氏に依頼したことを伝えていると思われる。また、北殿に手紙を届けて欲しいと定澄に頼んでいるが、北殿は朝倉一族の有力武将であった与三右衛門尉景職の妻であり、兼右から神道伝授を受けていた右兵衛景隆の母である。鳥羽庄神用納入を頼まれていた景職は、天文四年（一五三五）に没したので（『真珠庵過去帳』）、その後は、その妻の北殿や息子の景隆が交渉相手となっていたことが推察される。定澄が吉田家と縁戚関係にあったならば、当然、鳥羽庄神用の交渉がうまく進むよう何らかの役目を果たしていたと思われるが、この文書は、定澄が鳥羽庄交渉においても吉田家と朝倉氏の間を結ぶ役割を担っていたことをうか

がわせるものである。

次の二通の文書は、永禄二年（一五五九）の正親町天皇即位に際し、定澄が奉幣使として伊勢神宮に参宮することになり、細々とした連絡事項を伝えるため兼右から出された書状である。

（封紙ウハ書）
「阿波賀
（定澄）
権少副殿　　兼右」

態以飛脚申候、仍御即位来月廿六日分候、依御要脚不足如此遅々候、然共近日京着候間相定候、御即位伝奏柳原一品一札為披見下申候、尚奉幣之儀ハ此已前事候間、内々可有其用意候、重而慥又可注進候、就其内々令申候、勅使道中乗馬事、為大守（朝倉義景）可被仰付候由候、誠国家之御祈禱候、然ハ来月大雪時分可被牽上候段、可為御大儀候間、先無風雪已前至此方可被上置候哉、但其方上洛之砌不可有別儀候哉、被加分別可被調候、先日如申候、参宮上下之途中及十日候、大にて強候ハねハ難成候、此段能々可被申候、猶日時定候ハヽ、重而可申候、其時ハ不移時日可有上洛候段専用候也、恐々謹言、

（永禄二年）
十月廿日　　兼右（花押）

（封紙ウハ書）
「阿波賀
（定澄）
権少副殿　　兼右」

追而申候、

一、参宮之時、自此方至神宮上下路銭事ハ、為此方可申付候、其段可心安候、

一、路次中着斎服候布ハ諸国見物候間、不可然候、○絹斎服事輙雖不許候此度所役候間可許候、可有用意候、

一、馬事専用候、来月雪降候ハヽ、被牽上候事難義候歟、然ハ先早々可御上候哉、

馬すちわろくちいさくよハく候へハ上下十日路、且以不乗得候、及道中及迷惑事候間、能々其段可被申候、

一、御奉幣定日候ハヽ、其時以人可申候、無逗留之様自此比可有用意候、来廿六日即位候ハヽ、奉幣ハ可為十日比と存候、

一、当午公用事、来月可下人候、就其申次事斎民斟酌候、誰人をもて向後可定候哉、其方様体分別候て可承候、

(兼右)(花押)

権少副(定澄)殿

一通目には、費用不足のため遅くなってしまったが、ようやく来月二十六日に即位式が行なわれることが決まったので、内々に奉幣使としての準備をしておくことや、参宮道中に用いる馬を朝倉当主に用意してもらうこと、雪が降る前に馬だけでも京都へ届けること、参宮は行き帰り十日に及ぶ長旅なので大きく強い馬でなくてはならないことなどが書かれている。二通目は追って出された書状で、参宮の路銭は吉田家で準備するので心配しないでいいということや、路次で着る斎服は絹のものを用意すること、奉幣日が十二月十日頃になりそうなことなどを伝え、よほど馬の用意が気がかりだったようで、再度、馬を早く京都へ牽いてくるようにいっている。

天皇の即位を伊勢神宮に奉幣使を遣わして奉告する即位由奉幣には、四姓（王・中臣・忌部・卜部）から奉幣使が発遣されることになっていたが、吉田兼倶が延徳元年（一四八九）に、伊勢の神器が吉田山に降臨したと密奏する事件をおこして以来、卜部氏は奉幣使の勤仕ができなくなったとされる。(29) このような事情から、吉田兼右は奉幣使を勤めることができず、庶流の定澄がその任に選ばれたものと思われる。『兼右卿記』の永禄二年（一五五九）十一月八日条によれば、

阿波賀《越州》社祠官権少副定澄・嫡男大炊助定富父子上洛了、来十日　御奉幣発遣、使事依遣飛脚如此、去月自甘露寺経元、以折紙被相触了、又自朝倉左衛門督義景奉幣使乗馬月毛、一疋牽来了、去九月依申下也、

というように、兼右の催促どおり、十一月初旬には朝倉義景の用意した月毛の馬一疋を牽いて、定澄は息子定富とともに上洛した。翌十二月十二日条には、

微雪、阿波賀権少副定澄束帯、刻限令乗輿、至神祇官参向了、侍従兼和為指南令裹頭、向彼庁了、

というように、御幣を受けるために神祇官へ参向したが、この時は兼右の息子兼和（兼見）が指南のため同道した。しかし、兼和が裹頭していたことからも、吉田家が表立って参向できなかったことがうかがわれる。翌十三日条によれば、一行は伊勢に向けて出発したが、

権少副定澄今日卯刻発遣、路次中乗馬、烏帽子、斎服絹也、青侍安田四郎兵衛・鈴鹿弥九郎・同名祐五郎、雑色人夫五人申付了、大炊助定富同参宮了、

とあるように、定澄は吉田家の雑掌を従え、息子の定富もいっしょに伊勢に参宮したことがわかる。定澄らは二十一日には無事勤めを果たして帰洛し、翌日には越前に帰国した（『同記』十二月二十三日条）。

以上のように、五通の兼右書状（「大内良一氏所蔵文書」）からは、阿波賀社神主卜部氏と吉田家が、非常に近しい間柄であったことが良くうかがえる。兼右から数々の神道書を伝授され、吉田家当主に代わって奉幣使の大役も勤めた定澄だが、縁起類によれば、朝倉氏の滅亡によって越前国外に落ち延びたとされる。定澄が兼右から受け取った書状が、「大内良一氏所蔵文書」として伝来しているということは、その伝来について考察することで、定澄親子のその後についても知ることができると思われる。また、卜部氏が去った後の阿波賀春日社の変遷についてもみてみる。

3　阿波賀春日社の再興

「大内良一氏所蔵文書」の所蔵者である大内氏は、鷲宮神社（埼玉県）の神主家の後裔であり、明治七年に大

内氏が神職を辞し鷲宮神社を離れるまでは、同文書も鷲宮神社に伝来した文書であったとされる。このことについては、すでに『鷲宮町史』（史料編三中世）に報告されている。確かに、鷲宮神社所蔵文書の中にも、卜部氏に関係すると思われる文書が残されている。次の「穴山勝千代宛行状」（『鷲宮神社文書』）は、定澄親子が甲州へ逃れたとする縁起類や『越前国阿波賀春日神社勘物條々覚書』の内容を裏付けるものである。

（封紙ウハ書）
「甲州勝千代殿御朱印　　吉田周慶」

一、五貫五百廿文、付山屋敷共、　岩間分興津之内広瀬、
一、三貫九百七拾文、　同所三郎兵衛分、
一、六百文、　同所金三分、
　　合拾貫九十文、
右地進置候、為後日手形如此候者也、仍如件、
　天正十一年癸未
　　十二月十七日　　勝千代（朱印）
　　周桂斎

発給者は武田氏の重臣穴山梅雪の息子である穴山勝千代で、興津広瀬（現在の静岡市清水区広瀬）を周桂斎に充行っている。この周桂斎こそ、朝倉家滅亡後、甲州三河に逃げ延びたと伝えられる阿波賀社神主の子孫と考えられる。文書の封紙には吉田周慶と書かれるので、周桂斎と周慶は同一人物と考えられるが、『越前国阿波賀春日神社勘物條々覚書』によれば、卜部定富は吉田守警斎と号し、その子供は周禊を名乗ったとあるので、年代的にみて、吉田周慶というのは、定富の子の周禊であると考える。この宛行状は鷲宮神社に全く関係のないものであるが、「大内良一氏所蔵文書」の吉田兼右書状と同じく、本来は卜部氏の手許にあったものが、何らかの理由で

同神社にもたらされ伝世したと推測される。この文書の存在により、阿波賀社神主であった卜部氏は、越前から最終的に駿河へ移り、少なくとも天正十一年（一五八三）頃まではこの地方に住していたことが確認できる。また、卜部氏関係の文書に天正以後のものが含まれていないことからも、駿河に移住した定澄の子孫とする周禊の血筋がその後断絶し、文書が手許を離れたことが想像される。しかし、これらの文書が、なぜ卜部氏が落ち延びたとされる駿河から遠くはなれた鷲宮神社に伝来したかという点(30)については、現段階では史料から明らかにすることはできない(31)。

さて、卜部定澄らが去った後の阿波賀春日社はというと、天正年中に続いた戦乱により、城下町は壊滅、春日社も再び焼失したと思われる。『阿波賀由緒書』（春日神社所蔵）によれば、元禄十年（一六九七）に社殿が再興され、新しく吉田日向守が神主になったとされる。

松平（吉品）兵部大輔代　拾人扶持被下、　同　吉田日向守　此霊社角ほし、
此神主ハ、チクセンノ国ニテ三百石取ろう人さむらひ、京都へ学文ニ出、吉田ノ子孫方へ養子ニ入、阿波賀由来書物よみつらねて、江戸石町二丁目ニ住居テ、越前ノ国阿波賀神主と壱間四方ノがくを上置之節、国主松平兵部大輔様御覧、被付御吟味之上、目付小川与右衛門仰付、糟谷主膳、野治常軒三人同道ニ而吉田日向方へ行、一々承而国主帰国、元禄拾丑年御建立、此節神主日向守子権少副同道ニテ越前阿波賀江来ル、（中略）
従五位下卜部朝臣定親　同　吉田宮内少輔
社領五拾石ニ拾五人扶持、　此霊社角龍、

と書かれるように、吉田日向守は武士の出であったが、吉田家の子孫方に養子に入り江戸に住していたのを、福井藩主松平吉品に見出され、国主が越前に帰国する際に同道して阿波賀に来たとされる。また、次の定親の代には社領五十石、十五人扶持になったと伝える。江戸後期の神主吉田運吉（定時）の記した『書留』（春日神社所

蔵）によれば、元禄十年の再建に際し神職についた日向守は「靫負」の名前で記されるが、これは『大神大明神縁起』・『三種大祓俗解』・『神道三部抄』等多くの神道書を編著した吉田定俊の通称とされ、確かに、正徳五年（一七一五）に書かれた系図[32]（春日神社所蔵）によれば、

定澄─┬─嫡男 卜部定富──近定──勝定　此流断絶、
　　　└─二男 卜部澄看──定玄──定賢──定俊──定親─

阿波賀卜部五十八伝
大江多節斎堀元直意敬

正徳五歳次乙未夏四月廿六日

附属
阿波賀卜部五十九伝福井三佐藤原信由　印

と書かれる。定俊が編著した『唯一神道俗解』（天理大学附属天理図書館吉田文庫所蔵）は、その父吉田定賢の講義を聞書したのをまとめたものであり、定賢も『神道大意』（天理大学附属天理図書館吉田文庫所蔵）の奥書に「卜部定賢書」と記されるものがあり、親子で吉田神道の普及に努めたとされる。[33]彼等は通常、京都において吉田神道の一門として活動していたようで、同じく系譜に名を連ねる大江多節斎（宏隆）も、卜部定親に神道を学び、長崎や薩摩へ赴き吉田神道を広めたとされるので、吉田神道の同門の神職者によって阿波賀社は継承されていたようである。寛保三年（一七四三）に刊行された『神道綿伊呂波』の序には、「越前国安波賀社学頭匹田与壌軒以正末弟西村相莫序」とあり、[34]『神道名目類聚鈔』（天理大学附属天理図書館吉田文庫所蔵）も安波賀社学頭匹

田以正によって著わされるなど、阿波賀社に関係する者が刊行に関わった神道書は少なくない。

阿波賀春日社は、戦国期以来、朝倉氏の外護を受け、吉田家庶流の卜部氏が神職を勤めた所縁の神社であり、吉田兼右が訪れ神道伝授を行なった、越前における唯一神道の拠点の一つであった。断絶を経て江戸期に至ってもこの伝統は受け継がれていたものと思われる。

おわりに

ここまで、朝倉氏と吉田家の交流、そして阿波賀春日社神主卜部氏の活動についてみてきた。

越前には南北朝期から続く吉田社領鳥羽庄があり、兼右の先代吉田兼満の時代から、鳥羽庄の神用が納入されるように、朝倉当主や一族の有力武将に様々な方法で働きかけていた。時には神用納入を促す書状を出し、御祓や贈答品を贈り、また神道書を伝授した様子がみられる。朝倉氏が赤淵大明神を勧請した際には、遷宮式の儀式作法や御神体について教示するなど、神道面での様々な指導・教示を行なっていた。

兼右が吉田家当主となってからも、鳥羽庄神用についての交渉は続けられ、神用の未進が増えた時には御内書を得て対処したりと苦心していたことがうかがえる。兼満や兼右が神道伝授した、朝倉右馬助や朝倉与三、朝倉宇兵衛といった武将たちは、鳥羽庄に拠点を置く武将であったり、または当主と姻戚関係にある有力な家柄の武将であり、神道伝授が鳥羽庄の交渉と密接に関係していたものであったことをうかがわせる。鳥羽庄の交渉において、吉田兼右は吉田家当主として家学である神道の知識を有効に使っていたといえるであろう。朝倉氏や家臣等に多くの神道伝授がなされたのも、朝倉氏側の懇望によってだけでなく、吉田家が神用をめぐる交渉を有利に進めるために用いた場合もあったということを考慮しなくてはならない。

阿波賀春日社は、一乗谷城下の経済物流の要所である阿波賀に鎮座し、戦国期を通して朝倉氏当主が崇敬した神社であったが、この社の神職を勤めていたのは、吉田社に仕えていた卜部氏庶流の一族であった。卜部定澄以前の神主については、越前での神主としての活動を示す確実な史料がなく、阿波賀社神職となった経緯についても不明である。しかし、阿波賀城戸口の戦いによって焼失してしまった社殿を朝倉孝景が再興し、京都の吉田家に神職を遣わすよう求めたとする阿波賀社の縁起や由緒書は、戦国期、戦乱で都の公家や僧侶等の多くが地方下向し、吉田社も兵火にかかるという混乱期であったことなどを併せ考えれば、ある程度史実を伝えているようにも思われる。卜部定澄はたびたび上洛し、兼右から『日本書紀』や『中臣祓』といった多くの神道書を伝授されていた。兼右は定澄親子の叙位任官の申沙汰をするだけでなく、定富の名付親でもあり、その関係は親密であった。このことは、定澄に宛てた兼右自筆の書状からも明らかである。定澄は朝倉氏の様子を吉田家に伝えたり、吉田家側の意向を朝倉氏当主や朝倉一族の女性に伝えたりもしていたことから、朝倉氏と吉田家を結ぶ使者としての役割を果たしていたことがうかがえる。また、永禄二年(一五五九)の正親町天皇即位の由奉幣では、定澄が吉田家の代理として奉幣使を務め、兼右の指導のもと準備を整え伊勢に参宮した。

阿波賀春日社の縁起や由緒書によれば、朝倉氏の滅亡により、定澄親子は甲州へ落行し、その子孫は周禊を名乗ったとされるが、このことは、周桂斎(周禊)に興津広瀬の地を充行った「穴山勝千代宛行状」によっても裏付けられる。その後、周禊の血筋は断絶したとされ、定澄が持参したであろう兼右からの書状類も、遠く離れた関東の鷲宮神社(大内氏)に伝来することとなった。伝来の経緯については不明な点を残したが、兼右と卜部氏の親交を詳細に知ることのできる史料がまとまって伝来したということは大変貴重であり、これらの史料から、卜部氏が阿波賀社神主としての神事を執行するだけでなく、吉田卜部氏の一員としての役目も担っていたことがうかがえる。

阿波賀春日神社は元禄十年(一六九七)に福井藩主松平吉品によって社殿が再興され、多くの神道書を編著した吉田定俊が神職となった。阿波賀社は中世から近世にかけて幾度も戦乱を経たため、伝世した史料は多くはないが、江戸期に至っても「阿波賀社」の名を奥書に記した神道書が著されており、越前において唯一神道が最も普及浸透した神社として継承されていたといえるであろう。

注

(1) 萩原龍夫『中世祭祀組織の研究』(吉川弘文館、一九六二年)。
(2) 米原正義『戦国武士と文芸の研究』(桜楓社、一九七六年)。
(3) 西田長男『中臣秡・中臣秡抄』(吉田叢書、第四編、一九七七年)。
(4) 『鷲宮町史』(史料編三中世、一九八二年)。
(5) 福井県立一乗谷朝倉氏遺跡資料館第十回企画展図録『一乗谷の宗教と信仰』(一九九九年)。
(6) 『南北朝遺文』中国四国編第一巻、九八〇号、官宣旨案。

(端裏書)「味野郷被成庄官符宣案」
左弁官下因幡国
応因准先例、永停止後□□以下、為吉田社領、当国味野郷(高草郡)一所事
右得彼社今月日解状称、謹考案内、当社者華洛擁護之神明、藤家帰敬之祖宗也、仍社領等被下宣旨、被断末代之違乱者、承前之例也、所謂長和山城国乙訓神田、寿永丹波国石田庄、周防国小白方庄、嘉禄越前国鳥羽庄、寛喜河内国原見庄、嘉元山城国池田庄、建武美濃国仲北庄等是也、爰因幡国味野郷者、依為国衙別納之地、今年四月十七日、被奉寄当社之間、去建武四年、軍勢所追捕之第一御体神宝、可令調献之、其後者限永代、令勤仕四年御神楽、并金剛般若経・仁王経等転読、可奉祈一天太平四海安穏者也、望請天裁、因准先例、被下宣旨、被庄号、永被停止国衙之妨、且向後被免除大小勅院事以下他役者、将仰神威之貴、弥抽御祈之忠者、権中納言藤原朝臣隆□〔蔭カ〕宣、奉勅依請者、国宜承知、依宣行之、

大史小槻宿禰　判

暦応三年（一三四〇）七月廿二日

権右小弁藤原朝臣判

(7)『福井市史』一〇六号、徳江頼員軍忠状（尊経閣文庫所蔵文書）。

(8)松原信之「壬生本朝倉系図について」、『日本海地域史研究』（文献出版、一九八四年）。

(9)吉田兼倶については、萩原前掲注(1)、西田長男『日本神道史研究』第五巻中世編(下)（講談社、一九七九年）、出村勝明『吉田神道の基礎的研究』（神道史学会、一九九七年）等参照。

(10)西田前掲注(9)三三四頁。

(11)松原前掲注(8)。

(12)鳥羽豊後守将景は、長禄合戦で堀江利真方に属して朝倉孝景と戦ったが、長禄三年（一四五九）八月十一日、父子共々討ち死にした（『大乗院寺社雑事記』同年八月十八日条）。しかし、孝景の妻円渓真成が将景の娘で、二代当主朝倉氏景の母でもあったので、鳥羽氏の名跡は早くに回復したと考えられ、将景の菩提を弔うため西山光照寺が建立された。

(13)朝倉景職は、村田宗珠から『君台観左右帳記』（大谷大学博物館所蔵）の伝授を受け、観世座笛方彦兵衛からは『笛遊舞集』（法政大学能楽研究所鴻山文庫所蔵）を伝授された。拙稿「朝倉氏と『君台観左右帳記』の伝授」（『若越郷土研究』五〇の二号、福井県郷土誌懇談会、二〇〇六年）。

(14)「兼右記断簡」（『大日本史料』第十編之十三、二四九頁）によれば、「御牢人（吉田兼満）已来、諸知行、各以御不知行、一向御迷惑也」とみえ、社領からの年貢未納などの混乱があったことがうかがわれる。

(15)西田前掲注(9)三八三頁。

(16)米原前掲注(2)二六八頁。

(17)和島芳男『中世の儒学』（吉川弘文館、一九六五年）二〇八頁。

(18)清原宣賢の墓石については、一乗谷から「天文十九年、後浄居院殿物外宗尤大禅定門、七月□□日」と銘の彫られた一石五輪塔が見つかっているが、禅林寺には弘化四年（一八四七）に卜部良芳（良熙）が修補したとされる墓があり、県の史跡に指定されている。

(19)『朝倉氏五代の発給文書』（福井県立一乗谷朝倉氏遺跡資料館、二〇〇四年）一六一頁。

(20) 戦国期に吉田家が越前の神主へ神道伝授した事例といえば、越前今立郡水落神明社神主が挙げられるが、これについては、萩原前掲注(1)が詳しい。水落神明社も鳥羽庄に隣接しており、早くから神道伝授がなされたのも地理的要因から吉田家との交流が生まれたと推察される。

(21) 「一乗谷古絵図」(春日神社蔵)は幕末に描かれたものであるが、朝倉家臣の屋敷跡や社寺跡が注記されており、城下町の様子を伝える貴重な資料である。

(22) 『朝倉家記』(『福井市史』資料編2古代・中世)。

(23) 『宗源宣旨秘要』(『大日本史料』第十編之十三、一八四頁)。

両部習合神道ニ用来ル本地垂跡事

(中略)

赤淵　阿弥陀、観音、勢至、

阿波賀　春日社ニ同シ、

白山　十一面、

此外ノ社、諸神社数多ノ中、肝要ノ許ヲ注申ナリ、此外御不審ヲハ以一書可承候、

六月吉日　神道長上(吉田兼右)(花押)

右、朝倉弾正左衛門入道宗淳遣之、

(24) 安波賀春日神社所蔵の縁起・由緒書については、前掲注(5)を参照。

(25) 御成の演能役者名に、「太夫ハ服部彦次郎、脇ハ三輪次郎右ェ門・神主権少(副カ)輔・福岡四郎右ェ門、ツレハ半田源左ェ門・小泉弥七郎」とあり、このときワキとして朝倉家臣等といっしょに出演したことがうかがえる。

(26) 吉田家侍読松岡雄淵(一七〇一～八三)の筆。

一、越前国足羽郡阿波賀春日神社勘物條々

一、卜部兼倶ノ御作之由申伝縁起有之、其略ニ云、前中後略之、

爰ニ尋ル越前ノ国足羽ノ郡阿波賀社ノ根元ヲ治暦四年四月十一日、藤原隆家為信濃国諏方ノ社勅使令発遣此国之時、老翁忽然トシテ而来ル、隆家問テ云、汝ハ是誰ヲ也、翁云、吾レ自仲哀天皇ノ御宇此地ノ主ト也、名ヲ云大汝神、隆家亦問云、何故ニ出現此矣、翁云、可建立一社ヲ吾敕其地ヲ、隆家問テ云、勧請何神ヲ、翁云夫春日四

所者有広大美廉之神徳此国者帝都之東北也為王城ノ鎮護於此地可安置宣記テ排分天八重雲遂ニ不見ヱ、依是同月廿一日　奏聞任神語勧請ス、此社ヲ同五月十三日卜部兼忠為奉幣使有宣命云々、此ノ間述春日ノ神徳ヲ略之故ニ王城之咫尺ニハ必立此社ヲ君臣崇敬太タ越余社ニ矣、然シテ勧請此国ヱ為守護神之最上ト乎、爰文明之比軍卒徘徊社内ノ剰灰燼ス、雖然依国守之信心ニ新並甍造ル、神壇ヲ神者依テ人之敬増威ヲ人者依神之徳添フ運ヲ之、

奥書

天児屋根尊四十八世孫

神祇道管領勾当長上侍従卜部朝臣

一、如右縁起有之年号月日無之卜部朝臣トハカリニテ御諱モ無御座四十八世ノ孫ト文明ノ比ニテ御座候カ、御考被成下兼倶ノ御作ニテ可有御座候哉、承度奉存候、

一、右之社後冷泉院御宇勅繭所之由申伝　奏聞幷奉幣之御事可有御座候哉、承度奉存候、

一、藤原隆家何レノ御家ノ御先祖ニテ御座候哉、治暦四年信州諏方之勅使之事御座候哉、承度奉存候、

一、卜部兼忠同年越前阿波賀春日奉幣使之事御座候カ御考被遊可被下候、

一、同社ニ右宣命一通御座候、略ニ云、天皇我詔旨度、掛畏幾安波賀乃春日大明神乃広前尓恐美恐美毛申賜者久止、建長世之業津、是以吉日良辰乎択定氐、正二位行権大納言藤原定時朝臣乎差使氐、御幣乎令持氐奉出給布云々、

一、正慶元年二月九日

右之藤原定時何レノ御家ノ御先祖ニテ御座候哉、又ハ正慶元年奉幣使立テラル、事、承度奉存候、

一、正慶之比モ勅使右宣命ノ趣ニ御座候上ハ阿波賀之社勅願所トハ見ヘ申候、旁御考被遊可被下候、

一、阿波賀春日社治暦年中ニ草創以後文明之比マテノ間阿波賀神主姓名相知候事御座候ハヽ、御書付被成可被下候、

一、文明年中兵乱ニヨリテ、阿波賀ノ社炎上之為朝倉弾正左衛尉孝景入道英林一国ヲ領シ此社ヲ崇敬有之本城ノ近辺ナルカ故ニ守護神トシテ京都ヘ文明ヨリ以後阿波賀ノ神主位階姓名如左、

卜部定行

文明元年九月十八日、正五位下

同八年正月六日、従四位下

同十三年六月十二日、従四位上

ト部定継
文明元年九月十八日、従五位上
同十三年六月十二日、正五位下
ト部定澄
天文五年二月廿九日、従五位下
同廿年十月二日、従四位下　神祇権少副
ト部定富
天文十四年七月廿六日、従五位下　同日　大炊助
右之分ハ、暦名土代ニ見ヘ申候由相遣無御座候哉、暦名土代御考被遊越前阿波賀神主ト見ヘ申候処、承度奉存候、
右之内、文明之比定行ト御座候ハ、ト部ノ御本家ノ廉流ニテモ御座候哉、御考被遊可被下候、天文之比定澄ト御座候ハ、ト部兼右ノ御妹ヲ嫁セラレ、御養子トシテ阿波賀ノ神職ヲ相勤、過分ノ社領御座候由申伝候、是又御考被遊可被下候、正親町院御即位之時、伊勢ノ奉幣使四姓ノ使ノ中ニモト部ノ定澄入タル由申伝候、是又、兼右ノ奏聞ヲ遂ラル、由御座候、右阿波賀ノ神主定富ハ国主朝倉義景ノ妹壻タル故ニ織田ノ信長朝倉家ヲ亡サレシ時、越前立出、甲州三州ニ居テ吉田守警斎ト号ス、守警斎ノ子周禊ハ道春野槌ニ越前阿波賀ノ神主ト部氏周禊カ神ヲ借タル事アリ、是ニテ御座候守警・周禊其子マテハ駿河以来将軍家へ奉公仕候也、右之内、相知申分、又ハ阿波賀春日社之事、証拠等合之事御座候ハ、、此上ニ付紙ニテモ被成御書付被遊可被下候、已上、

覚

一、此縁起、兼倶御述作之事候哉否之事
留書不相知候、本紙一覧候而可申入候、彼縁起之内年代少々相違之事有之、雖然古キ縁起ニハヶ様之趣不少候、奥書文明年中ハ兼倶卿神道執行之時節ニ而候事、
一、藤原隆家不遑老候、其外信州諏方勅使等之事、是又同前ニ候、
一、ト部定行・定継在吉田社之社司ニ而候事分明候、阿波賀之社へ付遣候事、其節之家記不相知候、定澄在天文之比、為吉田家門弟阿波賀之神職相勤候、且神祇管弁伊勢奉幣使四姓之門之ト部ニ差遣候事分明ニ候、

一、定澄、兼右卿為壻候不分明候、
一、周禊事、右定澄為児孫之旨伝来候、其後其筋断絶由聞候事、
右、急ニハ難註処ニ候条、重而勘候而書付可遣候、已上、

(27) この書状は、『福井県史』等の自治体史にも未紹介の史料である。「大内良一氏所蔵文書」の兼右書状と比較して自筆原本であると確認できる。軸に表装されていた痕跡がみられ、法量は縦一七・〇センチ×横四七・五センチ。今回、春日神社宮司吉田文武氏の御好意により紹介させていただいた。虫損が一部みられるが、天理大学附属天理図書館所蔵『兼右卿越州安波賀之神主江御相伝之留』の末尾に「吉田兼右書状写」として同文書が写されており、そこから判読できない文字を補った。

(28) 「大内良一氏所蔵文書」は「鷲宮神社文書」とともに、前掲注(4)に報告されている。

(29) 萩原前掲注(1)の「吉田兼倶の活動」参照。

(30) 「鷲宮神社文書」にはもう一点、卜部氏関係の史料として武田信豊書状がある。卜部定澄に出された書状と考えられるが、定澄が権少副となったのは、天文二十年(一五五一)であり、朝倉義景が左衛門督(左金吾)に任ぜられたのは、天文二十一年(一五五二)であるので、それ以降に出された文書と推定される。

就進退之儀、若州江早々可被越御使之由、左金吾(朝倉義景)其外御同名中江令申候、去年以来内々以馳走之筋目、此砌不滞様裁判可為祝着候、尚勝昌可申候、恐々謹言、

十月八日　信豊(武田)(花押)

権少副(定澄)神主殿

発給者の武田信豊は若狭守護で、吉田兼右との交流も深く、永禄元年(一五五八)五月には「八雲神詠口決」や「中楽翁大事」を伝授されていた(『兼右卿記』)。

(31) 「大内良一氏所蔵文書」には、某弘満書状として以下のような文書も伝わっている。

任御佳例御祈禱之御札進上候、弥於神前、御息災・御長久如意・御安全之祈精不可有疎略候、将又檜帖一本進上候、此等之趣宜預御披露候、恐惶謹言、

十二月吉日　弘満(花押)

朝倉筑後守(宣正)殿

発給者の弘満については詳細不明であるが、祈禱の御札を進上するという文面から神職を勤める者であったと推測される。しかし、この文書も発給者・宛所ともに鷲宮神社および大内氏とは直接関係がない。宛所の朝倉宣正は『寛永諸家系図伝』によれば、朝倉氏四代当主孝景の弟景高から続く系統〔景高―在重―宣正〕で、宣正の父在重(六兵衛尉)は越前より駿州安倍に移り、長久手合戦で戦功を挙げ徳川家康に仕えたとする。宣正は同じく徳川家に仕え、元和三年(一六一七)に従五位下筑後守に叙せられ、寛永元年(一六二四)駿河大納言忠長の附家老となったが、最後は忠長の蟄居改易に連座して寛永九年(一六三二)除封された。宣正の祖父朝倉景高は吉田兼満の没後、その妻であった烏丸冬光女を妾としており、その子供が在重であるとするならば、吉田家にとっても全く無縁ではない。朝倉在重は天正十六年(一五八八)に駿州安倍三ヶ村(静岡市北部と推定される)の棟別諸役を免除するとした印判状(「朝倉文書」、『静岡県史』史料編3)を徳川家康から与えられており、奇しくも朝倉景高の子孫と、阿波賀社神主の子孫が、それぞれ駿河の近い場所に移住していたということになる。両者を結び付ける直接的な史料はないが、定澄と周桂斎、そして朝倉宣正宛の文書が、まとまって鷲宮神社に伝来したという事実は、何らかの接点があったこと示しているとも考えられる。ちなみに、朝倉宣正は寛永十四年(一六三七)没するが、古河藩主土井利勝の娘を妻としていた関係で、その子孫は古河藩家老となっている。

(32) この系図は、法量が縦三二・二センチ、横八二・七センチの折紙で、前半部分は「崎陽後学大江支流多節斎堀元直謹誌」と書かれ、大江宏隆の記した阿波賀社の縁起および「阿波賀神社之神官其支流」に関する記述をそのまま「卜部定澄住京師、以有功卜部兼右授之神秘両條為中興、次定富・澄看、次定玄、次定賢、次定俊、次定親、」云々というように写している。後半がこれを系図に直したもので、最後は藤原信由まで系譜が続く。

(33) 定賢・定俊については、西田前掲注(9)二三二頁、および『神道史大辞典』(吉川弘文館、二〇〇四年)一〇〇九頁参照。

(34) 西田前掲注(9)二三七頁。

中近世移行期伊勢神宮周辺地域の経済構造

——外宮門前町山田と外宮子良館との経済的接点を中心に——

千枝大志

はじめに

伊勢国度会郡内の伊勢神宮やその門前町宇治・山田を含む宮川以東地域（以降、伊勢神宮周辺地域と呼称）における中近世移行期の都市研究が近年、飛躍的に進展している[1]。それは、当該期、この地域には自治組織が多く存在し、また、同地域の都市的形成に深く関わり、伊勢信仰の普及面から全国的に活動を展開する伊勢御師（以降、御師と略記）の存在に注目した研究[2]が増えたためであって、その中で、当該期の御師の多角的経済活動についても言及される場合が多い。

しかし当然ながら、列島規模で活動を展開する御師の他に、当該地域には、外港の大湊に居住する廻船業者など[3]、それ以外の職種に従事する者の当該期の経済活動も確認できるのであって、経済的な主要素の一つである御師の活動だけを過大評価して分析することは、他の職種の経済活動を矮小化し誤った地域構造を示す可能性がある。とりわけ、当該地域の中で経済的に最も影響力を有した伊勢神宮外宮前に展開した都市・山田の構造を分析する上では、同地居住の御師以外の職種についても注意を払う必要がある[4]。

そのような問題関心の下、本稿は、中近世移行期の伊勢神宮周辺地域における経済構造を、外宮子良館（こらかん・こらのたち）関係史料を用いて素描することを目的とする。それは、神宮の物忌組織である子良館は、毎日の御饌供進のため大量な神事用物資を管理・差配する場であり、外からの物や人が行き交う神宮唯一の交易の場であったと推定する山本ひろ子氏[5]の言及や、外宮子良館は、外宮への参詣者に対応する形で祈禱や神楽舞を執行し、また同館へ奉納された金品の売却処理、さらに外宮本宮に、触穢の際は「直会板」（なおらいいた）、遷宮の際は「階板」（きざはしのいた）とよばれる臨時の賽銭板を設置、管理しているという岩間宏富氏の指摘[6]といった、近年の子良館をめぐる経済的活動に関する諸研究に筆者の関心が触発されたからである。

本来、外宮子良館は物忌の斎館であり、特に清浄を重視して大御饌を供進する機能を持った施設であったが、中世（特に後・末期）より参詣者増加に対応するために先のような経済活動も行なっていた訳であって、山本氏はそれを同館の世俗化と私営化の端緒と評価する。

ところで岩間氏によると、物忌組織としての同館は、大物忌である童女の子良を頂点としていたが、中世段階の運営主体は、成人である物忌父（正物忌父・副物忌父）であったという。また、同氏によると、筆頭は大物忌父（一﨟職）であり、大物忌父・御炊物忌父・御塩焼物忌父に一﨟二﨟三﨟と副物忌父があり、これらが輪番交代で子良館に参籠して日々の神事に奉仕し、童女の子良を介添えする役目を担っていたとされる。

つまり、山田という町方での経済活動の主体は、（有力）御師層であったが、外宮においての主体はそれではなく、外宮子良館を運営する外宮物忌層であったと想定できよう。

このように考えると、外宮子良館関係史料を用いた経済史的分析を行なえば、同館やその運営主体である外宮物忌層の経済的活動が明らかになることのみならず、経済面で町方の山田との接点を見出すことも可能になり、それがひいては外宮内部をも含む当該地域の地域構造を経済史的に解明する手がかりとなろう。

先行研究は、岩間氏は中世の子良館の組織、山本氏は私営化の動きの中での近世の同館の芸能への関与、を主たる論点としているため、当該地域の経済構造の把握という枠組みでは分析されておらず研究する余地はある。よって、次章以降、膨大に現存する外宮子良館関係史料のうち、主に同館の私営化の契機とされる中近世移行期の史料を用いて、先の課題について検討していく。

一　物資納入面からみた外宮子良館の経済構造

ここでは、当該期の物資納入の面から外宮子良館の経済的実像を描写したいが、まずは、当該期の同館をめぐる所領得分の実態を提示しよう。

太神宮外宮御子良館神徳之神主御注進申上子細之事

右御子良館の神主者正月朔日あいきやうの御神事をはしめとして（傍線部A）　両太神宮朝夕の御供をそなへ奉り其外諸神事等に相はつるゝ事なく候然間此役人をハ大物忌の神主と申也今度御検地ニ付而以別帋申上候万於御免除者弥武運長久之可奉丹誠之旨注進言上如件

大神宮外宮御子良神役人　持分　員数之事

麦　十六石三斗二升

米　弐石一斗一升

以上合而十八石四斗三升也　但十二合之升也（傍線部B）

文禄三年十月吉日

大子良

同物忌神主中

（傍線は筆者、以下同）

進上御奉行中

当該地域は、文禄三年（一五九四）の太閤検地の際に、秀吉より検地免除の朱印状を獲得、以後、江戸期を通じて検地免除地であったが、外宮子良館の記録『外宮子良館日記』(7)には、先のような同館に関わる検地免除の注進状の控が残されている。傍線部Aには、両宮の朝夕大御饌を供進し、年中の諸神事には欠かさず奉仕する「役人」が「大物忌の神主」であると、外宮物忌役の職掌の根本の機能が説明されている。このことからすると、表題にある外宮子良館に勤仕することで神徳、つまり得分を得られた神主というのは外宮物忌職従事者を指す。

この文書の発給者は、「大子良」と「同物忌神主中」となっているが、子良は童女であるから、実際の検地免除申請の主体は、子良の後見役として同館の運営を実質的に差配していた外宮子良館館物忌衆中であった。ここには、同衆中としての得分の書上げがあるが、おそらく、記載された石高も彼らの得分が主であろうが、本文書の性格上、ここでの石高は所領からの得分とみられる。

注目すべきは傍線部Bで、子良館物忌役を務めることで得られる所領得分は、全体でも十八石余りで、それも米納による石高より価値が低いと思しき麦納の石高が大半、すなわち、職掌にかかる得分は非常にわずかなことである。本史料は検地免除の注進状であるため、ここでの書上げは、実際よりも低く見積もった石高ではなく、むしろ最大限のものと思われる。いずれにせよ、中世末期段階で外宮子良館に物忌職として務めることで得られる所領収益はごくわずかであった。つまり、この所領得分だけでは、組織としての同館の運営面はおろか、家の生業として物忌職に従事する人々の収益面でも全く不足する。そのため、外宮子良館に奉仕することで生じる職掌人のメリットという面を経済的に明らかにするためには、物忌職に付属する所領以外の面、つまり領地に依存しない形での得分の存在を見出さねばならない。ただ、そのような外宮物忌職従事者個人の収益実態を明らかにする前に、まずは、どのようにして同館の組織運営がなされていたのかを経済構造的に素描する必要があり、その上で個人の収益構造が理解できよう。よって、次に、組織としての外宮子良館の経済構造について、特に同館への物資納入状況から、実態を探ってみたい。

『外宮子良館日記』の第一冊目は、本来の表紙に「子良館日録抜書　自康暦二年（一三八〇）至寛文二年（一六六二）」とあるように、膨大な同館の記録を抜書きしたものであり、特に南北朝期から江戸初期までの記載が写されている。筆写されたのは、江戸中期頃と推測されるが、実は他の同日記には、第一冊目で抜書きされた原本も混在している。よって、抜書きと原本とを比較すると若干の写し間違いはあるものの、筆写が極めて忠実になされているため、抜書きにしか見られぬ中世段階の内容も十分信用できると判断できる。

さて、第一冊目の明応三年（一四九四）の箇所には、「九月御祭に御器十三具御器座より受取之」と、外宮子良館への御器調進の記述がある。ここから明応三年の九月の外宮神嘗祭の時に、御器座なる座より、同館が御器十三具を受納していることがわかる。小林秀氏は、御器を伊勢国多気郡有爾郷で製作された御料土器の有爾土器であると想定している。(8) また同氏は、天文十九年（一五五〇）には山田三方が山田「一志」町の「はかりや宗三郎」に商業座の御器座の加入を認可している事例に着目、(9) 同年以前には山田に御器座が存在しており、有爾土器の代用御器が同座より市場で購入されていたことを想定し、御器座の成立も「神官としての有爾郷土器工人の作った御器を以て成立したもの」とした。本稿から、明応三年段階で御器座が存在し、同座からの御器の外宮子良館への調進が確認できた。

次に、このような外宮子良館への御器の納入は、その後はどうだったのか。残念ながら、御器座関与の御器の同館への納入について示す史料は、管見の限りでは他に確認できない。ただ、寛永二十年（一六四三）に筆写された『子良館年中行事』(10) には、「一　こき　十二く九月の市ニこきや町より参候引出物ニ上銭十文程する也」と記される箇所があり参考になる。ここから、寛永二十年段階、外宮子良館に、御器が十二具納入されていることがわかるが、それは九月の市に「こきや町」、つまり御器屋町より出されたものであった。

寛永二十年の記載を明応三年のそれと比較すると、明応期段階は御器座、寛永期段階は御器屋町といったように、若干の呼称が異なるが、いずれも御器に関わる集団から、九月の外宮神嘗祭時にほぼ同数の御器が納入されており、よって、両例は極めて酷似する。さらに寛永期段階では、御器は九月の市の際に出されている。

つまり、御器は、中世末期では御器座より納入されているが、近世初頭になると、御器屋町よりの納入方式へと変容しているといえる。先述のごとく御器座は、はかりや宗三郎という御器とは直接関係のない品職屋号の秤屋を冠した山田住人が加入しているように、おそらくは、所定の加入手続きを行なえば誰でも入れる存在であったと考えられる。したがって、寛永期の例は、天正十五年（一五八七）に当該地域の諸座が撤廃され(11)、御器座もおそらくは廃止されたが、その後にも、御器屋町と変容しつつ、以前と同様に外宮子良館に御器を納入し続けていたことを示しているといえる。

また、『子良館年中行事』から、寛永二十年には、山田八日市場に居住した御師・慶徳平右衛門家が外宮子良館に名吉の開きを神事用物資として納入していることが確認できるが、同家は中世末期には八日市場に魚座を有していた(12)。近世中期まで八日市場では上座地区を中心に魚屋が多かった訳であるから(13)、八日市場居住の慶徳平右衛門家の近世初頭における名吉という海産物の同館への納入は、御器の事例を踏まえれば、同家が魚座を取得していた中世末期まで遡及する可能性は極めて高く、そうでなくても近世初頭の名吉納入は、中世末期に魚座を同家が取得しなければ成立し得ないだろう。

ところで、旧稿(14)で外宮子良館に両宮での由貴神事等で用いる志州国崎からの鮑・サザエなどの海産物の供物（御饌）と、由貴神事の供物を載せる「檜籠（ひご）」と呼ばれた檜製の浅籠形の膳を調進する糀屋の屋号を有する山田岡本の松原八郎大夫家の中世末期から近世の活動について触れたことがあるが、本稿では、神事物資調進面を通じてより深く松原家と外宮子良館との関係を言及したい。貞和四年(一三四八)九月十八日の「国崎神戸御贄注文」[15]から、両者の関係は南北朝期には確認することができるが、それはやはり御饌や檜籠等の神事物資の調進を通じたものであった。また、松原家は国崎地下中とは中世末期までには師檀関係を締結していた。よって、神事物資調進を通じた繋がりは、すでに南北朝期には成立し近世まで継続したが、『松原旧記』[16]と呼ばれる松原家に関わる古文書集には、その関係を示す古文書の写しが多数所収される。次にあげるのも注目すべき史料である。

くさきひこのせぬ一貫文しハす十四日にて七日のゑになり申候へ共御せんわ外宮内宮に御うけとりなされ候間此方へも米ハたり申候ひこかへり候てれそく壱貫文とり申候ひこも御せんもせりになり候間此ふんのきあり申候

㊄六郎左衛門尉殿　助兵衛殿　由勘五郎殿

天正拾五年十二月十四日

十五日のあさをさしゆ三人々御こし候てきんと御すまし候

本史料は写しであり、天正十五年の十二月十四日、つまり神宮の十二月の月次祭の日付で作成されている。この原本はいまだ確認し得ないが、他の『松原旧記』所収の中世から近世初頭までの文書の中には、原本を確認できるものが多いため、写し間違いによる誤字はあろうが、記述自体の信憑性は高い。本文は多少文意の解らぬ箇所もあるが、大意としては次のようである。

十二月の月次祭のために志州国崎(本文に「をさしゆ三人」(長衆三人)とあるのが国崎地下老分衆で六郎左衛門尉ら三名のことを指すため彼らが山田に来訪した)から松原家へ檜籠料一貫文が届けられたが、あいにくその時は、「七日のゑ」(七日間の触穢)の期間にあたっていた。しかし、「御せん」つまり、鮑などの御饌を、両宮は受け取ってくれたので、「此方」、つまり松原家へも米は供され、同家へ檜籠も戻り、料足一貫文も受け取った。また、そのようなことから、「ひこも御せんもせりにな」っている。

ここで注目すべきは、十二月の月次祭に際し、国崎の長三名が檜籠料の銭一貫文と鮑などの御饌を持ってきた時、触穢になっていたが、両宮は御饌を受納してくれたという点と、檜籠調進にかかる費用の一貫文を松原家が受け取り、檜籠も返ってきたという点、檜籠と御饌は「せり」になったという点である。松原家の檜籠や御饌の調進先は外宮の場合、清浄を重んじた外宮物忌衆中の斎館の外宮子良館であるから、触穢が発生すれば、当然、穢を避けるため外界との接触は避けられ物忌の期間となるが、今回は特別に、御饌は調進することが許されている。おそらく、この史料は、月次祭の際に生じた触穢の今回の対処が特例的であったために、それを先例として後世に伝えるために残ったのであろう。また、檜籠は松原家へ「かへ」ってきたが、檜籠を調進するのは同家であり、国崎側は、その調進用の年貢を納めているだけであるから、檜籠を返したのは、外宮子良館であったと考えられる。また、檜籠と御饌は「せり」、つまり競売になっているということから、檜籠は、同館からの撤下品か供進の際の余剰品で、神宮への御饌としての鮑などの海産物も、同様のものが商業地域に投入され、競売になったと想定できるが、おそらくそれらは、三節祭に合わせて開かれた市に投下されたのであろう。

以上から、外宮子良館への神事品調進を介した山田の商業地域との密接な関係、さらに外宮の祭日に合わせた市立てと、神事品の市場への投入の関係を構造的に中世末期の段階で想定し得たと考える。さらに、『外宮子良館日記』(17)には次のような記載もある。

おかしら年貢之事

天正十六年也

ふしやしろ　以上味進

大やしろ　　あと味進
預り物又ハ取かへ候共今日より以後者少も有間敷候ほんく可為候以上
三月十日　　惣中

これは同日記に所収される天正十六年（一五八八）三月十日に出された外宮子良館惣中の内規の控であるが、ここには「おかしら年貢」と呼ばれる年貢の「ふしやしろ」と「大やしろ」の天正十六年分が未進であることや、預物や取替があっても今日以後は禁止する旨が記されている。この場合、「ふしやしろ」は外宮宮域にあった藤社、「大やしろ」は山田一之木領にあった大社（須原大社）のことを指し[18]、両社は、山田の産神を祭る産土七社の一社である。中世末期にはそれぞれの産土社で結衆が組織され、毎年正月十五日頃には、邪気・悪霊払いの御頭神事が斎行されているが、本来、この御頭神事は神宮とは関係ない祭であるとされる[19]。

とりわけ、「おかしら年貢」は、江戸期には、正月の御頭神事の開始に際して、外宮の子良と物忌父が御頭神事に儀礼・芸能面で関与していることや、いくつかの御頭自体が外宮子良館で保管されているという山本氏の指摘を踏まえると、この年貢は、同館への芸能執行に伴う報酬ないし、御頭の管理料的なものである可能性があるが、いずれにせよ、御頭神事関係の年貢である。内容から禁止された預物と取替も、御頭年貢にかかる貸借行為であろう。

また、この場合、二社の御頭年貢は未進であるがゆえに記載されている訳であるから、中世末期の段階でそれ以外の山田の産土社からも外宮子良館に御頭神事の年貢が出されていた可能性は極めて高い。事実近世初頭の事例ではあるが、正保三年（一六四六）正月に岩渕の産土社である箕曲社の「御供物」の「おかしら」年貢米六斗八合は、同館物忌衆が受け取っている[20]。また、寛文・延宝期（一六六一～八一）には、藤社と大社の他に茜根社や今社といった山田の各産土社から同館への御頭年貢の納入も確認できる[21]。寛文・延宝期の事例は、各産土社の結衆中の成員からの年貢納入であるから、おそらく中世末期も結衆中より御頭年貢が納入されたと推定できよう。特に、天正十六年に確認し得た大社は、西山氏は須原大社と推測しており、大社に冠された須原の名は、その地域がかつて須原方と呼称されていたために名付けられたとされる。また同社は、山田三方の基幹地域の一つ、須原方の中心的存在と想定されている産土社でもある。山本氏によれば、江戸期にいたると、鎌倉期には長官の差配、つまり神宮の維持・運営の下にあった子良館はすでに神宮の管理下に置かれてはおらず、独自の運営を余儀なくされ、町方の力に頼って一層私営化が進展したと指摘され、町方関与の象徴として同館の山田三方への依存状況を重視されている。同氏の指摘は、中世末期段階における大社などの産土社からの同館への御頭年貢納入を評価する上でも貴重である。同氏が言及するように、もともとは外宮、つまり神宮と直接関わりのない御頭神事は、江戸期には外宮の子良や物忌父という外宮子良館の構成員の儀礼・祭祀行為を媒介として、間接的に神宮と接点を持っていたということになるが、本稿から、それは御頭神事に関わる御頭年貢の納入によっても見出すことができ、中世末期に遡及する構造であったと評価できる。

ただ、これは単に御頭神事と外宮（子良館）とを祭祀・儀礼面で結んでいることを意味しているだけでなく、年貢納入者である各産土社の結衆、つまり山田各所の有力地下人と外宮子良館構成員とが物資納入面で密接な繋がりがあったことをも示している。極言すれば、大半が外宮の職掌体系の末端に位置づけられている山田の地下人は(22)、地域の有力者となって結衆中の成員に加入さえすれば、御頭神事を媒介に外宮祭祀・儀礼の根本を司る同館と祭祀・儀礼面や物資納入面で密接な繋がりを形成させることができるのである。つまり、これが中世末期より、結衆の地位が家に帰属し、相伝対象にもなったと西山氏が言及される有力地下人が有する結衆成員の権利上の大きな具体的メリットの一つと位置づけできる(23)。

そのように考えると、中世末期の御頭年貢を媒介とした大社と外宮子良館との関係は、山田有力地下人で構成される山田三方と同館との中世末期からの繋がりを彷彿させる事例とも評価できよう。

以上の考察から、本来は穢を避けるために、いわば神域外の世界である山田との接触が少ないはずの外宮子良館は、すでに江戸期以前の段階で、外界とそれなりの交渉を持っていたことになる。とりわけ、中世段階で市場に出入りする商人や商業座から神事用品が納入されている徴証が明らかになると、それは、神事用の物資を介して、いわば外宮の「聖」を象徴する子良館と、「俗」の属性を帯びる外宮前の市井・山田が実は密接な関係があったと判断せざるを得ない。視点を変えれば、外宮子良館側は、山田の経済的要素(市・商人・商品・商業組織)を深く認識していたということになり、とりもなおさずそれは、同要素が、外宮子良館を常に意識していたのではないかということも示すことになろう。次の史料を見てみよう。

舟江河崎木之口役之事

従御長官様百ちやうに壱ちやうつゝと被仰出候間其分可有御取候然者五十ちやう卅ちやうのこり候なとゝ被仰事あるへく候其時ゝゝに一ちやうの木をそれほとつゝわり候て御取候て御すまし候へく候木之宿々より此ミけ殿御出候ハす共あき人のまへより取御わたし候へく候もし一ちやうもふさた候ハヽ、太神宮の御とかめをその宿ゝへ御あてあるへく候此木をもつて年中之御神事之物をまけとゝのへ御子良館へ進上一大事之上物にて候間末代迄此分相定候也

上部孫大夫

永(花押)

天正四年十一月吉日

御池木平右衛門尉殿

まいる

これは原本未確認であるが天正四年(一五七六)の上部孫大夫が御池木平右衛門尉に宛てた書状の写しである。(24)

しかし、後述するように本史料は、河崎・船江という当該地域の商人宿で、特に「木之宿々」についての内容であり、他の史料でも河崎・船江の「鉄ノ宿」、河崎の「米」の「宿」が確認できる。(25) とりわけ、「鉄ノ宿」は、永禄期の外宮正遷宮を記した原本史料である『永禄記』の弘治四年(永禄元＝一五五八)の記事で確認できることであるから、当該期の両所に商人宿(26)が置かれていたことは間違いなく、天正四年の文書の写しも内容的に不自然なところはないと思われるので、十分に信用に足る史料といえる。この場合の上部氏は、外宮政所職を務めた上部永元と比定され、御池木氏は、当該地域ではあまり馴染みのない人物であるが、商人宿側に立って外宮とも関係をもっているから、本稿では、とりあえず商人宿側の外宮担当役人と推測しておく。

さて、内容を見ると、上部永元が、御池木氏に勢田川流域の河崎・船江の商人宿である「木之宿々」から、商取引する木材の百分の一を公租である「口役」として徴収することを命じていることがわかる。注目すべきは、徴収した「口役」の木材は、外宮の神事や子良館に納入されるという趣旨が「木之宿々」側に通知され、その木材の納入は商人より前にし、無沙汰の場合には神罰が蒙るという商権をめぐる担保文言も記されていることである。つまり、両所における「木之宿」の営業権は、まずは外宮の神事に用いられる木材を神税としての「口役」として納入することで、外宮側に認可される、つまり当該地域の商業保障がなされるのであり、その納入先が外宮子良館であることや、その使用目的は、重要事項として「木之宿」側に十分に周知されている。このような構造は、「木之宿」だけでなく、おそらくは史料上確認できる鉄や米の宿はもちろん、その他の物品を扱う両所の全ての商人宿に該当すると思われる。よって、商人宿側は、「口役」としての諸物品の納入を通じて外宮子良館を認識していたということになり、(27) 当然、同館側も商人宿との関係を深く理解していたと思われる。

以上から、物資納入を介して外宮子良館は河崎や船江などの勢田川流域のいわば港湾商業地域(28)とも密接な結び付きがあり、本来はここであげた木材のように、諸物資の神事用と商業用との区分はないことも明確になったであろう。
つまり、外宮の祭祀・儀礼面で非常に重視され、子良・物忌の斎館でもあるために、清浄を重んじ触穢を避ける意識が強かった外宮子良館では、館自体の運営や外宮の神事斎行等のために必要な物資の納入・差配も行なっていたが、中世末期段階では土地に由来する収益基盤は脆弱であった。それゆえに、組織維持のために物資の納入等においては、経済的要素の強い山田の町方に深く結びついて自律的経営を行なっていたのであり、町方の地下人は、そのような神宮の祭祀・神事用物資納入の根本的セクションである同館を理解し、接点を持つことで自己の経済的活動をより展開していったといえるのである。

二　制度面からみた外宮子良館の経済構造と外宮物忌層の経済感覚

前章までで、外宮の祭祀を担う外宮子良館は、外宮の神事用物資の納入セクションでもあったため、中世の段階で物資納入面において外宮前の山田との接点、特に商業地域との関係が密接であることが明らかになった。そうなると同館は商業地域を単に認識・理解し、そこに出入りする商人層を利用していただけでなく、神事等の面でも市場システムを制度的に導入していた可能性は極めて高い。

ところで、外宮の子良や物忌父は、斎館である同館に奉仕するがゆえに、いわば外界と隔絶された神域内での活動から、世上（特に、市場経済）に疎いようなイメージを抱きやすく、研究の最前線を行く山本氏の論考でさえも、全体から同様の感が伝わってくるかのようである。

しかし、仮に外宮子良館が市場システムを導入していたことが検出できれば、そのことは、同館の運営主体である外宮物忌層が高度な経済的感覚を有していたことをも意味する訳であり、経済感覚に疎いイメージは、ある程度払拭されることになろう。

そのような問題関心の下、本章では、まずは外宮の神事面で外宮子良館において制度的に市場システムの導入が図られているかを検出し、その結果を踏まえて、さらに同館をめぐる外宮物忌層の経済感覚について言及したい。

はじめに、市場システムの導入の有無を、神宮の神事の代表格ともいえる式年遷宮から探るため、次の『外宮子良館日記』(29)の記事を見てみよう。

弧娘舘諸記録之事

応永六年戊卯九月廿一日

作所御方より請取申物之日記

　米一石九斗二升之分八舛食

合代銭二貫九百八十文なり

正殿之ふきのはりかやしの人数六人た丶しあるきの板ハ九枚明衣の布四なからてわらひ九給なり米ハ一人に八升なり米の代ハときのうりかひをたふへしはりかへしハ九月十五日十六日十七日也

これは、応永七年（一四〇〇）の外宮式年遷宮のための正殿の葺の針返しの費用に関する前年の記載と思われ、造宮最高機関・外宮作所よりの食米等の費用（手間賃）を記述したものである。これによると費用は銭一貫文で米は約六斗四升四合の交換レートで算出されているが、注目すべきは傍線部に米は時の売買値（相場）を問うという、いわば米の時価を参照すべき旨が記されていることである。つまり、中世後期の応永期の段階で、式年遷宮での銭と米の交換の際に外宮子良館では、市井の米相場の利用が明文化されており、それはすなわち、遷宮において作所承認済の経済システムであったことをも示している。また、天正期以降の両宮遷宮においては、河崎相場と呼ばれる伊勢神宮周辺地域統一の河崎に置かれた米相場が利用されていることを拙稿にて指摘したが(30)、これも先述の応永期の状況を踏まえれば、システム的に遷宮制度に組み込まれていたと推測できる。加えて、河崎相場は、同館が関与する外宮の毎年五月三日の宮川の鮎取り神事・御川神事でも天正期以降にたびたび、明文化しての利用が確認されている。特に中世末期より勢田川の川湊機能を持つ商人宿・河崎が、物流的に重要視されてくるのは十六世紀に入ってからのことであるから、(31)当該地域において河崎は、中世末期からの新興商業地と位置づけられる。また、同相場自体も永禄年間頃から使用されていると推測できるから、(32)天正期から外宮子良館関係史料で同館関与の神事における河崎相場の利用が明文化されているということは、同館が、外宮神事面で当該地域の新興商業地をシステム的に組み込んだのは、思いのほか早かったと判断できる。つまり、外宮子良館の市場動向の認識性と対応性は非常に高い、言い換えれば、同館の経済感覚は中世段階で成熟していたと評価できる。ただ、外宮子良館が高度な経済感覚を持っていると判断できる材料は、市井の米相場の採用のみにとどまらない。それは、すでに岩間氏が指摘する、中世よりの同館の収益機能の一つである、参詣者からの献納品や賽銭の対応や参詣者への祈禱執行にも垣間見える。まずは同館への奉納品対応や祈禱執行の様相を見てみよう。

史料①

一　定申事　内宮御せん宮候共此ことく相定候也（傍線部A）

一　御せん宮之時ハ御内出銭是への出銭此外何れ物なり共おき物ハそうはふハとう番神徳相残者ふんハ衆中のしんとく此内をもとう番衆もはいとう可申物也

一　御祓ハとう番衆うるへし（傍線部B）

一　日月ハ前うしろ三日に相定候也

　仍定事如件

天文拾年（一五四一）かのとのうし五月十三日　子良館（印）

史料②

定そう番之事

御くほう様御参宮之時もはしくやう之時も何れも三日ツ、相定物也是も御せん宮のことく仍如此候(傍線部C)

天文十二年正月吉日

子良（印）

両史料ともすでに岩間氏が外宮子良館物忌衆の収益分配のための同館の内部規定の一例として紹介しているが[33]言及する点は少ないので再分析したい。同氏は、両史料を「①は天文十年九月二十六日の外宮仮殿遷宮を前にして同年五月十三日に定められた外宮子良館の内部規定であり、②は①に準じて天文十二年正月に定められたいずれも遷宮時の特別体制化の規定とみられるが、当番と非番の物忌をも含めた子良館の組織内での収益の公平な配分に留意したものといえる。②には「御くほう様」（伊勢国司のことか）の参詣の時などには、遷宮時の規定に準拠して前後三日の当番物忌に配分された」と分析しているがこの指摘は的確である。さらに、本稿で指摘したいのは、（傍線部A）内宮の遷宮をも意識した文言がある点や、（傍線部B）参詣者に求められた外宮子良館からの御祓は明らかに売却するものであるという意識で明文化されている点、（傍線部C）遷宮時の規定に準拠する場合が、伊勢国司の参宮や宇治橋供養といった個別具体的な事例で明記されている点の三点である。

（傍線部A）については、本来この規定は、外宮子良館に関わるものであるため、極端にいえば直接関わる外宮遷宮のみに対応する内規として設定すればよいはずなのだが、内宮の遷宮の時にも準拠すると明記し、事実、「内宮御遷宮天正三年二月十六日なり」と、天正三年（一五七五）の内宮仮殿遷宮の際には、特別体制下での奉納される金銭の配分規定を行なっている。[34]これは中世末期の段階ですでに、両宮のいずれかの遷宮があれば片方参りではなく両方を参拝するという両宮参拝が通俗的な認識となっており、それが、収益観念と結びついた結果を示しているのではなかろうか。

そのように考えると（傍線部C）の内宮前の宇治橋供養も本来は外宮とは直接関係しないいわば内宮側の神事といえるが、外宮子良館では遷宮並の特別体制下での配当規定がなされている。よって、同館は、内宮の仮殿遷宮や宇治橋供養などの際に金銭が奉納されるのではないかと経済的側面で期待して内規を制定しているといえる。つまり、同館物忌衆中は、それらの神事の際には、外宮に参拝し外宮子良館にも立ち寄り金銭を奉納する、ないし、訪問はなくとも、同館にも金銭を奉納する人物が多かったと予想していることになる。さらに、（傍線部C）では伊勢国司参宮の際も遷宮並の特別体制下の配分規定であると明記しているが、天正九年頃にも、「上様（延永さま）」・「御本所様」・「延永之御子息尉助殿」といったような織田信長親子の参宮情報が同館にもたらされると、同年の十一月一日には「遷宮ことく」の「神物」（奉納金銭）の配分規定を明文化しているなど、[35]特定の有力者の参宮の場合、人物を特定・明記した内規が作成されている。天正九年の場合、同年に信長が実際に参宮したか否かは分からないが、その事実はともかく、外宮子良館館側に同館への特定の有力者の参宮は、収益増に繋がるという経済的意識があったことは間違いない。

そのような研ぎ澄まされた経済感覚を外宮子良館物忌衆中が持っていたということになると、すでに岩間氏も言及するように、（傍線部B）同館の参詣者や信仰者からの金銭の奉納についても売却されて、配当されるという極めて経済的な処理がなされる。その実例として、大永七年（一五二七）六月十九日には、「坂内殿より御うわき一まいりて一貫八百文ニうり」て「惣中ニハおき銭三百文うりて二百文万度一合小祓一合ニ二百卅二文引申」している。[36]ここから、同館側は、伊勢国司家北畠一族の坂内氏よりの上着を売り手を使って一貫八百文で売却し、同館惣中の置銭には三百文、売り手に百文、御祓執行（坂内氏への）の経費に二百三十二文を必要経費から引いており、明らかに到来品は「うり」物として売却されていることが確認できる。また、天正十八年三月八日にも「大まんところ殿より小袖壱ツ参申」、「弐貫五百文ニ禰なり候へ者番衆へ五百文渡申」すと、大政所からの小袖はすぐに売却され、その金額が分配されているが、これを踏まえて同館では早速、同十一日に「参物候ハ、壱貫之外者五分一也　万事如此相定申候」と内規を定めている。(37) 近世初頭では、元和二年（一六一六）十月上番（一ろう・半衛門・久大夫・孫衛門）は、「御嘉州ちくせん殿」（加賀前田家）より「たんの小袖壱ツ」が参り、「三らう口ニテしろかねや八兵衛殿へうり申候」と、商人と思しき白金屋八兵衛が三臈の所まで出入し、丹の小袖を売却している。また、他に同四名は同年に到来品の「つぎ小袖壱ツ」を銀「廿匁ニうり候て一匁ハすわいニくれ申候」と、売値の一部を仲介・仲買業者「すわい」に渡している。(38)

このように、外宮子良館への到来品は、売り手や出入りの商人などを通じてそのたびごとに売却されているが、慶長二十年（元和元＝一六一五）六月吉日付で、そのような「参物」（奉納品）から生み出される神徳についても、「定　神徳之事　米にても万之物にても何にても拾五匁まてハ当番の神徳可為候拾五匁之上者御座候ハ、大中へ御置可有候五ぶん一ハ当番得御取可被成候爾の儀ハ世上得御とひ可有候」と内規が明文化されることになる。(39) この場合、奉納品を売却し配当決定する際、市場価格が参考になっている。実は、神徳決定の際に市場の価格動向を採用する意識は、早くも永徳四年（一三八四）二月二十二日の同館内規に「こらのたちのてき物はまちのねをきくへしまちのね五貫文ニねならハそう中の物なり五貫文内四貫文あまりならハそのはんの物なり又まちのね五貫文と候ともときのうりたて三貫文の内ならハそのはんのものなるへし」と記され、(40) 南北朝期には半ば制度化されているから、その後も、ことあるごとに内規が明文化されるのは、制度的な改正を示している。

次に、同館への賽銭をめぐる様子をみてみたい。岩間氏は、外宮「子良館の収益には、多くの参詣者がもたらす本宮（正殿）への賽銭があ」り、神宮宮域や周辺部で死穢等の穢が生じた場合、触穢を忌避するために、周辺部では忌みの期間（忌日）が設定され、その間の参宮を憚り、参宮者の本宮への参拝は停止されていることを指摘する。さらに、同氏は、物忌らが忌日の間、一ノ鳥居と子良館の前には、本宮の賽銭を置く直会板という臨時の板が設置され、その管理は外宮子良館が行ない、賽銭は同館と鑰取《かぎとり》職とで分配する規定となっていることを明快に論じている。また、同氏は、忌みの期間に臨時に設置された直礼板だけでなく、遷宮の期間中も古殿と新殿には階板が臨時に設置され、その賽銭も収益になっていたことも言及する。

しかし岩間氏は、同館の基本的収益に本宮への賽銭があったことを指摘しているが、同氏が挙げられた賽銭板としての「直会板」と「階板」の実例は、触穢や遷宮の際に設置されるいわば、臨時の事例というべきものであり、実は、同館における通常、つまり年間の賽銭や奉納品の処理の実態は、具体的に提示されているとは言い難い。

おそらくその理由として、中世までの関係史料には、同館での通常の経済的業務を構造的に明らかにできるものが少ないという、史料上の制約があるからである。

ただ、近世初期の事例ならば、外宮子良館物忌衆中の一人・松尾善大夫弘幸が寛永二十年（一六四三）八月から慶安四年（一六五一）六月までの間、同館に参籠し受け取った金品等を書き記した記録『太神宮館籠帳（寛永二十年請取之控）』と『慶安年中之扣』を分析することで、その実態を明らかにできる。[41]これらの記録は、弘幸が受け取った個人収益分を記載したものであるため、同館自体の収益を記載したものではないが、社寺に奉納された賽銭の取り分は、実は社寺自体に帰属されるものではなく、社寺従事者の得分となっているという近年の阿諏訪青美氏の指摘[42]を踏まえれば、一個人の収益実態を示す史料であっても、外宮子良館自体の基本的な経済構造を窺うことのできる史料として捉え直すことは可能である。紙幅の都合上、本稿では、彼の年間収益の書き上げ部分にのみ着目し、詳細な収益実態の分析は後考としたい。それをまとめたのが表1であり、記載が完備しているのは寛永二十一年から慶安三年（一六四四〜五〇）までの六年間である。

集計は、原則的に銀表記であるが、それは同館へ到来した【1】新銭（寛永通宝）や【2】古銭（渡来銭）や

籠時の年間収益　◇基本貨幣単位：銀(匁)

⑤特別配当額II	⑥前年度(③)比	⑦備　　考
		③は8～12月の4カ月分(但し10月は他行にて不参)。⑥は前年度不明のため記載できず。参考までに、この4カ月分の収益(172.7匁)で12カ月分を仮に計算すると、518.1匁という数値が算出できる
		⑥は前年度が4カ月分の記載であるため算出不可
	〔−47〕	
	〔−2.6〕	⑥前年度比の史料記載は「壱匁六分すくなく候」と有。清大夫＝粟野姓
小判2両と銀21匁6分(遷宮配当≒金2両2分)	−24.4	弘幸は「懈怠故」(当年三番(8・10・11月)懈怠)に、前年度より収益減であるとする
	〔+107〕	
金2両1分(造料配当)	〔−82〕	
	〔−91.8〕	

分であるため除外。〔　〕内は、筆者の計算値。『太神宮館籠帳(寛永二十年請取之控)』『慶安年中之

【3】鉄銭（悪銭）さらに【4】羽書や【5】米、【6】銀・【7】物品（鏡・綿・海産物・柄杓・餅米・土器・松明木・花・紙・煙草・焙烙・麻・草餅・手拭・釜木・麦・宮櫃・木綿など）などは全て銀換算されているからである。その収益の大半は、【1】～【5】までの金品に依存している。例えば、弘幸は正保三年十二月下番では、「大晦日一日ノ朝迄ニ有」と、【1】新銭は、二貫二七十文、銀にして二十八匁六分、【2】古銭も八十文（銀六分相当）の年末年始の配当があったが、新銭は、別に十二月二十一日より正月九日の間、三百五十文（代銀四匁六分）の配当があった。よって、前者は年末年始の特別配当であると思われるが、但し書きも記載されず年末年始に増加する銭貨であることから、外宮の正殿か子良館への賽銭であったと見てまず間違いない。つまり、【1】～【6】までの貨幣等は同地への賽銭、【7】は、奉納品（参物・御祓・初穂・年貢など）であったと判断できるが、表1の③は、これらを全て銀で換算した弘幸の年間配当、つまり彼の年間収益

表1　近世初期における松尾善大夫弘幸の外宮子良館参

①年度	②西暦	③年間配当額	④特別配当額Ⅰ
寛永20	1643	172.7	
寛永21	1644	580	
正保2	1645	533	
正保3	1646	530.4	26.8(清大夫参入料)
正保4	1647	506	10(長官より)
正保5	1648	613	
慶安2	1649	531	金3両程(遷宮配当)
慶安3	1650	622.8	

※慶安4年は③年間配当額の記載が欠如し、記載自体も不十
扣』(神宮文庫蔵)より作成

を書き上げたものといえる。注目できるのは、「正保三ノ年中　都合五百卅匁四分　外ニ廿六匁八分清大夫殿宮入ニ取申候」と弘幸の正保三年の収益総計を記した横に「去年ニ壱匁六分すくなく候」と前年度との収益比を記していることである。正保三年は銀五百三十匁四分、前年度は五百三十三匁の総額記載であり、計算すると前年度より二匁六分の収益減となり、彼の一匁六分の収益減という記載は正確には誤りといえるが、それにしても、その誤差はわずか一匁である。また、正保三年十月八日に粟野清大夫が外宮子良館に参入した際の配当は、羽書二十六匁八分であったが、それは、収益比に含まれていないため、遷宮時と同様の特別配当とされている。さらに、弘幸の各年の記載上の配当額は、五〜六百匁程となっており、彼の年間収益は、ほぼ一定していたと評価できる。

つまり、明らかに松尾弘幸には、年間の神徳を一定のものとして把握する意識があると思われ、それは、外宮子良館物忌職の年間得分は、近世初期の段階で、すでに一定の収益を予測できる可視的なものであったことをも意味する。また、中世（特に中世後〜末期）段階から、遷宮等の特別配当時の取り決めや当番の記載が、厳密になっていることから推測すれば、おそらくは、同段階においても、外宮物忌職の収益は安定したものであり、収益額も大きかったと想定できる。よって、外宮子良館をめぐる職物は、持ってさえすればそれなりに経済的なメ

リットが多かったといえる。そのため、天文十二年（一五四三）十二月吉日には「辻之彦左衛門尉政次」が、「中西善三郎」へ二貫文で「子良之舘」の「そい方もりみ方」（副方・守見方）の「シキフン」を急用のため売却しているなど[43]、中世末期の段階で売買の対象にもなり得る存在であった。

このように考えると、触穢のために、伊勢参宮者の本宮への直接参拝が何日も憚られるということは外宮物忌層の収益面からすれば、重大なマイナスであろう。事実、正保四年（一六四七）十二月二十日より「七日之穢」があった際、十二月の下番を担当した松尾弘幸は、「十二月廿一日より廿九日迄ニ穢ニ而候故すくなく候」と、本来ならば、年末のためか、多くの賽銭や奉納品の到来で、大きな自己収益（神徳）が期待できるはずが、触穢のために「新銭（寛永通宝か）弐百廿斗」（銀五匁三分八厘に相当）であることを嘆いている。おそらく、彼の嘆きは、本来、参詣者が本宮や外宮子良館に参拝することで増加する神楽・祈禱の執行や御祓頒布に伴い、生じる経済的収益が、触穢忌避による参拝停止のため全く期待できなかったことに起因する。

ただ、外宮子良館関係者は、触穢の際、外宮の一ノ鳥居と同館の前に直礼板が設置されることで賽銭だけは獲得することができたが、両所への直礼板の設置は、一般参拝者が利用可能な二筋の外宮参道への進入が触穢のためにそこまでで遮断されていることをも意味する。つまり、正式な外宮参道と評価できる一ノ鳥居口に据えられた一ノ鳥居前の直礼板と、外宮の裏参道ともいえる北御門口にある外宮子良館の前に置かれた直礼板は、物忌時における触穢（外宮宮域外）と非触穢（外宮宮域）との空間を分ける境界認識装置として機能していたのである。また、直礼板は「銭直礼板」とも別称されるような、まさに賽銭板的存在であったが、そのような触穢の際に特別に用意される直礼板が中世段階で設置されているということは、この段階で、同館は収益確保という経済的観念で、経済的不利益を生み出す触穢を一定度克服し得ていたことになる。さらに、参詣者の本宮へ賽銭を入れる[44]意と同様とみなされる直礼板への置き銭行為は、参詣者にとっても、本宮への賽銭奉納という参宮の最大の目的の一つを達成したことに等しく、その行為を可能にする直礼板自体も、触穢時における参拝者への最大のサービス提供装置として評価できよう。

以上、中近世移行期の段階で、外宮物忌層は、非常に成熟した経済感覚を持っており、外宮子良館の運営面でもその感覚を巧みに活用していることを提示することができたと考える。そして、これが当該期における同館の私営化の経済的内実、つまり経済構造の一端を示すものであったと評価できるのである。

まとめにかえて

本稿で明らかにしたように、外宮の祭祀を担う外宮子良館は、山田の商業機能と密接な関係があった。さらに外宮子良館の運営主体は同館物忌衆中であるから、外宮内部の物資流通を、高度な経済感覚を持って的確に掌握していたのは、実は外宮物忌層であった。換言すれば、概して外宮との繋がりが希薄な山田の地下人層は、同館に物資を納入する権利を有することで経済的に同館物忌衆中との接点を持つことができたのであり、外宮の祭祀に密接な外宮物忌層との関係を持つということは、ひいては、外宮の祭祀体系にも末端で結びつくことをも意味するであろう。

よって今後は、外宮が、外宮子良館を通じて山田の経済的構造を掌握していたことはもちろん、それに深く関わる外宮物忌層の存在に注目する必要がある。

つまり、外宮内部の円滑物流の要であったのは、実は外宮物忌層の町方との交渉力であったともいえるのであり、そのような重要な役割を担っていたからこそ、外宮本殿の賽銭等の神徳を得るような権利が、物忌職に付されていたことになる。

このように、当該地域の都市・経済の史的研究、とりわけ山田の分野において、今後は、外宮への関係もより明らかにしていく必要があるが、そうすることで、山田居住の（有力）御師の分析のみで構築されがちであった当該地域の地域構造をより豊かにすることが可能になろう。その際、分析の糸口の一つが膨大な外宮子良館関係史料であるということはいうまでもない。

注

（1）本稿では、当該期の伊勢神宮周辺地域における近年の都市史研究の出発点となった西山克氏の著書『道者と地下人――中世末期の伊勢――』（吉川弘文館、一九八七年）の他に、主なものとして、小西瑞恵氏『中世都市共同体の研究』（思文閣出版、二〇〇〇年）・舩杉力修氏「戦国期における伊勢神宮外宮門前町山田の形成――上之郷を事例として――」（『歴史地理学』四〇―三、一九九八年）・伊藤裕久氏『近世都市空間の原景――村・館・市・宿・寺・社と町場の空間形成――』（中央公論美術出版、二〇〇三年）・拙稿「中・近世移行期における貨幣流通構造――特に南伊勢地域を事例として――」（『皇学館論叢』三二―五、一九九九年）・同「中・近世移行期における川湊の物流構造――特に伊勢国河崎を事例として――」（『Mie History』一二、二〇〇一年）・同「中・近世移行期における金融業者の一試論――伊勢神宮周辺地域における「すわい」の存在形態を事例に――」（『皇学館史学』一八、二〇〇三年）・同「伊勢神宮周辺部における流通様相――中近世移行期の「商業地域」に着目して――」（『Mie History』一八、二〇〇六年）・同「中近世移行期伊勢山田の近地域間構造」（『都市をつなぐ――中世都市研究一三』、新人物往来社、二〇〇七年）をあげておく。

（2）ここでは、近年の代表例として、久田松和則氏の『伊勢御師と旦那――伊勢信仰の開拓者たち――』（弘文堂、二〇〇四年）をあげるに留める。

（3）小西氏前掲論文や、綿貫友子氏『中世東国の太平洋海運』（東京大学出版会、一九九八年）参照。

（4）筆者も、当該地域の御師以外の職種の経済活動の一例として、中近世移行期の仲介・仲買業者「すわい」の存在について注目したことがある。拙稿（二〇〇三年・二〇〇七年）を参照。

さらに、小林秀氏も、「中世都市山田の形成とその特質」（前掲『都市をつなぐ――中世都市研究一三』）で、舩杉氏などが提言する山田の都市形成を歴史地理学的に「御師町」とのみ規定することや、その際に、特に重視する有力御師の「前屋敷」形成過程について批判的再検討を行なっている。

(5) 山本ひろ子氏「聖なる者の光芒――伊勢の子良と子良館をめぐって――」(『(和光大学総合文化研究所)東西南北』、二〇〇五年)。この論文は、本稿に密接に関わるので、本文中でたびたび参照しているが、紙幅の都合上、原則として個々に注を付す等の処理をしていない。

ところで、正安二年(一三〇〇)頃成立の度会行忠の著作『古老口実伝』には、「官道並樹内雑人等往反事　以昔禁之　樵夫。市人。田夫。野人。猟師。狩人」と、旧来より市人などの雑人は、官道や並樹の内、つまり外宮宮域内を往来することが禁じられていたことが記されている。さらに、「参宮人幷御常供物運進人夫等無制也」と、外宮への参拝者や供進物の運送者はこれに該当しないことも朱で注記されている。同書を踏まえて、文明十三年(一四八一)に山田大路元長が著した『参詣物語』でも「於(神)館禁防條々」として、外宮宮域内を市人などの往来の禁が記されているから、中世末期でも、外宮宮域内での市人、つまり市商人の往来は、原則的にタブー視されていたとの認識が山田の住人にあったことになる。

しかし、『古老口実伝』の注記が示すように、御饌などの外宮への供進物の運送者は、除外されているから、原則、外宮では宮域内の市人の往反、つまり域内での明確な商業行為ができない以上、おそらくは、本稿で明らかにするように、山田の市商人は、神事物資供進者として、供進先である外宮子良館へ往来することで、その原則の適用を一定度回避し得ていたようだ。さらにそれは、同館以外に、市商人が市場で流通していた「商品」を納入できる場はなかったことをも暗示している。以上から、山本氏の想定通り、同館が神宮唯一の交易の場であったといえよう。なお、両史料は『大神宮叢書　度会神道大成　前編』(臨川書店、一九七〇年)に所収。

(6) 岩間宏富氏「中世における神宮物忌の活動について」(『神道史研究』四九―三、二〇〇一年)。なお、この論文の参照や引用などについても注(5)の山本氏前掲論文と同様の扱いとした。

(7) 神宮文庫蔵『外宮子良館日記』第九冊目。なお、本稿では同日記を引用することが多いため、これ以後、所蔵先等は省略する。

(8) 小林秀氏「中世後期における土器工人集団の一形態――伊勢国有爾郷を素材として――」(『(三重県埋蔵文化財センター)研究紀要』一、一九九二年)。ただし、小林氏は外宮子良館について言及されていない。

(9) 天文十九年三月吉日付山田三方定文『徴古文府』二―五号(『三重県史　資料編中世一(下)』、一九九九年)。なお、当該地域を含めた伊勢国における当該期の屋号分析を行なった伊藤裕偉氏の「『都市』の相対性、あるいはその『うち』と『そと』」(前掲『都市をつなぐ――中世都市研究一三』)での分類に従うと、「はかりや宗三郎」は、山田居住の秤屋という品職屋号所有者に分類できる。

(10) 神宮文庫蔵『二宮叢典』所収。ここでみられる「上銭」は、当該地域では、十七世紀初頭に多く確認できる貨幣記載である。また、『子良館年中行事』には他にも近世初頭の内容を思わせる箇所(同史料には銀記載が多いが、当該地域での銀使用の普及は十六世紀後半から十七世紀初頭以降(拙稿「中近世移行期伊勢神宮周辺地域における銀の普及と伊勢御師の機能」(『神道史研究』五五―一、二〇〇七年)参照)であること、本稿で後述する神事物資「檜籠(ひご)」の納品数は、十六世紀以前の史料では五十枚であるが、それ以降では四十八枚であり、本史料においては後者の枚数になっていることなど)が多く見られるため、以上を勘案すれば同史料は、十六世紀までの外宮子良館での年中行事を踏まえた上で十七世紀初頭に成立した書であったと判断できる。

(11) 当該地域の座については、拙稿(二〇〇六年)を参照。

(12) 拙稿(二〇〇六年)参照。

(13) 西山氏前掲論文参照。

(14) 拙稿(一九九九年)参照。

(15) 『坂口茂氏所蔵文書』(『三重県史　資料編中世二』、二〇〇六年)。

(16) 神宮文庫蔵。

(17) 第一八冊目。

(18) 西山氏前掲論文参照。

(19) 西山・山本両氏前掲論文参照。

(20) 神宮文庫蔵『太神宮館籠帳(寛永二十年請取之控)』。なお、本史料の分析については、本稿第二章を参照。

(21) 『外宮子良館日記』第二二冊目。

(22) 当該期の山田の地下人の位置づけについては、西山・舩杉両氏前掲論文参照。

(23) 西山氏前掲論文参照。

(24) 本史料は、外宮長官の日記『貞命記』(神宮文庫蔵)の延享四年(一七四七)三月六日条に所収されている。
(25) 「鉄ノ宿」は、『永禄記』弘治四年(永禄元＝一五五八)六月二十日条(『神宮遷宮記』四、国書刊行会、一九九二年)、「米」の「宿」は、『輯古帖』所収「元和七年(一六二一)五月二十八非付山田三方宛河崎年寄等駄賃條々」(『大日本史料』一二—四三、一九六二年)で確認できる。拙稿「史料紹介　皇學館大学所蔵「川崎老分中宛瀧川一益書状」について」(『皇学館史学』二三、二〇〇八年)も参照。
(26) 当該期の(商人)宿については、桜井英治氏「市と都市」(『津泊宿——中世都市研究三』、新人物往来社、一九九六年)、阿部浩一氏「戦国期の有徳人層と地域社会」(『歴史学研究』七六八、二〇〇二年)などを参照。
(27) 弘治四年(永禄元＝一五五八)の例では、外宮正遷宮の際の「鉄口」役の納入について記されている。注(25)も参照。
(28) 当該期の河崎・船江を含めた勢田川流域の物流構造については拙稿(二〇〇一・二〇〇八年)を参照。
(29) 第八冊目。
(30) 拙稿(一九九九年)参照。
(31) 注(28)を参照。
(32) 永禄年間頃からの当該地域における河崎相場の普及について注目すると大湊と河崎との関係もより明確になると思われるが、その詳細な検討は別稿に譲りたい。
(33) 第十一冊目。
(34) 神宮文庫蔵『旧記』。
(35) 『外宮子良館日記』第十二冊目。
(36) 『外宮子良館日記』第十五冊目。
(37) 『外宮子良館日記』第十二冊目。
(38) 『外宮子良館日記』第九冊目。なお、「すわい」については、注(4)参照。
(39) 『外宮子良館日記』第九冊目。
(40) 『外宮子良館日記』第八冊目。
(41) 両史料とも神宮文庫蔵。

(42) 阿諏訪青美氏『中世庶民信仰経済の研究』(校倉書房、二〇〇四年)参照。
(43) 神宮文庫蔵『中西弘縄所蔵古文書』。
(44) 当該期の社寺の賽銭については、阿諏訪氏前掲論文参照。

御棚会神事と賀茂六郷

宇野日出生

はじめに

京都市北区に鎮座する賀茂別雷神社（上賀茂神社）では、年間多くの祭事が執り行われている。なかでも賀茂祭（葵祭）は全国的に有名な祭りであることはいうまでもないが、本稿で取りあげる御棚会神事《みたなえしんじ》については、一般にはほとんど知られていない祭礼といえる。現行の同社祭礼は、年間一〇〇件近くを数えるが、賀茂祭のような宮中祭祀の影響や関わりを有する祭礼を含めて、同社の祭りはその形態から四タイプに分けて考えることができる。(1) このうち御棚会神事とは同社古来の祭りではあるものの、賀茂別雷神社の基盤社領である賀茂六郷と密接な関係を保持した祭りであった。賀茂社社家の生活基盤ともいえる六郷は、賀茂別雷神社の社家制度を考察するうえで重要地域である。かかる六郷の郷民によって奉仕された御棚会神事は、同社祭礼中、実に特異な位置をしめていた。これは賀茂別雷神社の歴史的性格を考えるうえで極めて重要なこととなる。本稿ではこのような視点に立脚して御棚会神事を検証し、賀茂六郷とのかかわりのなかから賀茂別雷神社の祭祀と制度のありかたを究明したい。

なおこの考察にあたっては、同社古文書の悉皆調査の成果が大きな契機となっていることも冒頭に付記しておきたい。約一四〇〇〇点におよぶ古文書は、長年の調査の末、平成十八年重要文化財に指定された。(2)古代から現代におよぶ賀茂別雷神社の研究の扉が、ようやく開かれたといってもいいだろう。筆者は調査の一端を担った者として、その成果を明らかにできることを幸せに思っている（本稿においては特に指示がない限り、史料は賀茂別雷神社文書に依拠した）。

一　賀茂別雷神社と賀茂六郷

本節においては、賀茂別雷神社と境内六郷の概観、そして郷民に課せられた御結鎮銭の問題の所在について主に触れておきたい。

従来大方において、賀茂別雷神社および祭祀の研究と賀茂六郷の研究については、おのおの別の視点でもって究明されてきた。もっともそれは当然の帰結であって、大量におよぶ諸郷の史料や、(3)祭礼に至っては代表的な賀茂祭について考察するだけでも大変なことであったからである。この賀茂六郷とは賀茂別雷神社（以下、賀茂社と表記する）境内六郷として、同社の根本社領として重要な役割をはたしてきたことは周知のところである。六郷とは、河上郷・大宮郷・小山郷・中村郷・岡本郷・小野郷をさす。この六郷を表記する場合、順列も中世から一定しており、賀茂川を挟んだ各郷は上流に位置する所の郷から左回りに数えられて、最後はかけ離れた小野郷となる。

賀茂六郷の起源については、寛仁元年（一〇一七）十一月に後一条天皇が賀茂社に行幸したおり、(4)賀茂（河上）郷・小野郷・錦部（岡本）郷・大野（小山）郷が宛われたことに始まるという。(5)鎌倉時代中期には大宮郷・中村郷が加えられて、賀茂六郷が成立した。範囲は広大で、賀茂川を間に挟み込むようにして賀茂御祖神社（下鴨神社）・御霊神社以北一帯におよんでいた。この境内六郷こそが、以後諸国荘園とは別に賀茂社膝元の基本社領として注目されることとなったのである。さらに加えて往来田の存在もあった（六郷のうち小野郷は山間村落であったため往来田が存在しない）。これは賀茂社氏人約二〇〇人に対して与えられた所領給付制度であった（氏人組織は、一三世紀中頃には形成されていたと考えられており、文永十一年〈一二七四〉には、約二〇〇人の氏人が確認される）[6]。こうした班給制度があった一方で、御結鎮銭《みけちせん》の納入義務も課せられていた。毎年氏人以下郷民から御結鎮銭が集められ、この資金をもとに毎年挙行された祭りが御棚会神事だったのである。長きにわたる賀茂社の歴史のなかで、賀茂社と賀茂社境内六郷との接点をうかがう唯一の祭りが、御棚会神事だった。

さて賀茂六郷については、すでに須磨千頴氏の優れた研究が知られるところである[7]。このなかで注目されるのが御結鎮銭についての論考である[8]。御結鎮銭の文字中の「結鎮」とは、一般には年頭において鬼神を鎮めまつる行事等として畿内に多く残っている祭事をいう。また結衆の座としての意味を有するともいわれているが、御結鎮銭の確たる立証はなされていない。なお興味深い記録としては、賀茂別雷神社座田《さいだ》家文書に含まれる「御結鎮銭算法口訣」によると、御結鎮銭とは納入する五郷（小野郷を除いた郷数）の郷民と徴収者たる田所との両者間の結びつきをあらわした意ともとれる[9]。

戦国期、上賀茂の社家・寺家・地下人は合わせて約四〇〇～五〇〇軒あったことが知られており、これらの総数からして五郷に賦課された御結鎮銭の規模がいかに重要な割合をしめていたかが推量される（小野郷については、別途御棚会料支出のもとに神事にかかわっている）。御棚会神事という賀茂六郷による祭祀は、賀茂社諸国荘園に基づく経済力等とは全く切り離されたところの神事として捉えなければならないところに大きな特徴がある。また賀茂六郷の郷民、氏人組織とのからみを含めた賀茂社祭祀制度の本来のかたちが残されているのではないかと考えられるのである。

二　御棚会神事

1　祭祀の構造

ではかかる御棚会神事とは、いかなる祭りだったのだろうか。この神事については、御結鎮銭の徴収、氏人の関与、祭祀の形態といった三分野から考察されねばならない。なお御結鎮銭と氏人については、先述のとおり須磨氏によって概ね整理されているところである。ところが祭祀については、その詳細がいまだ明確でない。したがって本節ではこの部分に特に焦点をあててみていきたいと思う。

御棚会神事が文献上確認できるのは、神主賀茂経久（永仁元年〈一二九三〉～延慶元年〈一三〇八〉まで在任）の手になる『賀茂旧記』に求められるが、[10] 御結鎮銭とのかかわりで確認できるのは、延徳四年（一四九二）から江戸時代にかけての二七七点にもおよぶ算用状類による。内容は主に、①御結鎮銭出納につき目代が職中に対して注進したもの、②御結鎮銭納方につき職中作成の帳簿、③御結鎮銭収納につき返抄の案文、といった三タイプが多く残る。御結鎮銭は原則八〇文が徴収されるが、一二〇文・一三〇文・一六〇文・二〇〇文などを賦課される者もあった。ちなみに江戸時代前期の御棚会神事に関する決算の注進は、九月から十一月頃になされている。

さて御棚会神事が祭りとして、いつ頃から行われたかについて詳細は定かでないものの、延宝九年（一六八一）に編纂された『賀茂注進雑記』（第二　祭礼）には、以下のような記述がある。

> 又正月十四日、御棚会と申す御神事は、左に申すごとく、後一条院御代、愛宕郡を賀茂御神事領に御寄附せられしより、今に河上郷賀茂郷・大宮郷・小山郷・岡本郷錦部郷・中村郷・小野郷等の御棚を白木を以て新造いたし、安曇河の大鯉大鮒と号して小鯉小鮒をそなへ、海魚も小魚干魚等を代とし、雉子付鳥など、かの棚六脚に盛かざり、毎年そなへ、六捧の幣を奉り候、

冒頭の箇所によると、江戸時代前半、賀茂社では御棚会神事が寛仁元年（一〇一七）の後一条天皇による社領寄進の時から始まると認識していたようである。さらに鯉や鮒などが近江の安曇川から献進されていたと明記している。これを額面通り受け取るならば、御棚会神事は安曇川が御厨となった時からは行われていたとも理解できる。安曇川御厨は、寛治四年（一〇九〇）には賀茂社の領有となっており、安曇川の供祭人は日に二度捕れた魚を献供していたのである。ちなみにこの安曇川御厨供祭人による魚の献進は、現在毎年十月一日に行われる賀茂別雷神社安曇川献進祭として、そのなごりを今にとどめている。(11) いずれにせよ確たることは実証できないにしても、起源のおよその推測は可能とすることができるであろう。

なお鎌倉時代後期に至ると、神主賀茂経久自筆本による『嘉元年中行事』に御棚会神事のことが記されている。

一、十四日御たな(棚)の神事、社司等土や(土舎)に参、「かりきぬ(狩衣)下くゝる」(朱書)御たなハし殿(橋殿)へ仕ぬれハ御前へ社司等参て、御前のとをりよりゐんさ(円座)にさして御たなを仕らす、其後社務□(参てカ)川上郷をのゝ(小野)郷両郷の御へいを給て祝言を申、とう人の名字をのゝ郷の名主等のけう(交)名をたつね申て御祝言に申へし、つきに正官太宮郷(大宮)、つきに祝中むら郷(中村)、つき権禰宜少山郷(小山)、つきに権祝をかもと(岡本)の郷、をの〳〵祝言ハてぬれハ退出、たゝしすゑの社司ハ、権禰宜なとの祝言の時、退出して社□(庁屋)まいるべし、
めくりて長のやにさすへし、け(解)文よむ、目代かやく也、御ちやう有、御さかつきハなし、

極めて簡略に記されているが、神主賀茂経久自身が書いたものとして貴重な史料である。祭事名は「御棚の神事」とあり、日取り、社司の装束、祭式次第や祭具、六郷の作法などが明記される。なお特徴的なことは、『嘉元年中行事』においては六郷の順列が、戦国期あたりからみられるような一定の配列を保っていないことである。特に河上郷と小野郷が最初に祝言を述べており、以下は大宮郷・中村郷・小山郷・岡本郷へと続くのである。な

お御棚の献上が終わり、庁屋に戻ると目代が解文を奏上している。

御棚会神事の祭礼次第の詳細が知られるようになるのは、江戸時代に入ってからである。次に記す延宝二年（一六七四）の「賀茂大神宮年中神事略次第」には「御棚会神事」と題して次第が記録されている。

十四日、御棚会神事

兼日自十一日事始至今夜御棚神供魚鳥種菓種菜等之諸事之催沙汰者、目代之所役也、神領六郷之田所司河上・大宮・小山・中村・岡本・小野、段別之御結鎮銭依恒例之頒下、其田地之片牒等、則以其段銭当会之供物所役之禄物等調沙汰之、今日代官於庁屋経営之、毎御棚盛籠御神供田口勤之、五捧之幣絹等、各自五官渡于代官方、

先到刻限戌上刻、社司布衣神主禰宜祝以下各着土屋座先是徘徊了侍屋辺、所司大夫来而申御棚供物相具之由退出、次六郷御棚発進于神前先於奈良社南精進頭出向、于御棚而執被払清御供、

其儀第一本郷御棚精進頭壱人添手於御棚相従之、刀禰持大幣絹五色、先立警蹕、自余之御棚如此、但小野郷之御棚者精進頭不相副也、経西腋橋玉橋等入楼門中門舁居神庭以西為上、

次御棚過于土屋之時、社司各平伏如元日、

次精進頭着座小庭之屏重門之東、若宮神前渡廊軒下、西上南面、

次五官起土屋経玉橋於片岡社前一揖而渡玉橋、毎度如此、入楼門中門着神前之座御籍屋軒下、西上北面、

次神主起座、進立于土師尾辺于時所司別当大夫扶持之刷衣紋取扇、

於小庭門前執持河上・小野両郷之幣二捧、此間預大夫尋精進之位署告神主、

次奉幣二捧執束而、両段再拝、備立于神前復座、

次禰宜大宮郷之幣一捧、其次祝小山郷、其次権禰宜中村郷、其次権祝岡本郷、各奉幣祝詞了復座、

次末社之神供奉幣、各某祠官参勤、
但片岡社者本社以前之社法、毎度々不及記之、
次社司各着庁屋座小預持来結灯台、神主座一灯、祝座一灯、目代座一灯立之、
先是六郷御棚舁居了庁屋南庭、祠官着座了而、目代着庁屋縁座西端社司座之南方東面、神人執松明、於是読
申御棚供物等之啓文、読了退出、
次社司各退出、

この頃になって、ようやく祭礼次第の全貌がわかるようになる。特に祭礼進行において、氏人がいかなる所役をはたしていたかが確認できるようになるのである。一月十四日本日の祭礼は、十一日から開始される。御棚へ神饌として用意される魚鳥類等の諸事全般については、目代が総括した。目代とは本来主に御結鎮銭を徴収する役目であり、実務を執行する田地管理者としては田所や郷司がいた。なかでも田所は御結鎮銭徴収に際し、片牒(返抄)発給の役目をはたすといった重要な位置にあった。代官は庁屋において整えられた神供を棚ごとに飾り付けるといった神饌調製の役目や、五官から五棒の幣絹を受け取って準備を進めるといった役目を務めた。六郷の御棚飾りが終えると、御棚は神前に搬送される。この時、精進頭一人が各御棚に左手を添えて参進する。(12)精進頭は小野郷を除く各郷に一人が選ばれ、郷民の代表者としての立場で当日社参をはたすこととなる。なお小野郷については、精進頭が不在だった。それは小野郷には往来田がなく、御結鎮銭が徴収されない郷としての扱いだったからであろう。賀茂六郷のなかには包括されていたが、神事の格式に際しては明らかに別扱いだったことを物語っている。(13)

御棚とは六郷から調製され、神に捧げられた聖なる神饌だった。したがって各御棚ごとに奉幣がなされたが、これには祠官が奉仕した。神前における儀式が終了すると御棚や社司以下は庁屋に戻り、そこで御棚供物等に関

する啓文が読み上げられ、祭りは漸く終わりを迎えるのだった。

2　神饌の調製

御棚会神事については、今まで唯一全容が公開されていなかった史料がある。それは『諸神事註秘抄』という記録である。この史料自体の所在については紹介している文献もあるが、内容にまでは至っていない。『諸神事註秘抄』とは寛保三年（一七四三）に賀茂清足が執筆したもので、全四冊からなる賀茂社神事全般を詳細に書き留めた記録書である。このなかに御棚会神事が、第一冊めに一二七～一六三丁にわたって詳述されている。祭祀の進行に関わることもさることながら、もっとも注目されることは、神饌に関する記述である。御棚会神事が御結鎮銭徴収による経済的背景や氏人による職掌は知られているところであるが、どのような神饌が準備されて調製されてきたのかまでは、詳しくはわからなかった。御棚飾りのようすは図面[14]から概ね知られるものもあったが、やはり神饌の数量まで正確に把握できるものではなかった。以下は『諸神事註秘抄』一、のなかで、最も象徴的な神饌の実態を明記した箇所を抄録することとする。

十四日

御棚会御神事、兼日自十一日事始、至今夜此御神事者、自後一条院御宇寛仁元年事始云々、先当日御料献進、当番之祠官役之、但直会之儀、朝御料如常、於夕御料者通庁屋之間、直会無之、雖然尻居者、夕御料了於直会之座通之儀也、

其儀先当日辰刻許、各於十手若役亭、神供之魚鳥以下相調之、尤魚之編物類者、自魚屋編来、裹御料合米等者、於若役亭各調之、其余各自社中以書渡之趣受取之、右自十手調営之神供其品、旧冬十月卅日於評議所老若参会之節、如例年十手分以杉原之四切、執筆書認置之、其品如左、

一番　鳥三羽雄二雌一、鰩《とびうお》十連一連十枚充、魬《ぶり》一喉洗用、右魬者鯖四喉之上載之、一所結之有之間、読渡時号魬渡之、塩鯛

五喉洗用、干鮭《さけ》七尺、梭魚五十枚一連十枚充、鯖四喉洗用、海老十貝、鰺五連一連二十枚充、鯉三喉、銭三百文、右之外鰩十八枚、

二番　鳥一番、鰩十連同前、魬一喉同前、鯖四喉、梭魚五十枚、鰺五連同前、塩鯛五喉、干鮭七尺、海老十貝、熨斗五十本但五把也、御鏡餅百枚亘八寸大葩餅也、右之外鰩十八枚、

三番　鳥一番、鰩十連、魬一喉、鯖四喉、梭魚五十枚、鰺五連、塩鯛五喉、恵曽五十喉、干鮭七尺、海老十貝、右之外鰩十八枚、

四番　鳥一番、鰩十連、魬一喉、塩鯛五喉、梭魚五十枚、鯖四喉、干鮭七尺、海老十貝、鰺五連、雑紙十束七帖但三十五枚作半紙二ツ切ニ而調之、右之外鰩十八枚、

五番　鰩十連、魬一喉、塩鯛五喉、干鮭七尺、梭魚五十枚、鯖四喉、海老十貝、鰺五連、返抄紙一束二帖但正月八日、於田所始之席、自若役目代受取之、郷方目代々等渡之、右之外鰩十八枚、

六番　鳥二羽雄、鰩十連、魬一喉、塩鯛五喉、干鮭七尺、梭魚五十枚、鯖四喉、海老十貝、鰺五連、厚紙五帖奉書四十八枚作、今見吉奉書也、熨斗百五十本但十五把也、右之外鰩十八枚、

七番　鳥二羽雄、鰩十連、魬一喉、鯖四喉、梭魚五十枚、塩鯛五喉、干鮭七尺、海老十貝、鰺五連、熨斗五十本但五把也、銭百五十文、高檀紙九枚十六日差苻之料本儀者、当日持参于目代亭、目代受取之渡目代々、今多依入魂、兼日自若役直渡于目代々了、右之外鰩十八枚、

八番　鳥二番、鰩十連、魬一喉、鯖四喉、塩鯛五喉、干鮭七尺、梭魚五十枚、海老十貝、鯀《ぜんご》五連、熨斗百本但十把也、銭三百文、右之外鰩十八枚、

九番　鳥一番、鰩十連、魬一喉、鯖四喉、塩鯛五喉、梭魚五十枚、繋鮒百五喉十喉繋十、五喉繋一合十一繋也、干鮭七尺、海老十貝、鰺五連、鮹五十貝、煎瓦一合米之用、尤不及持参也、合米十二合入于縁高小角、六合充

二括也、但合米縁高小角等者、入札積之外也、右之外鰯十八枚、糖雑事記有之、

十番　鳥二羽雄、鰯十連、鮍一喉、鯖四喉、梭魚五十枚、塩鯛五喉、干鮭七尺、海老十貝、鯵五連、串柿廿串但十刺也、薯蕷廿二本洗用、大柑子十一、厚紙半帖十六日御饗之時、用于蜻蛉亀足形等、料目代受取置渡于上膳方、中折半帖美濃紙也、七種之菓子裹料、包物十裹内吹上三合、搗栗一合、平栗五十、和布二把、神馬草二把、海苔二把、榧二把、榧子二合、右一包、七種充入之、皮剝十二結二百目、筆七対白毛白軸、右者八日田所始之節、自若役目代受取、渡于郷方目代々等、返抄紙同前、龍形墨二挺同上目代受取渡于目代々、末広一本表金砂子松竹鶴亀、裏銀砂子芹等之絵、十六日差苻之時之料、目代受取渡于目代々、右之外鰯十八枚、

右之通也、

以上の記載箇所は、御棚会神事のための神饌調製に際して、一番から十番までの番編成された十手なる氏人惣中の中核に位置する者たちによって、全てが用立てされていたことを示したものである。十手にとっては前年の十月三十日に、すでに評議所において神饌の全容が決定されていたことがわかる。一番から十番に至るまで、実におびただしい魚鳥類等の神饌が用意されたことを確認できる。これらが御棚内に納められる神饌として調製されたわけであるが、現行の御棚会神事（後述）とは比べものにならないほどの量が、各郷から御棚に載せられて献饌されていた事実を知ることができる。これほどまでに整えられた質量におよぶ神饌とは、御棚会神事がいかに六郷の郷民にとって重要な祭りとして位置づけられていたかを物語っているといえよう。

さらにこの神饌調製には大きな特徴があった。それは「魚読《うおよ》み」という儀式が含まれていることだった。このようすについては、延宝四年（一六七六）成立の『日次紀事』正月十四日条に、次のような内容が記されている。

上賀茂社　入夜飾御棚、申刻許氏人各聚庁屋、向北坐田所六人向南而坐、諸役各納所献之物、魚鳥各有差或貫鮒或章魚《タコ》等之物、算其数而納之、是謂魚読、倭俗毎物算之曰読、又積置米三俵、以計量算之、是上古九

万石神領収納之遺意也、御棚之供物等、前所謂氏人精進頭人主之、各製之置御棚三合上、田所六人几上置硯記其数、凡一年中結解勘定、今日決之御棚供物成就時、献神前神主社家預侍土屋、献御棚二合後侍神前、於茲伶人奏音楽、

御棚会神事は現在は午前中に行われているが、本来は夜の神事だった。辰刻、十手によって神供一式が若役亭に用意され、申刻、庁屋に氏人以下が集まり、神供一式も納められると神饌献供にむけて調製が始められる。神事は戌刻から開始される。

この時、すなわち庁屋にて神饌調製が始められる前に、神供として納められた品々の改め儀式が行われた。これを「魚読み」という。つまり神への供え物に誤りがないかを糺す所作である。(15) 古来より供饌に際しては点検の儀式があったと考えられ、さらに神前へ献饌されてからも、祝詞のなかでは神饌に関わる内容が奏上されてきたと思われる。(16) したがって御棚会神事には、賀茂六郷における献饌形態の古い様式が残っていると考えられるのである。

では最後になったが、次に現在行われている御棚会神事についてみておきたい(図1~7を参照)。

一月十四日午前十時、神職が社務所から本殿へと向かう。まず土舎《つちのや》にて修祓。次に御棚の進行。鳥附木《とりつけぎ》(雄雉一羽をくくりつけたヤマコウバシの枝)につづき御棚が参進。御棚は白張四名が肩にて担ぐ。御手洗川を渡り、さらに玉橋を渡って、楼門・中門を経て、本殿前の祝詞舎前庭に至りて、ようやく鳥附木と御棚をおろす。次に祝詞奏上。終わり次第、御棚などを撤して終了となる。

次に祭具や神饌について触れておく。

御棚はおよそ総高一六〇センチ、横幅八〇センチ、担ぎ棒の長さ三メートルで、御棚のなかは二段の簀子状の棚がしつらえてあり、この場所に神饌が納められる。

図1　細殿の前にて。これより鳥附木・御棚の順にて本殿へ向かう。

図2　鳥附木の部分。雉の手前には白酒の入った大瓶子・小杓・色紙が据えられる。

神饌の内容は次のとおりである。（1）御棚の上段　①大櫃《おおひつ》（縦横四三センチ・深さ一八センチ）のなかには、カマス・アジ・ブリゴ・山芋・生栗・串柿・ノシアワビが盛り合わされる。合米（吹上・䭔《はぜ》〈玄米の煎り米〉に水飴をかけたもの）は小さな土器《かわらけ》に盛る。手前には小餅が配される。②奉書に包まれたものには、青海苔・浅草海苔・榧実・勝栗・生栗・若布・䭔・吹上・ホンダワラ・山芋がある。奉書で包み、折板《へぎいた》に載せて麻緒で縛る。（2）御棚の下段　①奉書で鯉を包み、折板に載せて麻緒で縛る。②竹籠六個には、ノシアワ

図 3　玉橋を渡る御棚。本殿へと向かう。現在は 4 名にて担ぐ（御棚に手を添える精進頭の存在はない）。

図 4　祝詞舎の前に御棚が下ろされる。御棚前方に鳥附木が置かれる。後部には神職が着座する。

ビ・伊勢海老・トビウオ・タコ・カマス・アジをそれぞれ入れる。③板台六個には、雉（鶏にて代用）・タイ・ブリ・サケ・エソ（イトヨリ）・サバをそれぞれ載せる。板台は二〇センチ四方の板（下部に脚あり）を両側三か所に穴をあけ、そこに六〇センチ程度のヒゴを突き立て、真ん中辺りで計六本のヒゴを一束にして御棚側面へ固定する。（3）そのほか　大瓶子に白酒・小杓《こしゃく》・青と黄と赤の紙一枚ずつ・雄雉をくくり付けた鳥附木。

図５　御棚上段に置かれる大櫃の内部。

図６　御棚上段に置かれる奉書の包みものの内部。

見てのとおり、現行祭祀は随分と簡略化してしまっているのが実情である。大きな原因は明治政府の政策にあり、上地に伴い社領がなくなったことである。したがって賀茂六郷制度も解体した。一方では社司・氏人による社家制度もなくなり、神饌に至ってはかなりの部分が失われてしまった。継承されてきた制度は、組織・祭祀に多大な影響を与えてしまった。こうしたなかで御棚会神事は、かろうじて神社側で一台の御棚を整えることによって、全て神社の祭祀として位置づけ、何とか現状を保ってきた。したがって、このようなかたちで祭祀が継承

図7　御棚下段の内部。右側は竹籠、左側は板台。中央は奉書で包んだ鯉。

されてきていること自体が、極めて貴重といえるのである。

さてこの現行の御棚会神事について、再度神饌に注目しておきたい。江戸時代までにみられた供え物（器などの祭具には多少の違いがある）とほぼ同様であることがわかる。ただ神饌の絶対量が往時と異なるため、現在御棚内の竹籠や板台に載せる魚鳥類は、ほんの僅かにすぎない状態である。このようななかでいわゆる菓子として調製された熟饌に、饊や吹上がある。この神饌は賀茂祭内陣神饌の包御料のものと同様である。[17] 圧倒的な魚類や山の幸は、往時から祭りのために集めることの可能な限りのものだったことに変わりない。鳥附木は、鳥を贈る時に木に結ぶ風習の名残である。また御棚そのものの存在については、おそらく小正月の恵方棚に由来するものであろう。ともあれ賀茂六郷から毎年年頭に神饌が献供されたことは、歴史上の諸要素を含みながらも、郷民にとって賀茂社との深い信仰の結びつきをあらわすものに他ならなかったのである。

むすび

岡田精司氏は論文「賀茂別雷神社の祭祀の特色[18]」のなかで、次のように触れている。「広大な荘園を所有した全国の大社の中でも、現在も各地の荘園からの貢納の形態を留める神事を伝えているのは、全国でも賀茂別雷神社の次の諸神事のみであろう。当社の御棚会神事と競馬会、安曇川献進祭がそれである」この一節は岡田氏の同論文第四節「荘園本所の伝統」のなかで触れられている部分で、「荘園からの貢納にかかわる祭り」の分類のなかで指摘されている。なおこの三つの神事のうち、本稿では触れていない競馬について、筆者は以前小論[19]を書いたことがある。その時痛感したのは、『諸神事註秘抄』に大変詳細に神事が記されていることだった。以降、御棚会神事や賀茂祭を始めとして、賀茂別雷神社祭祀研究の基本的文献である『諸神事註秘抄』の本格的分析が急務であると感じている。

さて先の岡田氏の指摘のように、御棚会神事はかなり特異な神事であることに間違いはない。そしてその三つの神事のうちで、特殊神饌がしっかりと名残を留めているのも、御棚会神事だけである。祭祀とは神社制度継承の基本である。賀茂社は平安時代から王城守護の神社となり、賀茂祭も勅祭となり、神社祭祀は宮中祭祀の影響の帯びていくなかにあって、この賀茂六郷を基軸とした御棚会神事は、しっかりと地に根付いていった。その根底には御結鎮銭徴収形態が社家の統率された組織・制度によって運営されてきた背景があったからに他ならなかった。したがって神饌の豊富さも、かかる経済的裏付けに依拠しているのだが、それ以上に根本となるものは六郷の郷民の信仰心に求められよう。祭祀の基盤とは何たるかを、この御棚会神事は示しているのではないかと思うのである。

注

(1) 拙稿「祭祀と神饌」(大山喬平監修、石川登志雄・宇野日出生・地主智彦編『上賀茂のもり・やしろ・まつり』思文閣出版、二〇〇六年)。

(2) 重要文化財賀茂別雷神社文書は、『京都府古文書調査報告書第一四集　賀茂別雷神社文書目録』(京都府教育委員会、二〇〇三年)として、目録および解題が公表されている。また重要文化財指定記念として出版された『上賀茂のもり・やしろ・まつり』（注1参照）においては、同社文書に依拠した新知見の論考二一編が収載されている。

(3)『賀茂別雷神社文書目録』による分類で、「E 賀茂六郷」に集約されたものだけでも八六二点に達する。もっともその他の分類中にも含まれるため、総点数は相当量におよぶ。

(4)『日本紀略』寛仁元年十一月二十五日条。

(5)『類聚符宣抄』寛仁二年十一月二十五日付太政官符。

(6)『賀茂旧記』。「氏人一四〇人」と目されるのは、一五世紀以降のこと。従来より主に『賀茂注進雑記』に依拠していると思われる。

(7) 須磨千頴『賀茂別雷神社境内諸郷の復元的研究』（法政大学出版局、二〇〇一年）が代表とされる。なお合わせて賀茂社氏人の組織を総括するものとして、「中世における賀茂別雷神社氏人の惣について(1)～(12)」（『南山経済研究』六～一二、一九九一～一九九八年）がある。両研究は賀茂六郷および氏人に関して詳述された必読の論考である。他に参考として、児玉幸多「賀茂別雷神社の往来田制度」（『社会経済史学』七—九、一九三七年、その後『近世農村社会の研究』吉川弘文館、一九五三年に所収）・「賀茂別雷神社の集会制度」（『社会経済史学』八—三、一九三八年）、清水三男「山城国上賀茂社境内六郷」（『日本中世の村落』日本評論社、一九四二年）、岡田荘司「中世の賀茂別雷社領」（『神道学』五八、一九六八年）、中村修也「上賀茂神社領と小野山」（『日本歴史』五五二、一九九四年）などがある。なお賀茂社研究の全体的な手引きとして、所功・松田敬之「カモ（賀茂・鴨）社関係の研究文献目録（稿）」（『京都産業大学日本文化研究所紀要』五、二〇〇〇年）、大間茂・所功「賀茂社関係古伝集成」（『京都産業大学日本文化研究所紀要』六、別冊付録、二〇〇一年）がある。

(8) 須磨千頴「賀茂別雷神社の御結鎮銭について」（『アカデミア』四七・四八合併号、一九六五年）。

(9)「御結鎮銭算法口訣」（寛文七年書写本）とは、毎年一月十二日に庁屋において行われた御結鎮銭募之儀に行う算取方法について記した記録。そのなかに以下の記述が見られる。「惣して御結鎮を募ハ、社頭田地之作持、其持来田より段別八十文宛目代へうたて丶、神領五郷之田所をむすひしつむる心也云々、されはハ先於庁屋五郷田所衆、依例毎年正月十一日より十四日迄、如有来片牒を書出也」なお御結鎮銭に関わる運用形態は、関連史料から近世においても大きな変化はなく継承されていたと考えられる。

(10)『賀茂旧記』元久三年（一二〇六）正月の頃に、「代官禰宜重政、十四の御たな《（棚）》一、代官のもとへつかハす、小山郷」と記されている。

(11) 拙稿「安曇川御厨と供祭人」(『上賀茂のもり・やしろ・まつり』所収。注1参照)。

(12) 「精進頭年中行事」正月十四日条。

(13) 御棚飾りは庁屋で行われるのがしきたりであったが、小野郷だけは許されていない。『諸神事註秘抄』には、次のような記載がある。「小野郷御棚一脚者、於御所屋小野郷肝煎飾調之、但上古者、沙汰人中飾調之処、近代以下行判五斗、与奪于目代、仍自目代令小野郷肝煎飾之、依之五郷神供等渡了」これによると、小野郷の御棚飾りは御所屋《ごしょや》(外《げ》幣殿《へいでん》・馬《ば》場《ば》殿《でん》とも呼ばれる。賀茂社一の鳥居と二の鳥居の間、東側に建つ。庁屋とは少し離れている)にて、肝煎が調製した。往古は沙汰人の役目であったが目代管轄となってからは、実際には肝煎が調製するようになったことが知られる。沙汰人とは氏人惣中の財務を担当していた。したがって山間村落の小野郷に限っては、御棚会神事のための別途徴収担当者である沙汰人が、御棚飾りにも関わりを有していたと考えられる。

(14) 御棚飾図のなかで、最も往時のようすが知られるものとしては、「小野郷御棚飾様之図」(寛保四年、賀茂別雷神社座田家文書)がある。

(15) 魚読みについては『諸神事註秘抄』に「次小野郷肝煎、令素襖自五辛櫃次第開蓋高声読渡神供」とある。神供の内容が、唐櫃ごとに順次声高らかに確認されていたことがわかる。なお魚読みの系譜を引く「鰤の読み上げ神事」は、現行祭事としては参考になるものだろう。この神事は富山県射水市に鎮座する加茂神社で元旦に行われる。神前に並べられた大きな塩鰤五本が順次持ち上げられ、献饌地区名を大声で読み上げる(米澤保「下村加茂神社の鰤分け神事」『北陸の民俗』一九、二〇〇二年)。

(16) 現在、賀茂別雷神社で奏上される御棚会神事祝詞中にみられる献饌箇所には、「御食御酒海川山野乃種種乃味物乎御棚爾調辺献置伎氐」とある。文章からして、おそらく明治以降に改変された内容と思われる。本来は、六郷による献饌の実情が奏上されていたと推察される。なお神饌および祝詞の概念については、中島誠一・宇野日出生『神々の酒肴 湖国の神饌』(思文閣出版、一九九九年)を参照のこと。

(17) 賀茂別雷神社の現行祭祀の神饌については、『定本日本料理 様式』(主婦の友社、一九七七年)・『日本料理歳時大観 傳承十二月』(主婦の友社、一九八〇年)に詳しい。なお御棚会神事の神饌については、拙稿(注1参照)、岩井宏実・日和祐樹『神饌』(同朋舎、一九八一年、その後二〇〇七年に法政大学出版局から復刊)を参照のこと。

そのほか「特集 賀茂祭調査報告――神事と神饌――」(『儀礼文化』七、一九八五年)などがある。

(18) 『祭祀研究』三、二〇〇三年。あわせて『京の社』(塙書房、二〇〇〇年)も参照のこと。

(19) 拙稿「賀茂社競馬と北陸庄園」(『加能史料』会報一六、二〇〇五年、後に加能史料編纂委員会編『加賀・能登歴史の扉』石川史書刊行会、二〇〇七年に所収)。

[付記] 本稿作成においては、賀茂別雷神社の皆様方より多大のご高配を得ました。末筆ながら心より深甚の謝意を表する次第です。

近世初期における加賀藩の神社統制

――越中の神主触頭の任命をめぐる争論を中心に――

鈴木瑞麿

はじめに

確立期の幕藩体制のなかで、民衆の掌握のために行われた重要な政策の一つが、宗教政策である。徳川幕府は、中世から織豊期にかけての為政者が行った宗教や信仰に対する制圧のみでは、一向一揆をはじめ、キリスト教徒弾圧に対して蜂起した島原の乱など、民衆の反発を増長する結果を招いたことから、それらを取り込み、組織化することで、寺社勢力の反発や信仰を基にした蜂起が起らないようにし、民衆をも掌握するシステムを作り出した。これがキリシタン取締りを名目として行われた「宗門改め」である。この宗門改めにより村人一人一人を家毎にまとめ、檀那寺がキリシタンでないことを証明し、村毎に帳面に書上げて提出したものが、「宗旨人別帳」であり、これにより士・農・工・商、いわゆる「四民」に身分分化されたほとんどの民衆が、為政者に掌握されるに至った。(1)

しかし、この村毎の宗旨人別帳に記載されないのが、神社や寺院を所管し、後に「寺社方」と称される寺社奉行の所管となっていた神主や僧侶などであった。これを大桑斉氏は「寺社身分」と呼んでいるが、(2)この寺社身分はこの「四民」の身分とは差別化され、幕府および諸藩がこの「寺社身分」の掌握のために行ったのが、「寺社改め」である。幕藩体制の確立期における「寺社身分」についての先行研究としては、高埜利彦氏や西田かほる氏の研究[3]、神主組織の研究では土岐昌訓氏の研究[4]があり、加賀藩の「寺社改め」については、大桑斉氏、高澤裕一氏などの研究が挙げられる[5]。

徳川幕府は、関ヶ原の戦いの翌年慶長六年（一六〇一）五月に、寺社統制の第一段階として真言宗の本山高野山へ法度（定書）を申し渡し、八月には伊勢の内宮・外宮に対し、さらにその後寛永五年（一六二八）ころまでに真宗以外の仏教の諸宗と大寺ならびに諸大社へつぎつぎと法度を申し渡している[6]。

寛永十二年（一六三五）十一月には安藤重長ら三名が寺社奉行に任ぜられ、寺社奉行所が設置され、文字通り寺社統制のシステムが成立した[7]。さらにその後、寛文五年（一六六五）幕府から統一的法令として全国の神社と社家の統制のために「神社条目」（「諸社禰宜神主等法度」）が、寺院に宛てて「寺院条目」（「寺院法度」）が出されたのと時を同じくして発布された[8]。

この「神社条目」は、五か条からなる定書で、祭礼・作法の厳守、神祇道の修得など神職（社家・神主）の遵守すべき事項を示したものであり、この発布やその機能に関しての研究では、橋本政宣氏の先行研究がある[9]。

このように幕府は、寺社奉行所を設置し寺社勢力の掌握に努め、全国の神社・社家に対しては、この「神社条目」の遵守により統制を計ろうとした。

北陸の大藩加賀藩においても、近世初期寺社奉行が置かれ、領国内の神社や寺院、また神主や僧侶は組織化され、制度化の課程のなかで寺社の掌握が行われた。

加賀藩の寺社統制では、大桑氏や高澤氏の研究があり[10]、また『富山県史』[11]や『金沢市史』[12]にもすでに叙述はある。このなかでも大桑氏や高澤氏が指摘するように、寺社境内地や寄進地などの屋敷地改やキリシタン取締りに伴う「宗門改」(宗旨人別改)が主要な問題であるが、本稿は触頭制度と組合組織の編成を通じて、どのように寺社奉行や触頭による領内の神社・社家の掌握がなされていったか、藩政確立期の諸職の制度化とその過程を再検討し、加賀藩による近世初期の寺社統制、特に神社統制についての一考察を試みるものである。

一　加賀藩の寺社奉行と触頭の設置

天正十三年(一五八五)以来前田家が領国とした加賀・越中・能登の三か国では、加賀の一向一揆や石動山の蜂起など、中世以来の一大勢力であった寺社勢力の脅威を経験し、近世初期加賀・能登・越中三か国の掌握と新しい制度による支配の強力を進める中、いち早く寺社統制を行っている。

加賀藩において寺社奉行所が設置されたのは、幕府の設置より十三年後の慶安元年(一六四八)である。寺社奉行には葛巻蔵人重俊、岡島市郎兵衛一陳・茨木右衛門長好の三名が補任されたのがはじめである。この慶安元年の設置時には、奉行職は三名であったが、『藩国官職通考』[13]などによれば、万治以降(一六五八～六一)から元禄四年(一六九一)までは二人役となっており、元禄四年からは再び三名となったようである。その役儀範囲は、寺社の統制はもとより、儒者や医者などもその支配下に置かれていた。

神社統制のために、まず寺社奉行設置後は神主の中から国毎に触頭が補任され、その触頭の下に加賀・能登・越中の神主が配され、藩からの法令などの触は触頭から触下神主へ申し渡されるシステムが構成された。

この触頭の任命の時期について、高澤裕一氏は論文「加賀藩国法触頭制の成立」[14]の中で、「真宗東派の国法触頭制の成立」については、「触頭の前身は藩の当初から何らかの形で存在したと思われるが、まだ充分に明らかでない」としながらも、「加賀藩成立当初からそれに相当する役寺があったが、慶安二年に前年の寺社奉行設置に伴って制度として整備された」としている。

加賀藩領内の神主においても、触頭制の成立は寺社奉行設置に伴って行われたが、その設置以前から「頭神主」または「頭社」と称される有力な神社の神主がおり、その周辺の神主を配下として束ねていたことが、「御領国神社来歴」[15]など、後に触頭が藩へ提出した由来書に記されており、後に示すような地域毎の神主組織が、藩政期に入り寺社奉行より触頭が補任されてはじめて成立した訳ではないことがわかる。

このような近世以前の神主組織、いわゆる「中世以来の地域的神社組織」の研究では、西田かほる氏の甲州の神主組織の研究が著名である。[16]西田氏が示す甲斐国のような番帳による勤番制は、加賀藩領においては明確ではないが、近世の組織編成以前に、「頭神主」所管の大社（頭社）で挙行される恒例の祭礼や領主、またはその家来から依頼された特別な祈禱に際し、配下の神主が招集され、または輪番で祭典に奉仕し、諸役を務めることが義務付けられていた。また頭神主から配下の神主に対しては、装束着用の許状などの身分裁許や儀式次第や行法、祝詞の伝授が行われていたことが、石動山神主から寺社奉行に提出された由緒書など[17]にも記されている。これらの史料は後年のものであり、信憑性には問題は残るが、加賀藩においても地域毎に頭神主を中心とした一種主従関係に近い「中世以来の地域的神社組織」があったことを示唆するものとも考えてよい。

しかし、幕藩体制下に入り、その関係が希薄または崩壊した理由として、幕府より出された「神社条目」によって頭神主自身が神祇管領長上吉田家の傘下に属したため、配下神主に対する身分や儀式の伝授等の権威を失ったことに起因すると考えられ、その権威の喪失によりこの中世以来の配下組織が崩壊し、祭礼等への出仕も途絶えたとしている。つまり、それまであったと考えられる「中世以来の地域的神社組織」は、寺社奉行によって新たな近世的な組織が編成されていく過程でその権威を失い、再構築がなされることとなる訳である。この組織の再編成については、後述することとする。

加賀藩では、神社統制のため寺社奉行の下、国毎に神主触頭が置かれたことはこれまで述べたが、その神主触頭に任命された頭神主として、加賀国では金沢城下の卯辰八幡宮神主の厚見家、山上春日明神神主の高井家、金沢才川野神明神主の多田家や河北郡の黒津舟権現神主の斎藤家、寺中佐那武大明神神主の河崎両家などがあげられ、後に田井天神（現椿原天満宮）の高井家なども幕末には厚見氏の代務役として触頭となっている。(18)

能登国では石動山神主の清水家・大森家や能登一ノ宮神主の桜井家、珠洲の三崎権現神主大宮家などが申し付られており、越中国では高岡稲荷明神神主（後に高岡五社・関野神社）の関家と埴生八幡宮神主の上田家（明治以降、埴生家と改姓）がそれぞれ触頭に任命された。

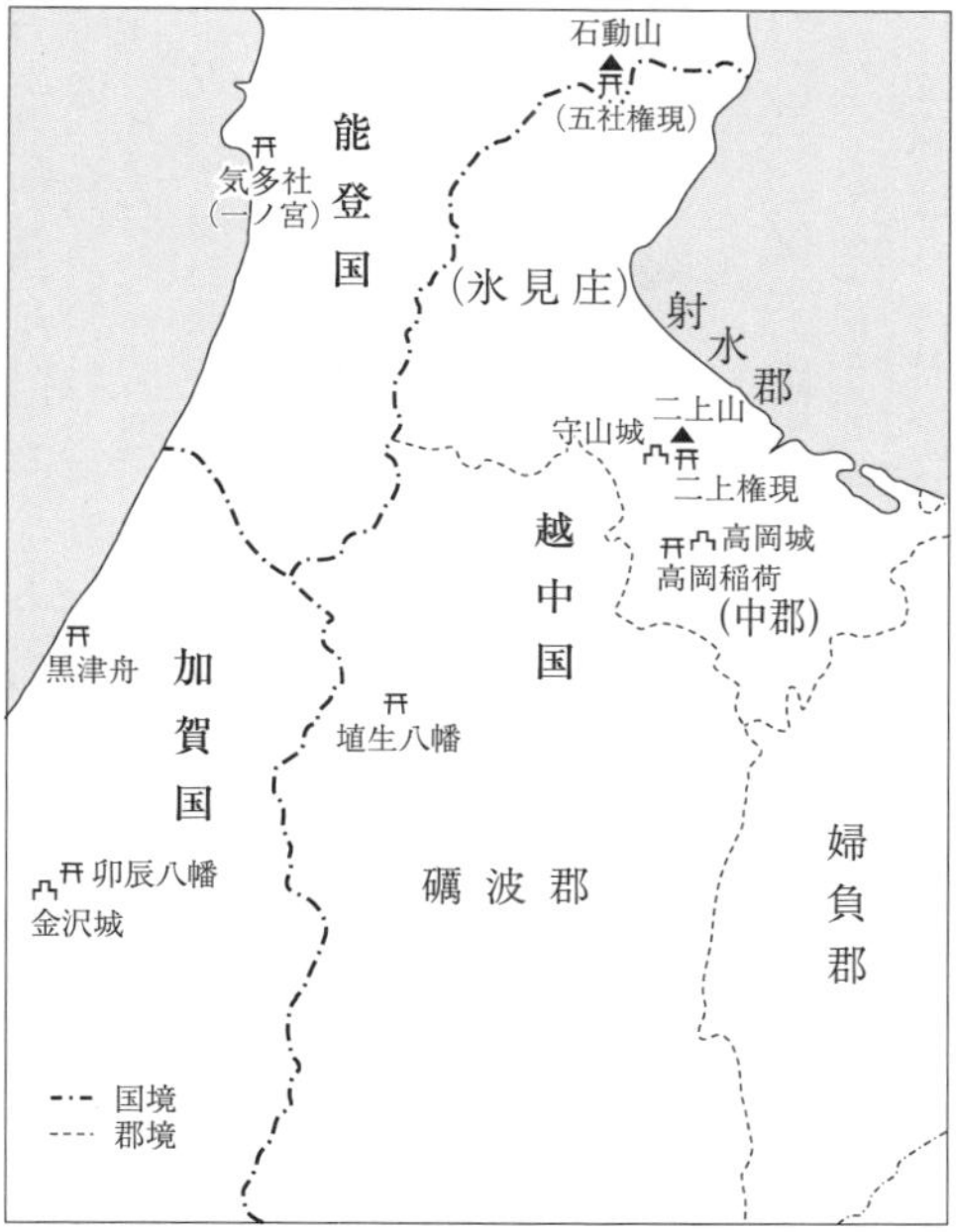

図1　前田家居城と触頭関係神社

その役儀は「家職」とも呼べるほど、多くの場合世襲であり、寺社奉行によって跡式相続と同時に任ぜられことが多かったが、なかには当主が幼少であったり、蟄居などの理由によりその役儀が務められない場合などは、代務として加賀の触頭役が兼務または代務を勤める場合もあった。(19)

これらの触頭の多くは、寺社奉行設置前の「頭神主」の家柄の有力な社家が任命されたが、後には藩御用を命ぜられ、それを首尾良く努めたことにより、「御目見」格となったことにより、登用された例もある。

この神主触頭の補任については、近世後期の補任状、または申渡状が、金沢の厚見家や高井家の所蔵文書に現存し、その多くが寺社奉行から出された任命の申渡状であるが、近世初期のものについては現在旧触頭各家の所蔵文書の中にも確認できていない。[20]

近世初期の触頭の補任は、後期の申渡状のように明確なものではなく、藩主またはその側近からの申付けにより任命され、補任状といった正式な書状の形式をとらなかった可能性が高い。もちろん、これは寺社奉行設置以前のことであるが、設置後でも近世初期には寺社奉行から頭神主に宛てて、触頭の役儀を申渡す旨出された書状は、現存していない。

これについての詳細な検討は、次節で述べることとし、次項では、加賀藩の近世初期の神社統制とそれに伴う神主組織の編成について、考察したい。

二 神主および神社に対する定書

加賀藩では寺社奉行設置と同年の慶安元年（一六四八）十二月六日、藩から領内の神社や神主全体を対象とする最初の定書が出されている。[21]

〔史料1〕

覚

一、社領神事並社為造用被付置候社人自分に取遣、宮之手入も於不仕は可為越度事

一、社領之神主不覚悟之於作法は、社人取替可申候

一、社人中猥成作法之事

一、継目之社人之事、頭並奉行所にも理可相極候、為私不可立置候

付、新社取立之節も右同前之事

一、例歳祭礼不可怠事
一、夜中に祭之外むざと人集候事
一、社領何之御代より何程被為付、御印有之候ば、頭より改帳面に書記可被上事
一、社屋敷並社人居屋敷拝領之御印、其外証文有之ば、帳面に書記可被上事
一、社人之内出入有之候ば、頭社へ断埒明可申候、自然相済不申候ば、奉行所へ可相断事
右堅可相守旨、中納言様御意之趣也
慶安元年十二月六日

これは、幕府が寛文五年(一六六五)に発布した「神社条目」より十七年前に発給され、「神社条目」と同じく神社・神主が遵守すべき事柄を書き上げた九か条からなる定書である。その内容は、社人の持宮手入れの遵守、作法の厳守、社領寄進などの報告のほか、第四条目に神主の跡目相続ならびに新社取り立ては、「頭」と寺社奉行に報告し、承認を受けることが示され、第九条目では神主間の訴訟は「頭社」が処理し、決着がつかない場合は寺社奉行所へ申し断るべきことが明文化されている。さらに、最後にはこれを遵守することが「中納言様」、つまりこの時幼少であった藩主光高に代わり国政を預かっていた前田利常の「御意」、命であったことが記されている。この定書に対し、十二月十六日には寺中神主河崎権丞・同将監が遵守する旨の請書を出している。(22)

ここで「頭」または「頭社」と記されているのは、「頭神主」のことであり、寺社奉行設置後でもまだこの頃は「触頭」という職名を使用していないことがわかる。この「触頭」という職名で呼ぶようになる時期については不詳であるが、この後この定書どおり、訴訟事の訴状や跡目相続の願書などの進達は、触下神主(社家)から触頭に出され、触頭から寺社奉行(藩)へ提出されるという手順で行われ、詮議の結果承認または処理が行われ

た。藩からの達書はこの逆の流れで伝達し、申し渡されたわけである。

三　神主組織の編成

1　神主の組合組織の申し付け

さらに加賀藩では、承応三年（一六五四）には寺社方を組織化するために、宗派毎に国別の組合を組織することを命ずる次のような申渡状[23]が、寺社奉行から触頭に宛てて出された。

〔史料2〕

尚々□□□□□のちり神主候はゞ、加賀守様御領分相改、組合可被申付候、中納言様御帰国已前に帳可指上候、以上

加賀守様御領分越中神主共組合申付、人々為致判形、両人之奥判を調、帳面二冊可指越候、帳面調様之儀は、案紙遣候間、可有其意得候、帳面出来候者、早々可有持参候、恐々謹言

（承応三年）四月二十五日　茨木右衛門（長好）　判
葛巻蔵人（重俊）　判

埴生神主主計（上田）殿
高岡稲荷神主豊後（関正次）殿

これは、越中の神主の組合組織を命ずる旨を、寺社奉行である茨木右衛門・葛巻蔵人から越中の神主触頭である埴生八幡宮神主の上田主計と高岡稲荷の神主関豊後に宛てたものである。これによれば前田家所領の越中国内の神主に組合を申し付け、それぞれに押印させ、最後に触頭両人が奥判した帳面を二冊作成し指し出すように申

し渡している。さらにその帳面の様式については寺社奉行所から案文が送られ、それに基づき作成するように指示されている。また、帳面は出来次第持参することとし、その提出期限は「中納言」、つまり利常の帰国以前に指し出すこととしている。この利常の帰国の時期については、『越登賀三州志』[24]によれば同年五月であろうと考えられる。

この年、越中国内の神主に限らず、能登国の神主に対しても同文の申渡状が石動山神主大森伊予・清水伊勢に対し出されている（後出史料6）[25]。史料は確認されていないが、もちろん加賀国の神主に対しても同様に申し渡され、それぞれ国毎に組合が申し付けられたと考えられる。

この申渡状にあるように、組合構成に同意した証として、帳面に神主それぞれが記名捺印することで領内の神主を組織に登録させ、網羅的に掌握することができ、これにより同時に身分の差別化も図られたと考えてよい。

寺院に対する組合申し付けについては、寺院または僧侶に宛てた申渡状が、現在確認されておらず詳細は不明であるが、後に「五か寺組」と呼ばれる組合組織により藩の寺院統制が行われていることから、大桑氏は寺院に対しても同様に各宗派の触頭に宛てて、同時期に組合編成の申し付けが行われたであろうとしている。

この十七世紀中葉に利常の命により行われた寺社方に対する組合編成の申し付けは、「屋敷改」と併せて前田家における領国加越能三か国内の「寺社身分」を把握し、寺社統制の強化を図るためであったが、同じく利常が推し進めた改作仕法と時期を同じくすることは、高澤氏が指摘するように、藩政確立の基本施策である領地および全領民の掌握とそれによる藩主の権威と藩の権力の高揚を図る目的であったことが考えられる[26]。

この施策は、藩からの一方的な申し付けであったが、他方神主側にとっても近世に入り、頭神主が配下に対する身分裁許等の権威を失い、それに伴い「中世以来の神主組織」も崩壊したことから、自らどのように「神主」という身分を確定するかが問題となっていた。その身分確保が危ぶまれる中、組織へ加入すればまずは「神主の列に加えられた」ことを意味し、「寺社身分」として組織に登録されることが、自らの身分を確定する絶好の機会であると理解し得たと考えれば、この組合加入の同意は問題なく、スムーズに行われたであろうと推測される。

さて、この加越能三か国内の寺社方の組織について、書き上げられたものに「寺号帳」と称されるものがいくつか存在するが、記述年記が最も古いものに「三州志図譜」（氷見市立図書館所蔵）所収の「三ヶ国寺社方帳」がある。(27)

この「三ヶ国寺社方帳」は、後世の写しであるが、原文は元禄元年（一六八八）に寺社奉行不破彦三・岡島市郎兵衛から藩へ提出されたものである。これをもとに作成したものが、図2・3・4の加賀藩の神主組の組織図である。

〔元禄期の神社統制組織〕

（「三ヶ国寺社方帳」氷見市立図書館蔵）

══は触頭（触下あり）　━━は触頭（触下なし）

──は触下　- - -は組合

図2　加州神主組織

下白山神主

中務
三左衛門
新之佑
次郎太夫
掃部
主計
弥兵衛
吉之佑
勘解由
蔵人

金沢卯辰八幡神主　厚見摂津

厚見摂津触下

- 石川郡田井天神神主　高井備後
- 金沢鍛冶町安江八幡神主　厚見靭負
- 加賀郡舛泉村春日神主　田中惣太夫
- 加賀郡洲浜天村小松山王神主　藤村伊豆
- 加賀郡洲浜村小松熊野神主　尾坂長兵衛
- 加賀郡浅野村山王神主　厚見長門
- 能美郡小松神主諏訪神主　田中勘四郎
- 能美郡安宅村小松安宅二ノ宮神主　北村斎宮
- 能美郡三日市村北八幡神主　富岡出雲

金沢山上村春日神主　高井播磨

金沢才川野町神明神主多田長四郎

石川郡寺井寺(村)神主　河崎和泉
河崎出羽

加賀郡黒津舟神主　斎藤近江

斎藤近江触下

- 加賀郡加賀爪村　(長江)刑部
- 加賀郡二日市村　(田近)主水
- 加賀郡北中条村　(栗本)八右衛門
- 加賀郡北中条村　(布施)与三右衛門

図3　越中神主組織

礪波郡埴生八幡宮上田岩見

射水郡高岡稲荷神主関伊豆

関伊豆触下

七人組

- 射水郡上田村愛宕神主　(笹波)丹波
- 射水郡柿野屋村　(氷見)いつミ
- 射水郡下久津呂村八幡神主　(鈴木)讃岐
- 射水郡中谷内村諏訪白山神主　(山内)河内
- 射水郡仏生寺村白山八幡神主　(平井)大和
- 射水郡長坂村五社神主　(上水)伊勢
- 射水郡角間村火宮神主　(高坂)備後

六人組

- 射水郡柳田村天神神主　(田中)伊賀
- 射水郡柳田村住吉神主　(鈴木)式部
- 射水郡柳田村熊野神主　(松本)若狭
- 射水郡泉村天神神主　(大森)伊勢
- 射水郡藪田村八幡神主　(松波)但馬
- 射水郡北八代村愛宕神主　(高沢)河内

五人組

- 射水郡十二町村火宮神主　(吉川)若狭
- 射水郡蒲田村白山神主　(田口)土佐
- 射水郡石崎村三拾八社神主　(宮崎)阿波
- 射水郡耳浦村火宮神主　(奥田)式部
- 射水郡尾崎村八幡神主　(尾崎)丹後

- 射水郡高岡横田町八幡神主　(上田)伊勢
- 礪波郡蓑村諏訪神主　(佐伯)但馬
- 同郡同村神明神主　(佐伯)若狭

七人組

礪波郡三日市村八幡神主　(青木)大和
射水郡月谷村蔵王見多気権現神主　(清水)越後
礪波郡荒見崎神明神主　(榊原)和泉
礪波郡水島村山王神主　(長谷川)日向

十人組

礪波郡宮森村五社権現神主　(黒田)讃岐
礪波郡安川村山王神主　(黒田)伊勢
礪波郡頼成村権現神主　(林)　大和
礪波郡雄神庄村雄神主　(藤井)八兵衛
礪波郡赤井村八幡神主　(杉岡)大和
礪波郡西二塚村白山神主　(高尾)駿河
射水郡広上村八幡神主　(多田)丹後
射水郡櫛田村神明神主　(山本)駿河
射水郡作道村神明神主　(宮川)相模
射水郡小泉村天神神主　(宮島)土佐

十二人組

新川郡新庄白山神主　(船木)丹後
新川郡荒屋村神明神主　(平岡)和泉
新川郡黒崎村天神神主　(若宮)近江
新川郡若杉村山王神主　(若宮)伊賀
新川郡宮津村八幡神主　(二宮)丹後
新川郡生地村神明神主　(高倉)丹波
新川郡三枚橋村神明神主　(高倉)但馬
新川郡友道村神明神主　(田代)備中
新川郡生地村神明神主　(高倉)出雲
新川郡滑川櫟原神明神主　(吉尾)筑後
新川郡浦山村神明神主　(山内)和泉
新川郡三上村小宮権現　(平尾)武蔵

図4　能州神主組織

一ノ宮　桜井監物

桜井権之佑

配分

桜井左近
桜井式部太夫
桜井右近
桜井伊豆
桜井半之丞
桜井蔵人
桜井八十郎
桜井右京助
桜井佐太夫
桜井宇兵衛
藤井清三郎
(橘)柿田伝兵衛
山半右衛門
藤井弥五佑
(橘)柿田平太夫
(勾堂)吉之佑
(須磨)長門
(須磨)内蔵介
神子

桜井監物触下

羽咋郡大崎明神神主　岩尾勘太夫
羽咋郡神代村神明神主　水野善太夫
羽咋郡末吉村山王神主　吉井藤太夫
羽咋郡堀江村八幡神主　宮谷丹後

羽咋郡直海村白山神主　師　石見
羽咋郡鈍打村熊野神主　尾沢源佑
羽咋郡富木村八幡神主　葛原讃岐
羽咋郡源江村八幡神主　宮谷出雲
羽咋郡飯山村神明神主　渡辺和泉
羽咋郡矢田村加茂大明神神主　悪(惣)行事
羽咋郡東間村明神神主　甚之助

能州石動山社人

石動山内　大森伊賀
能登部上村　清水伊勢

大森伊賀・清水伊勢触下分

能登郡所口村気多本宮両神主　船木豊前
　船木相模
能登郡二ノ宮村明神神主　船木若狭
能登郡飯川村神明神主　野村右京
能登郡七尾山王神主　大森伊右衛門
能登郡矢田村天神神主　大森但馬
能登郡向田村明神神主　船木丹後
能登郡熊木甲大明神神主　笠川丹後
能登郡田鶴浜赤倉山熊野神主　大森越前
能登郡金丸村多気岩貴船神主　梶井豊後
能登郡能登部下村天神神主　宮田但馬
能登郡大(久)江村愛宕神主　今井式部
能登郡羽咋(坂)村六所大明神神主　高木伊賀
能登郡大津村八幡神主　小柳出雲
能登郡笠師村月西大明神　(井田)孫市郎
能登郡豊田村山王神主　(安田)安兵衛
鳳至郡中居村六所神主　神坂(杉)摂津

鳳至郡同村神主　四柳壱岐
鳳至郡七海村白山両神主　(宮沢)土佐・(宮沢)因幡
鳳至郡諸橋村諏訪神主　四柳伊豆
鳳至郡同村稲荷神主　堀川豊前
鳳至郡明千寺村五社権現神主　(杉山)伊勢
鳳至郡山田村高鞍大明神神主　(中河)伊勢
鳳至郡鵜川村天神神主　梅田丹後
鳳至郡田(甲)村田(甲)大明神神主　大橋和泉
鳳至郡宇出津酒垂大明神神主　加藤日向
鳳至郡同村白山神主　棚木宮内
鳳至郡山田(三田)村八幡神主　(堀内)因幡
鳳至郡輪島町重蔵宮神主　能登
鳳至郡房田村白山神主　(森)因幡
鳳至郡大野村五社権現神主　(水上)花見
鳳至郡里村住吉神主　(中河)出雲
鳳至郡輪島鳳至町住吉神主　(浅井)近江
鳳至郡別所谷村神明八幡神主　(引持)越後
(引持)越前
鳳至郡輪島村天神神主　中村伊勢
鳳至郡門前村総持寺鎮守神明神主　(四柳)大和
鳳至郡大沢村山王神主　(宮崎)主水
鳳至郡皆月村山王神主　(番場)越後
鳳至郡道下村鐵川大明神神主　(四柳)信濃
(鳳至郡粟蔵村白山神主　瀬野近江)
鳳至郡中川野屋徳成布戸権現神主大瀧近江
鳳至郡松波村八幡神主　(橘)丹波

居屋敷地子地神主触頭
珠洲郡三崎（猿女）大宮

珠洲郡若山庄こはせ気多大明神（青木）隼人

大宮触下

鳳至郡上戸南方村高津天児屋根命桜井出雲
鳳至郡真脇村高倉権現神主　（高原）若狭
鳳至郡正院村勅定山正八幡神主　（桜井）刑部
鳳至郡上戸寺社村気多大明神神主（水嶋）宗右衛門
鳳至郡長橋村神明神主　桜井和泉
鳳至郡飯田町春日明神神主　（桂原）式部
鳳至郡平野村八幡神主　（大森）伊勢
鳳至郡興徳寺村白山神主　（山崎）因幡
鳳至郡鹿波村八幡神主　（森川）因幡
（鳳至郡鵜嶋八幡神主　但馬）
（鳳至郡一ノ坂村八幡神主　細川因幡）
鳳至郡鹿野村天神神主　（森井）兵部

もちろん、統制のシステムとしてこの触頭の上には寺社奉行がいることとなるが、ここでは国毎の神主の組織のみを表した。またこの史料では編成期の組合とは三十四年の隔たりがあることから、その構成については多少異なるところがあることは否めないが、網羅的に寺社方の組合組織をみることができる最も古い史料であり、この後もこれが基本となるものであり、このような組合組織の元、三か国の神主が統制された。

この組織図により、国毎の組合編成を比較すると多少の違いがあることがわかるが、次に国毎にその組合の成立過程を比較することとする。

2　加賀国神主の組合組織

承応三年（一六五四）加賀国では、この組合設置により、複数の「頭神主」・「頭神主格」（「頭神主格」と呼ぶ職名はないが、ここでは配下を持たないものを「頭神主格」と呼ぶこととする）を一つの組に含まれた形で神主の組合が組織された。

これにより配下神主を持つ「頭神主」である黒津舟権現の神主斎藤瀬兵衛と配下神主は持っていない「頭神主格」である寺中神主の河崎将監・権丞両人が同じ組合となり、また同じく配下を持つ「頭神主」卯辰八幡の厚見左京と「頭神主格」の野町神明神主の多田與左衛門・山上春日社神主の高井大和がそれぞれ同じ組となってしまった。

これにより十二月にはそれぞれの配下の神主に対する扱いについて、次のような文書が交わされている。

〔史料3〕[28]

一、今度組合之儀被仰出候而、其方と我等と一所に与合に被仰付候、然処私下神主共之儀付て、以来何様之出入、又は御法度相背申趣御座候共、我等手前にて致吟味、其方へは少もかまはせ申間敷候、則寺社御奉行様、並茨木右衛門殿・山森吉兵衛殿、何も御前にて書付相極申上候後は、違背申間敷候、為其一筆如件

承応三（年）十二月二十一日　黒津舟神主（斎藤）瀬兵衛　判

寺中神主（河崎）将監殿

（河崎）権丞殿

〔史料4〕[29]

一、今度与合之儀被仰出候付而、我等と其方と一所に与合に被仰付候、我等下神主御法度背申儀御座候共、我等手前にて吟味とげ、其方江者少もかまはせ申間敷候、則寺社御奉行様茨木右衛門様・山森吉兵衛様、何も御前にて書付相極申上候、後日に違背申間敷候、為其一筆如件

承応三年十二月二十四日　八幡　(厚見)左京　判

神明　(多田)與左衛門殿

春日　(高井)大和殿

本来五人組や十人組制度において組内で出入りと称する訴訟事があった場合は、相互責任を負うことが、義務付けられているが、ここでは、配下を持つ「頭神主」斎藤瀬兵衛と厚見左京より配下を持たない「頭神主格」河崎将監同権丞や多田與左衛門、高井大和に対し、たとえ法度に背く者が組内にいても、自分の配下の者であれば自分が吟味を行うので一切かまわないでほしいという旨の申し出が出されている。これは、寺社奉行立会いでの念書として出されていることが興味深い。

この承応三年の組合申し付けの時には、加賀国では黒津舟神主の斎藤瀬兵衛とその配下神主に加えて寺中神主河崎将監・権丞で構成された組と八幡神主厚見左京とその配下神主に加えて神明神主の多田與左衛門、山上春日神主の高井大和で構成された組があったことがわかる。この他に白山の神主がいたが、どのような組織であったかは不詳である。

この後加賀では、さらに寛文二年（一六六二）十月には、次のような申渡状が寺社奉行から出されている。(30)

〔史料5〕

加州宮々神主、是跡ゟ裁許之外者共も、一所組下被　仰付候間、諸事御法度以下可申触候、但白山・黒津船・寺中・春日・野町神明此五ヶ所之儀者、此方ゟ直ニ申触候条、可有其心得候、恐々謹言

（寛文二年）
（ヿカ）
子十月六日

横山式部（氏従）　判
茨木右衛門（長好）　判
笹原織部（長経）　判

金沢卯辰山八幡神主
（厚見祐正）
紀伊守殿

とあるように、加賀国の宮々神主はその時点で裁許を受けているもの（これは「身分裁許」の意か）以外も含めて「一所組下」が申付けられ、この組合組織内では厚見紀伊守が諸事や法度を触れることが、寺社奉行から申し渡されている。

しかし、白山の神主や黒津舟権現の斎藤家、寺中佐那武明神の河崎両家、山上春日社の高井家、野町神明宮の多田家の五か所については、「此方」つまり寺社奉行所より「直触」とすることが記されている。

加賀国の神主組合組織を図2でみると二十九名の神主の名前が書き上げられている。「下白山神主」とあるのは霊峰白山を神体山とする現在の白山比咩神社の神主のことで十人の神主がいたことがわかる。次に卯辰八幡神主の厚見とその配下として九名の神主が書き上げられている。「頭神主格」として山上村春日神主の高井播磨、才川野町神明神主の多田長四郎、石川郡寺井村神主河崎和泉・同出羽がおり、配下神主を四人持つ黒津舟神主斎藤近江の名が挙げられている。寛文二年の申付状により、これら二十九名の加賀国神主は複数の頭神主と配下神主、または触下神主を含め、「一所組下」つまり一つの組合に組織されていたことがわかる。

3　越中国神主の組合組織

越中の神主の組合組織については、前掲史料に示したように、承応三年四月二十五日に埴生八幡神主上田主計と高岡稲荷神主関豊後に宛て、越中の神主の組合申付けが、寺社奉行茨木右衛門らから申し付けられている。この組合申付状により越中国の内加賀藩領内の地域は、二人の頭神主をトップとして組合組織が命ぜられた。元禄元年（一六八八）にまとめられた「三カ国寺社方帳」（前掲）によると、越中国内の神主組合については図3のように、組合組織が細分化されていたことがわかる。射水郡の内、近世初期に一時期「氷見郡」または「氷見庄」と称された氷見地域は「七人組」・「六人組」・「五人組」の三組に区分されている。また、氷見地域を除く射水郡と礪波郡域を「七人組」（本来は「八人組」で、この史料では島倉家が一軒記載漏れとなっている）と「十人組」の二組に分け、新川郡域は「十二人組」という一組にそれぞれに分けられていた。ここには寛永十六年（一六三九）に分藩された富山藩領である富山町や婦負郡域の神主は含まれていない。この組分けについては、承応三年の当初からこのように分けられていたかどうか確認することができる資料はないが、少なくとも元禄期の組分けを知ることができる貴重な資料である。

さらに近世後期には、組合構成や名称が若干変更され、氷見地域の三つの組合は一つにまとめられ「氷見庄組」と呼ばれる組となり、礪波射水地域の組合は「七人組」を「西組」、「十人組」を「東組」と呼び替えている。新川地域の組合である「十二人組」は「新川組」と称されるようになった。(31)

4　能登国神主の組合組織

能登の神主の組合については、「三カ国寺社方帳」によれば組分けがなく、触下で分けられているだけで、その他組分けについてあまり明確な史料は確認できないが、能登の触頭を代々務め後に西三階町に移り住んだ石動山神主大森家の文書「藤原比古神社文書」[32]のなかに、次のような文書がある。

〔史料6〕

尚々中納言様御帰国以前［(に帳可指上)］候、以上

加賀守様御領分神主共、其方裁許分組合被申付、人々判形いたさせ、其方両人奥判調、帳面弐冊相調、早々可指越候、帳調様之義ハ案紙遣之間、其意得候而、出来［(次第)］両人内壱人可有持参候、恐々謹言

(承応三年)四月廿五日　茨木右衛門(長好)（花押）

葛巻蔵人(重俊)（花押）

石動山神主

(大森)伊予殿

(清水)伊勢殿

これは、石動山の五社権現神主で能登国の頭神主である大森伊予と清水伊勢に宛てて、寺社奉行から出された組合申付状である。承応三年の越中の組合申付けの文書（史料2）とほぼ同文のものであり、これにより能登国の頭神主に対しても同様の触下神主の組合組織の編成が申し付けられていたことがわかる。

また、能登半郡羽坂村の惣行事伊賀守から七名の能登の神主に宛てて、次のような文書が出されている。[33]

〔史料7〕
「(端書)与頭衆　伊賀守」

猶以右之通正月八日前ニ判形調御登せ可被成候、以上

一筆致啓上候、然者従中納言様御触状・御法度出申候、無相違判形調、石動山迄正月八日前ニ為御登可有之候、八日ゟ相延候得ハ不成申候、早々判形調、御登らせ可被成候、就其路銀神主一人ニ付三分一厘宛、当年分・来年分合弐年分六分二厘、此触状ト相添御登せ可被成候、恐惶謹言

半郡羽坂村
惣行事伊賀守（花押）

十二月十二日

七尾所口
兵部様

土方分
土佐守様

南北与中居
四柳藤右衛門様

六郷宇出津
伊予守様

輪島
能登守様

鈴郡
刑部様

八ヶ
信濃守様

参る

　これは、慶安元年に出された神主宛ての定書（前掲史料1）を遵守する旨の請書を作成し、これに押捺して、正月八日までに能登の触頭である清水・大森両氏のいる石動山まで提出するように触れた文書である。ここには能登の羽坂村の惣行事伊賀守から「与頭衆」へ宛てた端書きがあることから、本文内の宛所の七尾所口の兵部はじめ六名は「与頭」であることがわかり、これによって能登の国内の神主は、元禄期の「三ヶ国寺社方帳」では組合の存在は確認できないが、これらの史料によって組合が申付けられた近世初期にはいくつかの組に組分けされていた可能性が高い。

　ちなみに珠洲郡（現珠洲市）の神主葛原家や秦家の史料では、神主の名前を書き上げた明和九年（一七七二）「交名帳」や寛延二年（一七四九）の「神社由来」の書上などに「珠洲組」という組名が記載されているものが確認できることから、珠洲地域の神主の組合が「珠洲組」と呼ばれていたことがわかる。それらの書き上げが組単位でまとめられ、触頭である石動山神主に提出されたと考えれば、近世中期以降には能登でも組分けがなされていた可能性は高く、他の地域についてももう少し史料の検証が必要である。[34]

5　組合頭の設置

　加賀藩では、これら神主の組または組合の編成により、寺社奉行から発せられる幕府法令や藩法令などが、触頭を通じて触下神主や配下の神主に触れられる際、この組単位で触れられ、伝達の徹底化が計られたが、同時に各神主の掌握もこの組合組織の拡充により確立したと考えられる。

　また、さらに承応三年に組織化された組・組合内の神主に対する伝達網の拡充のために、その組毎に組頭・組合頭が置かれ、組合頭を通じて組合ごとに触の廻状はもとより神主の跡目相続をはじめ、婚姻の承認などが行なわれ触頭へ提出された。

この組合頭の設置された時期については、申付状などが現在確認されていないため、明確にはわからないが、前掲の史料7に見られる「与頭」というものが、承応三年以前からいたことが確認できることから、地域によっては藩による組合編成以前から同様の機能を持った組織が存在した可能性も考えられる。

越中の神主では、万治三年（一六六〇）十一月一日に新川郡の神主から高岡稲荷神主頭豊後に提出した「神主法度につき請書」(35)には「新川郡滑川町神主与頭但馬」の名がみえる。これは滑川町（現滑川市）の吉尾但馬のことである。

しかし、この後新川郡内の神主の組合には、「与頭」または「組頭」のいなかった時期があったことを伝える次の文書（史料8）がある。(36)

〔史料8〕

一、新川郡社家中に、組頭無御座候故、御公儀様ゟ度々御ふれちゝ仕、御請と調不申故、高岡伊豆（関）殿へ事外御はらたちニ而、向後者組頭立、御公儀事らちあき申様ニ何茂相談の上を以、なめりかわ石見殿、組頭頼申候、これ其以後は、貴様ゟ御出し被成候ふれ状者、御公儀様御ふれ申ふれられ候はずニ候へは、一刻も油断仕間敷候、自然油断仕候て、私事えおちとニ被仰付、其以後組をはつす可被下候、少も御うらみ申間敷候、為其一筆如件

延宝弐年
六月朔日

宮津
西尾丹後掾（判）

友道村（二宮）
倫中（判）

なめり川組合頭
（吉尾）石見殿

これは、延宝二年（一六七四）六月、新川の組内神主の宮津村の西尾丹後掾らから滑川の吉尾石見に宛てた組頭依頼状である。宮津村の西尾丹後掾らは、新川郡内には組頭がいないために公儀の「お触れ」などが遅滞していることを訴え、吉尾石見に組頭を依頼することが組内一致の見解として決まり、不平をいわないから引き受けてほしいと懇願し、請け書を出している。これにより少なくとも新川郡内には延宝二年ごろに組頭がいなかったことがわかるが、さらに触頭から触れられる国法や藩法などの「お触れ」が組合内の神主にスムーズに伝達されるために組頭という役儀が必要であったことがわかる。特に越中国の触頭は国内の西側に居住しており、富山藩を挟んで東側にある新川郡は触頭の居宅より遠方であり、さらに新川郡は郡域が広く神主は点在して居住しており、特に伝達しにくかったことが推測できる。この資料では吉尾石見を「なめり川組合頭」と呼んでいることから、もう少し小規模な単位の組があった可能性も否めないが、この後延宝九年には「与頭滑川筑後」が触頭関伊豆守に宛てて「新川郡社家拾弐人持宮書上げ(37)」を提出しており、滑川町の神主吉尾家が新川郡内神主組の組頭となり、その後幾代か役儀を引き継いだと考えられる。

同じく越中国内の氷見庄や礪波・射水郡の神主組合については、いつ組頭が設置されたか確認できる史料はないが、万治四年五月触頭である関豊後に宛てて出された「氷見庄神主、山伏湯立神事執行につき申上状写(38)」（「木倉文書」富山県公文書館蔵）に氷見庄三組の「与合頭」として柳田村の松本若狭・上田村の笹波丹波・尾崎村の尾崎丹後の署名がみえることから、組合組織が順調に機能するために、組合成立の同時期またはあまり年代が下らない頃には能登地域のように「組頭」または「組合頭」がいた可能性が高いと考える。氷見庄と同じく、新川郡より早く前田家領となった礪波・射水郡も同様のことが推測できる。

ちなみに能登にはさらに「組合小頭」という職名も使用されていたことが確認できる。(39)

このように加賀藩では、慶安元年の寺社奉行の設置と触頭の任命から神社法令の発布、承応三年の組合組織の設置や屋敷改めなど、神社の統制施策が次々と矢継ぎ早に実施されていったわけであるが、これらすべてが藩の思惑どおりことが運んだかどうかについては、どうもそのとおりではなかったようである。その一つが触頭の任命である。

藩ではもともと在地の頭社や頭寺を触頭に任命したが、なかには従来の配下を無視し触頭を任命したり、新興勢力として金沢近郊の社寺を格上げして登用したことにより、能登の有力な真宗寺院松岡寺など、その地域の有力社寺から反発が起こった例もある。

越中国の神主触頭任命においても、近世初期に制度の変革に伴い、金沢の卯辰八幡神主厚見家と高岡稲荷神主関家との間で争論が起こり、永く争っているが、次節ではこの問題について考察したい。

四　越中神主触頭の補任と軋轢

1　越中の神主触頭

越中の社家触頭は、天正年中加賀藩の二代藩主前田利長が守山在城の時、二上権現の神主与利幾宇右衛門（与利幾丸）が、利長より「越中之社家頭」を申し付けられたのが始めであると伝えている。(40)

二上権現とは、越中国射水郡にある二上山を神体山として、養老元年（七一七）僧行基によって開かれ、越中の霊山信仰の中心的存在として、神仏習合の形態で祀られた「二上神」のことであり、宝亀十一年（七八〇）十二月十四日に神階として従五位下を受けたのを皮切りに、延暦十四年（七九五）八月に従五位上、承和七年（八四〇）九月に従四位上、天安三年（八五九）正月には正三位が朝廷より授与されるなど、越中国のなかで最高位の神階を受けた国鎮守である。(41)

また、この二上神は、延喜式神名帳記載の「射水神社」に比定され、越中国の一宮を称する神社の一つである。社殿は二上山山麓の二上村にあり、境内にはそれを管理する別当寺として養老寺がある。後にはこの養老寺が藩からの祈禱などを一手に引き受ける勢力となっていった。近世初期には、この二上権現の神主として二上村に居住していたのが、与利幾丸とも称する与利幾宇右衛門であった。

写真１　二上山遠望

写真２　二上射水神社拝殿

天正十三年（一五八五）越中三郡を領した前田利長は、二上山丘陵の西側にあった守山城に入城し、その山麓に鎮座した海老坂村の八幡宮（現在の物部神社、当時は物部八幡・または海老坂八幡・守山八幡とも称した）を城の鎮守とした。その海老坂八幡宮の神主を務めていたのが、隣接する二上村に居住していた二上権現神主の与利幾宇右衛門であった。この与利幾宇右衛門には後に金沢の卯辰八幡神主となる厚見紀伊守祐正と高岡城下の稲荷神主となる関伊勢守正盛の二人の息子がいた。

利長は慶長二年（一五九七）守山城から富山城に居城を移したが、同三年利家から家督を継ぎ、金沢城へ移った。その後同十年には弟の利常に家督を譲り隠居して、富山に移ったが、同十四年富山の大火により富山城も大部分を焼失したため、慶長十六年徳川家康の許可を得、新たに射水郡内の千保川流域の「関野」と呼ばれたところに城を造り、城下町を建設することとし、この「関野」を「高岡」と称することとなった(42)。

このように利長は居城を短期間の間に転々と変えたが、その都度神主である与利幾宇右衛門を従え、その城下に鎮守社を建立し、そこでの祈禱を命じた。その結果富山にも高岡にもそれぞれ守山城の鎮守であった海老坂八幡宮の分霊が勧請され、鎮守社として祀られた。慶長四年（一五九九）金沢城の鬼門にあたる北東に位置する卯辰山へ海老坂の八幡宮が遷座され、卯辰八幡宮が造営されたが、その折にも神主として与利幾宇右衛門が任ぜられた。この卯辰八幡宮には利家の神霊も配祀されていたことから、その後毎月十五日に営まれる祭礼には与利幾宇右衛門配下の神主が呼び出され諸役を務め、家中の者は知行に応じ「最花」を献ずることが申し付けられる(43)など、祭礼や経営について藩が特別な措置した神社であった。

その後も与利幾宇右衛門は利長に従い、金沢から富山そして高岡へと居を移した。富山へ移る折、金沢には嫡子の厚見紀伊守（祐正）を卯辰山八幡の神主として残し、自らは守山に残っていた厚見紀伊の弟関伊勢守（正盛）を従え移っている。富山から高岡へ移る時にも宇右衛門に関伊勢守（正盛）が従っている。このように利長が居城を移すごとに鎮守社神主として与利幾宇右衛門が従い、その与利幾宇右衛門に従ってその二人の息子がそれぞれ追随した。

その後利長は慶長十五年自らその神体を刻み、稲荷社を高岡城下の鎮守として勧請した折、与利幾宇右衛門の息子関正盛（当初「伊勢」を称したが、利長より「豊後」を名乗ることを命ぜられている）に遷座を命じた(44)。その遷座祭に際し、関正盛は自らの配下神主が召喚し、祭典奉仕にあたらせたが、これに呼応して越中国内の射水・礪波両郡、さらに富山・金沢などの神主三十五名が参加し、その名を記名している（史料12）。この稲荷社遷座に伴い、関正盛も高岡へ転居した。

2　関家と厚見家の系譜

金沢の卯辰八幡神主の厚見家と高岡稲荷神主の関家は、越中社家触頭をめぐり、永く争うこととなるが、この両家は前述の通り、与利幾宇右衛門を祖とする縁戚関係であり、その関係について整理することとする。

この両家の系図をそれぞれの由来記または家譜をもとに作成したものが、図5である。[45]

まず、厚見家は「与利喜右衛門祐持」、関家では「与利幾宇右衛門政賢」（「霊位簿」には「与利幾宗右衛門源政賢」とある）という人物をそれぞれ先祖初代とし、両家の中祖となる次の代について、厚見家では受領名を「備前守」、名乗りを「金直」としている。それに対し、関家では「豊後」「政直」としており、受領名も名乗りも異なっている。最も大きな相違点は家督相続の時期や没年等であり、いかなる理由からか別人とも思われるほど両家の記録には差異がみられる。この両家の二代については、本来同一人物であるはずであるが、これらの人物を特定する資料は残念ながら残っていない。

その後の両家の各代をこの系譜をもとにみると、「厚見」姓を称した初代は「祐正」であり、「紀伊守」と称している。「厚見」姓を名乗るのは、母方の姓に起因すると伝えている。この次の代は「伊勢守」を称する「祐賢」である。

関家の初代は「正盛」で、当初「伊勢」と称したが、慶長十五年利長から以後「豊後」と名乗るよう命ぜられた。「関」姓を名乗るのは、高岡町の旧称「関野」に由来すると伝える。その次の代は「正次」である。「正次」

図5　家系図

卯辰八幡厚見家系図

与利喜右衛門　祐持
慶長四~同六年隠居
慶長一六・七・二二没

備前守　金直
慶長六~同一六隠居
寛文二・四・一六没
[越中触頭]　慶長九~

厚見
左京・紀伊守　祐正
慶長一六・九~寛文一〇・一〇・一四没
[加州触頭]　慶安四見任~

伊勢守　祐賢
寛文一〇・一二~延宝三・閏四・朔没
[加州触頭]　寛文一〇~

摂津守　祐章
延宝二・五~元禄一五・四・九没
[加州触頭]　天和三~
元禄一四・6・一一蟄居

関　豊後

(「宇多須神社文書解説」『加賀藩寺社触頭文書調査報告書(その三)』)

高岡稲荷関家系図

与利幾(宇)宗右衛門　政賢
天正一七・一一・四没

豊後　政直
慶長一三・一〇・朔没

厚見　紀伊

関
伊勢
豊後　正盛
慶長一五・一〇改名
[越中触頭]　慶長一五・一〇~
正保三没か

豊後　正次
正六位下伊豆守寛文八・七叙位
正保四~延宝五
[越中触頭]　慶長一五・一〇~
天和二・九・一一没

忠次郎　正義
正六位下伊豆守寛文八・七叙位
天和二~宝永元・五
[越中触頭]
享保九・二・四没

采女　正弥
延宝五・七~天和二・五
天和二・五・一五没

(「霊位簿」関家文書・「越中高岡五社論旨并御裁許状等写」石川県立図書館)

※なお、名乗りの右側の年代は叙位および受領名の改名年代、左側は家督相続の年代である。

も「豊後」を称していたが、寛文七年（一六六七）神祇管領長上吉田家より神道裁許状を受け、同時に朝廷より「正六位」叙位に際し、受領名は「伊豆守」となっている。(46)

厚見家は、「紀伊守祐正」が慶長三年守山から父「与利幾宇右衛門」に従い金沢に移り、その後金沢にそのまま居住し、卯辰八幡神主となった。関家は、正盛が慶長十五年稲荷社遷座の折、利長から命ぜられ、高岡へ転居している。

次の項では、このように与利幾宇右衛門を祖とする同族で、領国内ではあるが高岡と金沢という異なる場所に居を構える両家が、いかなる理由で越中の神主触頭職を巡り争うこととなるかをみていきたい。

3　関家・厚見家の触頭争論

関家・厚見両家の越中国の神主触頭職を巡る争論が起こった年代については、双方とも訴状等の文書が遺っていないためわからないが、寺社奉行設置後に起こった両家の争論の引き金となったと思われるものに次の文書がある。

〔史料9〕

御尋に付書付上申候

一、私儀越中守山より、古肥後様御当地江御越被為成候刻、御意を以御供罷越、御祈禱所に被為仰付、則御当地中諸神主、並河北・石川両御郡中在々所々に有之神職之者共、無作法に無御座様に可申渡旨、御意を以于今相替儀無御座候御事

一、越中利波・中郡・氷見庄之神主共之儀、往古より私下派之者共に而御座候御事

一、御公儀様より御用等御座候へば、私方迄被為仰付、則面々に申渡候、以上

慶安元年十二月一日　　八幡神主　紀伊守（厚見祐正）　判

この資料は、『国事雑抄』上編所収の「卯辰八幡神職諸神主致支配事」と題名が付された文書である。(47) この差出所の「八幡神主　紀伊守」は金沢の卯辰八幡神主の厚見紀伊守祐正である。宛所を欠いているが、この内容から自家の由緒を尋ねられその返答書として、厚見祐正が寺社奉行に宛てて提出したものと推測される。

ここで厚見祐正は、「古肥後様」つまり二代藩主前田利長に従い金沢城下へ移り住み、祈願所を仰せ付かった。さらに城下および加州両郡の神主らが不作法でないよう申渡す役儀を申し付けられたとしている。ここでは、はっきりと「神主頭」を申付けられたとはいっていないが、加州の神主らに対する監督役となったといっている。また、加えて越中の礪波郡・中郡・氷見庄、つまり越中西部の神主については、昔から自分の配下であるとし、藩を含めた公儀からの御用向きがある時は自分からその面々に申渡すこととなっていると記している。

厚見祐正によれば、加州の神主は利長の命により監督役として管理し、越中の神主は元来自分の配下であるから新しい制度に変わっても自分の傘下にあると主張している。

この文書が出された後、何らかの文書が双方から出された可能性は高いが、直接争論の発端となった資料は確認できない。

しかし、この後その翌年慶安二年三月二日、厚見紀伊守から関家に対する七項目の抗議内容が記された上申書（史料10）が寺社奉行に提出された。直接史料9とこの史料10を結びつける文書は確認できないが、この上申書の内容からすでに厚見家と関家との越中触頭をめぐる確執が始まっていることがわかる。

さらに、この上申書に対する反論として、同五月二十二日に高岡の関豊後により返答書（史料11）が書かれており、(48) これにより争論は本格化している。

1　金沢八幡神主厚見紀伊守からの上申書　〔史料10〕

乍恐申上候

一、私先祖越中守山に罷在申候先年　英賢様守山 ①
へ御入国之刻、当八幡宮御再興被為成御祈禱
所に被為　仰付候、其由緒を以横山山城守殿
へ御書にて金沢の守護神に右八幡宮御勧請被
為成、御城下に祇候仕　殿様御代々御祈禱申
上候、至今毎月御城中御はらひをも相勤申候、
右之仕合越中に私下はの社人数多御座候に付、
召登役者に申付御祈禱けたい不仕候、今度の
被為仰出候趣承申遣候儀何と罷登帳面に致判
形候御事

一、豊後と申者私弟に而御座候に付、社人中外の ②—1
出入ことは当地迄は程遠候間、豊後所に而埒
明可申旨申付置候、然処に今程私下知にも随
ひ不申、総而惣神主どもわが下はい可仕由豊
後申上候儀家の筋目相ちかい申処に　英賢様
より御書頂戴仕置候由豊後申上候　英賢様御
逝去被相成久々の御座候処に□□頃迄御書の
沙汰ども不仕隠置諸事　私方へうかかひ申候
書状共も御座候事

一、豊後神主頭の由申上候処趣に御座候へ共　殿 ③

2　高岡神主関豊後からの返答書　〔史料11〕

乍恐返答書仕指上申候

一、紀伊守親豊後私ためにはぢいに而御座候、先 ①
祖越中守山に罷在二上山末社ゑび坂八幡宮
英賢様御入国之刻より御祈禱に被為成　則私
ぢい豊後被為仰付候、其砌は紀伊守も私親伊
勢守も一所に罷有候、其後　英賢様富山へ
被　為御越候に付而、私親伊勢守守山に罷有
候を、ぢい豊後召つれ富山へ罷越八幡宮勧請
仕御祈禱相勤申候、其以後　英賢様富山より
高岡へ被為御越候砌、私親高岡へ被為召れ則
右之八幡宮高岡之守護神に勧請被成今以御祈
禱仕え候事

一、英賢様慶長十五年にしんきに稲荷之御宮被為 ②—1
成御立則せんぐふの御役者に神主数書上候得
と被為成御意候に付、二上山の私下神主共連
判いたさせ指上申候処に、十月十一日に私親
かりきぬ拝領仕御礼に罷上候処に、伊勢を豊
後に被為成　御印頂戴仕越中神主頭に被為仰
付、則御宮うつし御自筆之御書出し頂戴仕、
越中宮々下神主共裁許仕候御事

一、慶長拾六年に加州より紀伊守越中へ罷下裁許 ②—2

様御代々の御祈禱ども仕御札を上可申処に、一度も御札上不申御礼ども不仕候、私儀は毎年下はいの社人召のぼせ御祈禱相勤御札上申候、其上大坂両度の御陣へも罷登御札上毎年江戸へも罷越御祈禱の御札上如先例於今けたい不仕候事

一、陽廣院様御逝去御法事の刻も私下はいの社人共に金子弐分御香典に申付則召つれ天徳院様へ参指上申候事　④

一、当八幡宮御旧跡守山の御林は先年　英賢様御入国の以後猶以御山林可申旨御意に付、御林あれ不申る様にと常々　木苗の一本つつもうへ申候、然る処に近年事の外きりあらし申由承候故、所の百姓共に相尋候へば少し下かりをいたし用水の六木に仕候由申候、相残大きなる栗の木ことごとく枝をおろし、かしらをきり皮をへぎ枯申様に仕置候儀は如何と致吟味候へば、此ゟ廿六木は豊後きり申由百姓共書付仕置候、か様の義申上候御事如何□□□□□とも私社人故豊後にも堅申付候御事　⑤—1

一、私下はいの社人共に申付右御林に木なへ二三百本うへ申候、此儀所の者も存可申候事　⑤—2

可仕と申候に付、其刻　英賢様へ御書付を指上申候得ば、被為聞召分紀伊守は加州に罷有候間加州の宮裁許仕、越中へ罷下候儀無用と被為仰付、私方へは　御印頂戴仕越中神主頭に相極り申候事

一、中納言様高岡へ御鷹野に被為御座候刻は、私親高岡に罷有候故奥村因幡殿・西尾隼人殿御取次に而度々御札指上御礼申上、則寛永拾四年に従　中納言様御宮屋敷之御印頂戴仕候、御祈禱之儀は私裁許之宮二上山ゑび坂八幡宮高岡稲荷其外宮々毎年右の下神主共召寄御祈禱仕申候事　③—1

一、私親三ヶ年以前に相果申候に付、継目の御礼に去年江戸へ罷下り　中納言様犬千代様萬菊様へ御札指上御礼申上銀子拝領仕罷帰、高岡御目安場様へ其通申上候得ば、如先年私下神主三拾壱人に被仰渡加判物御座候故、唯今指上申候、当春も　中納言様へ御札指上御書頂戴仕候御事　③—2

一、去年寺社御奉行殿より御下国中を紀伊守に相触候趣に被為仰渡候由に而相触申候故、越中私下神主共紀伊守触はふしんに存、様子伺に　②—3

一、私社人頭仕候而も下はいの者手前より礼物など少も取申義にて無御座候、如嘉例為来る御祈禱けたいなきやうに仕度奉存候、御慈悲を以如先規之被為仰付被下候者、難有可奉存候　②―2

以上

慶安二年三月二日

八幡神主

紀伊守（厚見祐正）　判

岡島市兵衛殿

葛巻蔵人殿

罷登申候処を押とめ、帳面に判いたさせ申候、然る処に私罷登御両様へ御印幷に証文共指上申候得ば、蔵人様御寄合に而私に被仰付帳面調私下神主に判形いたさせ指上申候事

一、陽廣院様御逝去御法事の刻御香典の儀私親豊後方より下神主共方へ相触、親も罷登天徳院様へ御香典指上申、下神主共を相待申候得共方々に罷在候故おそなわり申候に付、紀伊守に申合罷帰申候事　④

一、守山ゐび坂の八幡御林私親豊後あらし申由申上候儀は、四五ヶ年以前親存生の時より紀伊守越中へ罷下り、不被懸訴人を仕篠島豊前殿に書付を指上申候処、豊前殿より親被召寄御吟味被為成林あらし不申候通被為聞召相済申候事　⑤

一、私越中神主頭と申候儀は、　英賢様御印頂戴二上山の御宮裁許仕申候、二上山は越中の大社に而社人四百四人の下神主御座候由候得共、今程たいてん仕三拾壱人に罷成申候、紀伊守申候八幡宮も右二上山の末社を金沢へ勧請仕候、神の由来を申候得は紀伊守も私下はいに付申はづに而御座候御事　②―4

右之條々不被懸儀私親存生の内にも数度高岡
御目安場へ申候故、伊藤内膳殿長屋七郎左衛
門殿より御尋に付　御印其外数多の証文指上
申に付而被為聞召分、私神主頭に被仰付相極
申候、其砌は寺社御奉行も無御座候、今程寺
社御奉行御座候に付重而新しく申上候、此儀
則内膳殿七郎左衛門殿へ御尋被為成可被下候
様　御印趣被為仰付被下候へば□□可奉存候、
以上

慶安弐年五月廿二日
高岡神主
（関正次）豊後

岡島重（市）兵衛殿
葛巻蔵人殿

（上申候下書）

まず、ここで寺社奉行岡島市兵衛らに上申書（史料10、この後「1」と表し、条項を「1—○—○」と示す）を提出した「八幡神主　紀伊守」は、史料9を提出した金沢の厚見祐正と同一人物である。それに対し、「高岡神主豊後」（史料11、この後「2」と表し、条項の表示は史料10と同じくする）は関正次であり、厚見祐正の弟関正盛の息子である。正次は正保四年（一六四七）正盛の跡式・家督を継いでいる。(49)

この両家からの返答書の内容を分類すると、①自家の沿革（利長との関係を中心に記述）、②越中の下神主裁許、③藩主または藩御用の祈禱、④陽廣院（光高）法事の折の対応、⑤守山八幡旧跡の御林管理に分けることができる。この史料10と同11をもとにそれぞれの主張を対峙しながら検証することとするが、このなかの⑤守山八幡旧

跡の御林管理については、「八幡神主紀伊守」が「越中神主触頭」である自らが優位な条件として主張する事項であるが、ここでは詳細に扱わず、神主頭任命の論点のみに絞って言及することとする（なお、引用分内の名乗りについて、両家の系図をもとに受領名の後に（　）内に付記することとする）。

まず、それぞれ自家累代と二代藩主利長との沿革について述べている。

八幡神主の厚見紀伊守祐正の主張をみると、「自分の先祖は越中の守山に居住し、天正年中英賢様が守山へ入国の時、守山八幡宮を再興し、祈願所とした。その由緒により八幡宮が金沢の守護神として金沢城下へ勧請され、歴代の殿様の祈禱も行なってきた。また、今でも毎月城中の祓いを行ない、その時には数多くいる自分の配下の社人を金沢へ呼び寄せ、諸役をさせ祈禱を怠りなく勤めている」（1―①）としている。ここで「英賢様」と呼んでいるのは、二代藩主の前田利長のことである。

これに対し、関豊後正次は、2―①で紀伊守（祐正）の親である豊後（「政直」、厚見家では「金直」）は自分の祖父にあたり、先祖は越中守山に居住し、利長入国以来二上山末社の海老坂八幡宮が祈禱所となり、祖父豊後（政直）が祈禱を申し付けられた。その時は紀伊守（祐正）も自分の親である伊勢守（正盛）も同じところにいたが、その後利長が守山より金沢へ居城を移した折、祖父の豊後（政直）と紀伊守（祐正）を金沢へ従えて移った。さらにその後利長が富山へ居を移した時、守山にいた伊勢守（正盛）は、祖父豊後（政直）に従い富山へ行き、八幡宮を富山城下に勧請して祈禱を行なったとしている。その後利長が富山より高岡へ移ったことから自分の親伊勢守（正盛）も高岡へ呼ばれ転居し、その折高岡へ分祀した八幡宮は今も高岡の守護神として祈禱を行なっているると書き上げている。この二人の書き上げからそれぞれの家が、金沢と高岡に居を構えることとなった経緯がわかるが、関正次の返答書によれば、それぞれの家が中祖としている「与利幾宇右衛門」も「豊後」を称していたことがわかる。もちろん、これは関正次の書き上げだけで、厚見家の記録では文禄四年に叙位し「備前守」を名乗ったとするが、没年等両家に差異があることは、前述したとおりである（参考図5系図、このあと、「豊後」については整理をするために関家が主張する名乗りをそれぞれ（　）内に付記することとする）。[50]

次に、1―②で厚見祐正は、「豊後（正盛）という者は、私の弟であり、社人の内外の訴訟ごとは当地（越中）まではほど遠いので、豊後（正盛）のところで解決すべきことを申付けておいた。しかるに豊後（正盛）は、今程になると自分のいうことにも従わず、『越中の惣神主どもは自分の配下である』と主張し、家の筋目が違うのに『利長様より御書をいただいた』といっている」と訴え、自分の家こそが世襲で越中の神主頭を務めるべき家柄であると主張している。

それに対し関正次は、2―②―1で利長が慶長十五年高岡で新規に稲荷の宮を建立する際、その遷宮の諸役を務める神主の数を書き上げるように命じたことから、二上山の神主である父正盛は自分の配下神主どもに連判させて、その書き上げを利長に指し上げた。この時、正盛は利長から狩衣を拝領し、さらに十月十一日にその御礼に参上したところ、利長から「伊勢」を「豊後」に改名するように命ぜられ、「御印」（印状）を頂戴して、初めて越中神主頭に任命された。遷宮についての利長直筆の御書をいただいて、越中の宮々の下神主どもを裁許するようになったと記している。さらに2―②―2では「慶長十六年加州より厚見紀伊守（祐正）が越中へ下り、自分が裁許すべきであると主張したことがあるが、その時は利長様へ書付を差し上げたところ、お聞き届になり、利長様からは『紀伊守は加州に居住しているから、加州の宮（神主）を裁許させているのであり、越中へ下り来ることは無用である』という御印を自分宛てに頂戴しており、これをもって越中神主頭に決定したのである」と答えている。しかし、「去年」つまり慶安元年寺社奉行から出された触書により領国中の神主へ紀伊守から申し触れることになったとのことから、自分配下である越中の神主どもは「紀伊守が触れるのはおかしい」ということで金沢へ登り、寺社奉行所へ伺いをたてに行こうとするところを帳面に判をさせて思い留まらせた（2―②―

3)。しかし、「私が金沢へ登り、中納言様・犬千代様へ御印と証文を差し上げたところ、寺社奉行である葛巻蔵人様が自分に配下の神主に加判させた帳面を提出するようにいわれたので、提出したところである」と述べている（2―②―3)。

さらに正次は、厚見祐正のいう家の筋目については、「自分が越中神主頭であるというのは、利長様から二上山の御宮裁許の御印を頂戴しているからである。本来、二上山は越中の大社にして、以前は四百四人もの配下神主がいたとされるが、その多くが退転し、現在は三十一人になっている。厚見紀伊守が本務とする卯辰八幡宮も、この二上山の末社を金沢へ勧請したもので、神の由来からすれば紀伊守も私の配下になるはずである」と（2―②―4）と反論している。

また、藩主や藩からの祈禱についても厚見祐正は、関家がその御用に預かっていないので神主裁許の資格がないと主張している。これは、たびたび出てくるように藩主や藩御用の特別な祈禱には、数多くの神主が諸役を務めるが、この神主らの呼び出しは頭神主が行うことから、祈禱を仰せ付かっていない関家には下神主を召喚する権限がないといっているのである（1―③)。しかし、実際には関正次は、配下の神主を招集し諸役をさせて高岡稲荷をはじめとする宮々で祈禱を毎年執行していると報告している（2―③―1・2)。

このように二人の見解には、大きな相違がみられるが、ここで関係の史料を検証し整理してみることとする。

まず厚見祐正によれば、もともと自分の家、つまり「与利幾」家が、越中の神主を配下とする頭神主であったが、さらに祐正の父「与利幾宇右衛門（備前守金直）」の代に利長から祈禱所を申付られ、その祈禱に際しては、配下の神主を呼び寄せ、祭典の諸役を行うのが常であった。自分はその「与利幾宇右衛門」の嫡子であるから、当然その職分は自分が継承すべきものであり、金沢へ移った後も自分にその職分は帰属するものであり、祈禱所＝頭神主職＝触頭職は自家の家職であると主張している（1―①・1―②―1)。

それに対し、関正次は祖父「与利幾宇右衛門（豊後政直）」が利長から八幡宮での祈禱を命ぜられた。さらに父伊勢正盛が慶長十五年高岡稲荷の遷宮の際、呼び出しに応じた配下神主の数を報告するよう利長から命ぜられ、遷宮をはじめ諸事を首尾良く務めた褒美として、狩衣を拝領し、「豊後」の名乗りと越中神主頭を申し付けられ、越中国内の下神主の裁許をすることとなった。それは正盛が国鎮守である二上権現の神主であるから申し付けられた職分であるとしている（2―②―1）。

この時の高岡稲荷の遷宮の折、関正盛が提出したとする配下神主の書き上げが、『越中古文書』所収の次の文書である。(51)

〔史料12〕

一、御いなり之御せんくニ二上庄之神主よひよせ申人数之通申上候、以上

かはた村　伊つ(田口)　判　　小(尾)崎村　　ちくこ(尾崎)　同
朝日村　越後(大森)　同　　三日市村　出雲(青木)　同
ミの村　但馬(佐伯)　同　　上田村　豊後(笹波)　同
きや村(月野谷)　あき(清水)　同　　小(水)島村　丹後(長谷川)　同
下庄村　伊勢(大森)　同　　う称《マヽ》村　式部　同
くつろ村　さぬき(鈴木)　同　　ふ(こカ)んしやうし村　やまと　同
中屋ち村　かわち(山内)　同　　さかの村　千日　同
ふく田村　いつミ(榊原)　同　　赤井村　とさ(杉岡)　同
二塚村　たんこ(高尾)　同　　赤(安)川村　おゝミ(黒田)　同
同村　伊つ　同　　らい(んカ)しやう村　たんは(林)　同

宮森村　伊勢（黒田）　同　　くし田村　するか（山本）　同
ひろ上村　伊与（多田）　同　　作ミち村　いつミ（宮川）　同
小いつミ村　とさ（宮島）　同　　若林村　たんこ　同
富山　やまと（平尾）　同　　長坂村　伊勢（上水）　同
日宮林　ひんこ　同　　かきや村　いつミ（氷見）　同
たしミ（ママ）村　伊与　同　　富山　ミこ　同
金沢　豊後　同　　同　若狭　同
高岡　伊勢（上田）　同

慶長十五年
九月廿二日
むめ（ママ）野五兵衛様
寿（鈴）々木権助様

この書き上げにより「二上庄之神主よひよせ申人数」として二上神主の関正盛が呼び寄せた神主三十五名が署名捺印したものを「むめ野五兵衛」と「寿々木権助」に宛てて提出している。宛所の「むめ野五兵衛」と「寿々木権助」の内、「寿々木権助」は当時高岡にいた利長の近臣鈴木権介のことであり、後に高岡町奉行も勤めていた人物である。[52]「むめ野五兵衛」については詳細は不明であるが、鈴木権介と同じく利長の近臣であったと考えられる。この書き上げ提出により、利長から狩衣を拝領し、お礼のため参上したことを記す文書も同資料に所収されている。[53]

正次の主張によれば、この時関正盛は、慶長十五年利長により越中神主頭に任命され、同十六年にさらに印状を以て決定したということである。その後、さらに慶長十六年に祐正が越中神主の裁許を主張した時も、利長から印状が出され越中神主頭であることが決定したとしている。

史料10・11の二つの文書をみるに、この慶長十六年の利長の印状により、この争論は決し、関正盛が越中の神主頭となったということである。

4　利長と触頭補任

これまでみてきたように厚見祐正と関正盛との争論は、前記の関正次からの返答書によれば、慶長十六年に起こったことがわかるが（2―②―2）、利長の印状が発給され、決したと記している。その関豊後が拝領したとする利長からの印状と思われるものが、『加能越古文叢』（加越能文庫・金沢市立玉川図書館）所収の次の史料である(54)（写真3）。

〔史料13〕

御かきつけ御めニかけ申候、そのほうのあに、こゝもとのやしろともかけもちにいたし候よし、さやうにはあるましき事に候、とうしよのミやともはそのほうさくばい申へく候、此よしわれ〳〵より申候へと仰られ候

三月十三日（印影）（印文「長盛」）

せんふく

いなり

かんぬし

まいる

この文書は、「せんふく」から「いなり　かんぬし」に宛てて出されたものであるが、この差出所「せんふく」

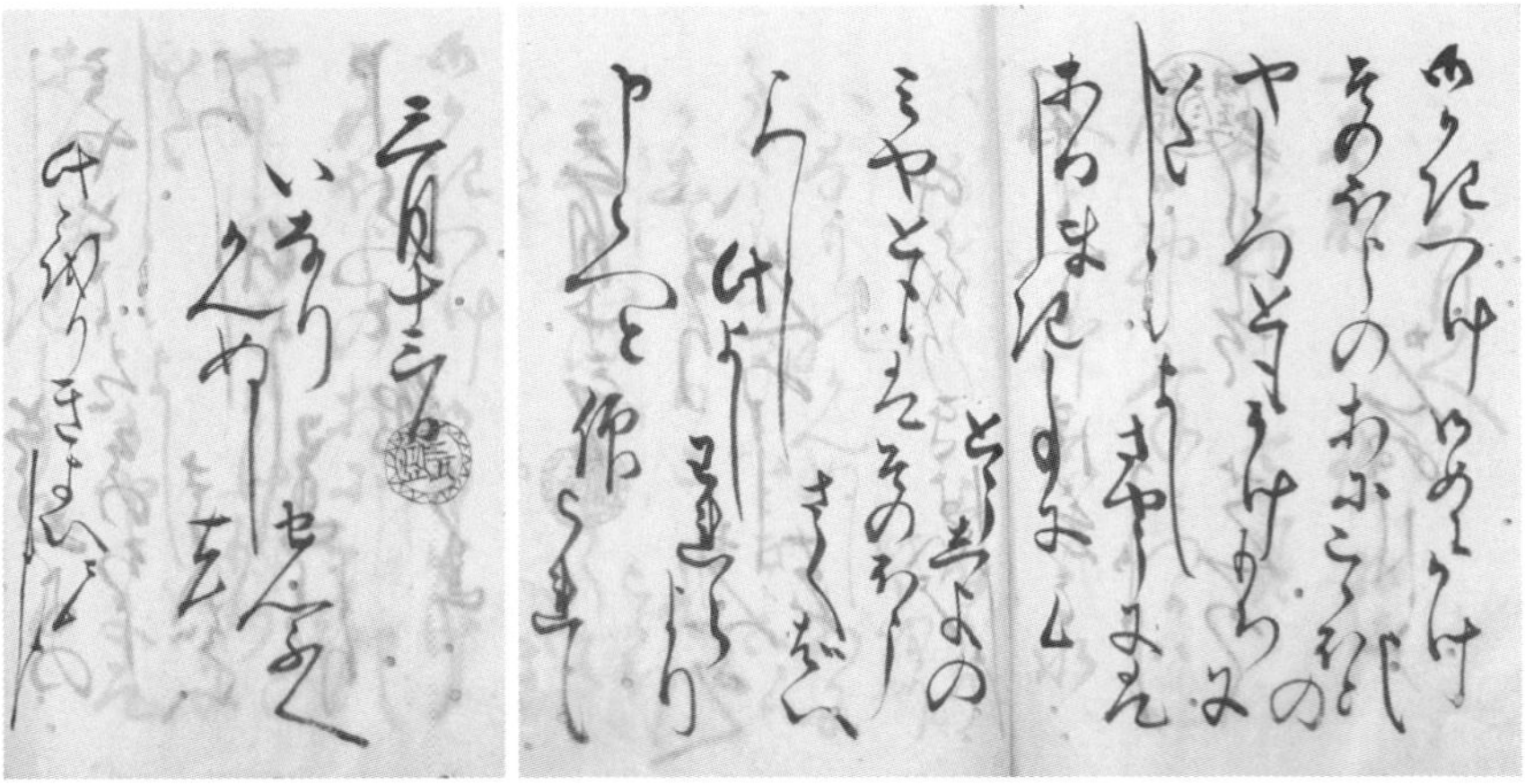

写真3　前田利長印状写(「加能越古文叢」加越能文庫・金沢市立玉川図書館所蔵)

は利長のそばに仕える従者「千福」のことであり、宛所の「いなり　かんぬし」は高岡稲荷神主の関正盛のことである。この利長の従者「千福」は、後に利長夫人玉泉院にも仕え、利長と玉泉院に仕えた侍女である。[55] さらにこの文書の日下に押されている「長盛」という印(印影)は、利長の印であること[56]からこの文書は、利長の意志を伝える奉書として侍女千福によって書かれたもので、前記の史料11に記された正次が利長様の「御印」と称している文書の一つであることがわかる。

この内容をみると「書付を利長様にお目にかけたところ、『その方(正盛)の兄(厚見祐正)が、あなたの社ども(越中の神主共)の支配も掛け持ちをしているつもりのようだが、そうではなく、当所(越中)の宮(神主)どもはその方が策配するべきであると私たち(千福ら)より申し伝えるように』とのことであった」というものである。

この文書は年次未詳ではあるが、正次が言うところの「英賢様へ御書付を指上申候」(2—②—2)としているものがこの史料にある「御かきつけ」にあたると考えられ、これが「慶長十六年の訴訟」の時に出された書状である可能性が極めて高い。しかし、残念ながらこの「御かきつけ」にあたる訴状は同書にも所収されていない。この時厚見祐正からは「自分が越中の神主支配も兼帯している」との主張が出されているが、このことについては利長自身がそうではないことを、従者である千福をして関正盛に伝えているのである。

さらに、その二日後にも同じく「長盛」の印が押された次の文書が出されている。(57)

〔史料14〕

此とをりきよいニ候、かしく
なを〳〵貴殿より此とをりかたく申つけ候へときよいニ候、かしく
いなりのかんぬしあにかしうよりこし候て、こゝもとミや人のぎ、さくはいいたし申へきと申よしに候間、こゝもとのミや〳〵のきは、いなりかんぬしふんこさくばいいたし候やうに御申つけ候へときよいに候、返しあにはかしうにい申間、かしうのミや〳〵さくはいいたし候へ、ここもとのミや〳〵さくはい候はむやうニていなりかんぬしにいたし候へと御申つけ候へく候

三月十五日（印影）（印文「長盛」）　せんふく

すゝき殿
五兵衛殿
まいる

これも千福によって書かれた書状で、前記の史料13と同じく「長盛」の印が押されていることから、利長から出された印状である。宛所の「すゝき」と「五兵衛」については、前記の史料12にも記されている当時高岡にいた利長の近臣「鈴木権介」と「むめ野五兵衛」のことである。この文中の「いなりかんぬしふんこ」は、もちろん関豊後正盛のことで、この文書は「越中の神主の策配は関豊後（正盛）に任せるように」鈴木権介らに宛てて申し付けたものであり、越中の神主の差配、つまり神主頭を関正盛に任せるという命令は、「きよい（御意）」、

つまり利長の意志であるとしている。これは、当時まだ寺社奉行所が設置されていないため、この印状により利長が居住する高岡で寺社をも管理していた鈴木権介らに宛てて周知するように命じたものであると考えられ、この利長の命を記した印状が出されたことにより、この時の争論は決着したと考えられる。

しかし、正次によれば「父正盛が生前にも数度高岡目安場に上申している」としていることからこのような争論は繰り返し行われたようである。また厚見紀伊祐正から越中の神主に対し、「殿様御用」「藩御用」と称し卯辰八幡の祭礼や祈禱の折に、もと自分の配下であった旧縁を理由として、半強制的な奉仕義務を課す出仕依頼の申し出もたびたび行われたようである。

このような厚見祐正からの出仕の要請に対し、正保四年（一六四七）九月越中三郡の神主らより目安場に宛てて、次の上申状が出されている。(58)

〔史料15〕

乍恐申上候

一、越中神主頭豊後（関正次）相たて頭目ノ義ニ付而今度江戸へ罷登、中納言様犬千代様へ豊後頭目ノ御礼被申上候、罷帰高岡御目安場様へ其通被申上候所ニ御目安場様ゟ為御意あと〳〵のことく神主頭ニ被仰付候故、此度之しめも豊後さいきやうニ罷成候、是以来、越中宮々神主ノ義豊後次第ニ可仕候、其上加州紀伊守越中へよひ申事堅仕間敷候、自然加州八幡ニ而御祈禱御座候と申よひニ参候共豊後へ理り其上ニ而罷登可申上候、為其詮義指上申候

恐々謹言

正保四年

九月廿六日

中郡

二塚駿河

小島丹後
利波郡　六名
氷見庄　十六名

御目安場様

これは正保四年越中の中郡・利波郡・氷見庄の神主二十四名より目安場（奉行）に宛てて出した、「関豊後（正次）は中納言様（利常）の命で目安場から越中の神主頭を仰せ付けられ、私どももそのことを承認しているので、厚見紀伊（祐正）から加州八幡の祈禱の呼び出しがあっても、まず豊後（正次）に相談してその上で金沢へ出府することにする」という内容の申出状である。

このことについて前掲史料11の関正次からの返答書では、正保三年ごろに先代豊後正盛が死去し、去年跡目相続のお礼に江戸へ出府し、祈禱の御札を差し上げたとあり（2—③—2）、跡目相続と同時にその役儀である神主頭も継承したとしていることと、この文書の示す内容とは一致している。この関家の代替わりに際してもここではっきりと利常の命により高岡目安場から、関豊後正次が越中の神主頭であり、加州の厚見紀伊守祐正から越中神主らに対する直接の呼び寄せはできないことが、この上申状からもわかる。

また、卯辰八幡での祈禱の出仕依頼があっても必然関正次に相談または報告の上、奉仕すべきであるともしている。

この時も藩主の命であるということで関正次とその配下神主の主張が認められたと考えられるが、慶安元年に寺社奉行所が新設され、寺社奉行から自家の役儀についてのお尋ねがあったことから厚見祐正は、この新しい組織編成に乗じて、利長から加州の神主の監督役を任されていたこと、越中三郡の神主は自らの配下であることを主張し、寺社奉行より国中の神主に対する相触の権限を委任されることとなった。

これにより越中の神主らからは、すでに利長、利常から関家に神主頭の役儀が任されているのに、いかなる理由で厚見祐正が自分たちの策配を行うのか不信であるとして、金沢へ出府し、寺社奉行へ直に伺いを立てようとする抗議行動が起こり（2—②—3）、再び論戦に火が付いたというわけである。

これにより双方の言い分が寺社奉行に提出されたのが、史料10と史料11の二通の文書である。

この後の裁決については、まったく資料が遺っていないが、同時期と思われる次のような呼び出し状が寺社奉行から関正次に宛てて出されている。(59)

〔史料16〕

従中納言様寺社方へ被仰出有之候条、早々可被相越候　恐々謹言

岡嶋市郎兵衛

十月十四日　元為（花押）

葛巻蔵人

重俊（花押）

高岡稲荷神主
(関正次)
豊後殿

これは、関正次に宛てた中納言利常の命による寺社方への出頭の申付状である。これには年記がないことから、前後関係は不明であるが、この争論に係わる出頭命令とも推測される。

この後の史料は今のところ見つからないため、争論の決着した年代は不詳であるが、この七年後の承応三年(一六五四)には藩より越中神主の組合組織を命ずる申渡状(前出史料2)が、埴生神主上田主計と高岡稲荷神主の関豊後正次に宛てて出されていることから、この時までには、関家と厚見家の触頭争論は解決し、関家と上田家が越中神主触頭と定められたと考えられる。

また、卯辰八幡宮の祈禱の祭礼については、年次は不明であるが、寺社奉行篠原織部らより関伊豆守(正次)に宛てて出された申渡状があり、(60)これによれば組下神主への神事奉仕の申し渡しは関正次よりすることを命じている。さらにこの後は紀伊守より案内があり次第、必ず配下の神主に奉仕する旨申し渡すようにと書き添えられている。この後執行された卯辰八幡宮での祭礼や藩御用の祈禱の際、奉仕神主の諸役名の中には、数多くの越中神主の名が見えるが、これは関家を通じて正式に依頼されての奉仕であったと推測できる。

おわりに

これまで近世初期の加賀藩の神社統制とそれに伴う神主の組織化についてみてきたが、この厚見家と関家の触頭任命をめぐる争論の検証により、藩政の確立期に寺社方の統制のために行われた寺社奉行設置と触頭設置の時期は、必ずしも同時期ではないことがわかった。

これは、高澤裕一氏が寺院の役寺、特に真宗東方の国法触頭の設置時期について、寺社奉行の任命より以前に遡ると指摘をするように、(61)神主触頭の設置についても、近世以前から「頭神主」または「頭社」という有力な神社の神主とその傘下に属する配下神主の存在が再確認でき、さらに前田家所領となった後にも藩政確立期には、寺社奉行による触頭補任に先行して、藩主であった利長や利常の印状による直接的な裁許やその命を受けて目安場奉行などの所轄奉行から裁許するというケースもあったことが確認できた。

この役儀の名称については、近世初期には「触頭」とは呼んでおらず、「頭神主」または「頭社」(「神主頭」とも称している)と称され、「〇〇差配」または「〇〇裁許」とも呼んでいる。その補任に際しては、後に発給されるような補任状の形式ではないこともわかったが、その反面明確な申渡状もないことが今回のような厚見家と関家の争論を引き起こす要因であったとも考えられる。この補任について、制度として整備されていく課程やいつから「触頭」と呼称するようになったかについての検証は今後の課題である。

また、確立期の藩政下で寺社奉行設置前にも、中世以来の頭神主とその配下神主の関係をベースとして、越中国の神主を掌握するために、祭礼等の奉仕名目でその都度神主の名前を書き上げ、提出させていることが確認できたが、この際配下の神主に署名、押捺をさせることにより、神主自らもその頭神主の傘下に組織される者であることを自覚承認させていることは、承応三年の国毎の組合編成以前から神主が頭神主を中心に組織化されていた証であり、興味深いことであるが、同じく能登や加賀の組織についての検証も必要であると考える。

関正次が、返答書の最後に自分が神主頭を仰せ付かったことは、間違いのない事実であるとしながらも、あくまでそれは寺社奉行設置前の話であり、今度は制度も改正され、寺社奉行が設置されたので、新体制に従う旨の申し出をし、改めて利長の御印の内容通りに申し付けてほしいといっている点が興味深い。

寺社奉行設置の後は、これら頭神主も公儀の触を徹底して組織化された触下へ触れ、管理する触頭へと変化している。

しかし、先にも述べたが、近世初期には後世のような触頭の申渡状といった書式の補任状が、発給されていないことが、その役儀の権限や任期の不明瞭さを露呈し、ややもするとその権限を逸脱した行為が発生する要因となったとも考えられる。

また、直接前田家の庇護を受け、飛び抜けた地位の高揚で触頭となった神主や寺院もあり、旧勢力の頭社・頭神主や頭寺との軋轢はまだほかにもあったのではないかと思われ、詳細な組合組織の資料の収集とともに分析が必要であろうと考える。

注

（1）大桑斉「寺壇制度の成立過程」（上）（下）（『日本歴史』二四二・二四三、一九六八年）、高埜利彦『近世日本の国家権力と宗教』（東京大学出版会、一九八九年）、澤博勝『近世の宗教組織と地域社会―教団信仰と民間信仰―』（吉川弘文館、一九九九年）、同「近世の地域秩序形成と宗教」（『歴史評論』六三五、二〇〇三年）、同『近世宗教社会論』（吉川弘文館、二〇〇八年）、大藤修『近世農民と家・村・国家―生活史・社会史の視座から―』第一章（吉川弘文館、一九九六年）。
（2）大桑斉「加賀藩の寺社改め」（『加越能寺社由来』下巻、石川県図書館協会、一九七四年）六八〇頁。
（3）高埜利彦「9　移動する身分―神職と百姓の間」（朝尾直弘編『日本の近世7身分と格式』中央公論社、一九九二年）、同『シリーズ近世の身分的周縁1民間に生きる宗教者』（吉川弘文館、二〇〇〇年）、西田かほる「近世的神社支配体制と社家の確立について―甲州国中地域を中心として―」（『地方史研究』二五一、一九九四年）、同「近世後期における社家の活動と言説―甲州国中・菅田天神社文書を素材として―」（『史学雑誌』一〇六編九号、一九九七年）、同「甲斐国の神社組織と番帳」―文書の売買・故竄・管理―」（高木俊輔・渡辺浩一編『日本近世史料学研究』北海道大学図書刊行会、二〇〇〇年）。
（4）土岐昌訓「近世の神職組織―武蔵国の事例―」（『神社史の研究』桜楓社、一九九一年）。
（5）前掲注（2）参照、高澤裕一「加賀藩初期の寺院―道場役と屋敷改め―」（楠瀬勝編『日本の前近代と北陸社会』思文閣出版、一九八九年）。
（6）『徳川禁令考』前集第1（創文社、一九五九年）。
（7）「寺社奉行」（『国史大辞典』第六巻、吉川弘文館、一九八五年）七五四頁。
（8）前掲注（6）一〇、三一頁参照。

(9) 橋本政宣「寛文五年「諸社禰宜神主等法度」と吉田家」(橋本政宣・山本信吉共編『神主と神人の社会史』、思文閣出版、一九九八年)・同「寛文五年「神社条目」の機能」(『神道宗教』一六八・一六九号、一九九七年)。なお「諸社禰宜神主法度」とする呼称が研究史上、一般的であるが、近世の神社制度の問題を検証する上で、今後は敢えて橋本説を受けて江戸時代一般的に使用され、本来の呼び名とされる「神社条目」という呼称を使用したい。

(10) 前掲注(2)、注(5)参照。

(11) 『富山県史』通史編3、第九章(富山県、一九八二年)七三五~七九六、八一〇~八三一頁。

(12) 『金沢市史』資料編13、寺社(金沢市、一九九六年)一五七~一六一、四三五~四四八頁、『金沢市史』通史編2、近世(金沢市、二〇〇六年)五二六~八頁。

(13) 「寺社奉行」(『藩国官職通考』石川県図書館協会、一九七〇年)一五頁。

(14) 高澤裕一論文「加賀藩国法触頭制の成立—善徳寺文書を中心に—」(『北陸歴科研会報』第二一号、一九八六年)。

(15) 『加越能寺社由来』下巻(石川県図書館協会、一九七四年)二九~六二頁、原本は同名で金沢市立玉川図書館(加越能文庫)に架蔵(架番号一六、六一—九六)。

(16) 前掲注(3)西田かほる氏論文参照。

(17) 『加越能寺社由来』下巻(石川県図書館協会、一九七四年)「御領国神社来歴」掲載の石動山神主清水伊勢守・同大森伊賀守が貞享二年提出した由来書(四八~九頁)や室山孝「解題」の内「七、神社由来書上」掲載の文化三年五月に石動山神主清水丹波守が提出した由来書等(六四八~六五一頁)。

(18) 『金沢市史』資料編13寺社(金沢市、一九九六年)四四五~八頁参照、および『加賀藩寺社触頭文書調査報告書(その三)』(金沢市教育委員会、二〇〇〇年)解説「宇多須神社文書」。

(19) 前掲注(12)、(18)参照。

(20) 前掲注(18)参照。金沢市史および金沢市の触頭文書調査により多くの触頭文書が調査整理され、その多くはマイクロフィルムで記録保存されている。当時の金沢市史編纂室のご厚意により、目録を基に記録された史料の閲覧の機会を得たが、この時近世初期の触頭補任状は確認できなかった。

(21) 巻七「六　寺社方御定」(『国事雑抄』上編、石川県図書館協会、一九七一年)二五五頁、また金沢市立玉川図書

館（加越能文庫）架蔵の「寺社方御条目帳」に掲載されている（架番号一六、六一―四六）。

(22)『加賀藩史料』第三編（前田家編輯部、一九三〇年）二八三頁。

(23)巻一「四十八　御領国諸神主組合之事」（『国事雑抄』上編、石川県図書館協会、一九七一年）二四頁。

(24)富田景周「来因概覧」（『越登賀三州志』、石川県図書館協会、一九七三年）。

(25)「藤原比古神社文書」（『七尾市史』資料編第五巻、七尾市、一九七二年）三三〇頁。

(26)前掲注(5)、(14)参照。

(27)『氷見市史』、資料編四、民俗、神社・寺院（氷見市、二〇〇〇年）六五九～六六一頁、なお所蔵は異なるが、『礪波市史』資料編4、民俗・社寺（砺波市、一九九四年）に掲載されている「元禄元年十二月　加州・能州・越中寺社方并山伏等相改帳」（六八九～七〇六頁）はほぼ同文の史料である。また、石川県立図書館に架蔵され、『加越能寺社由来』上巻（石川県図書館協会、一九七四年）掲載史料「三州寺号帳」（九九～一〇七頁）など、近世の神主組織を記した史料は数点見受けられるが、室山孝氏が同書「解題」（『加越能寺社由来』下巻、石川県図書館協会、一九七五年）六一五～七頁のなかで指摘するように記載された神主名などをみると享保年代前後の作成と考えられ、この「三ヶ国寺社方帳」より年代が下がるものと判断できる。

(28)巻十八「九　寺中黒津舟神主組合に成事」（『国事雑抄』下編、石川県図書館協会、一九七一年）六六九頁。

(29)前掲注(23)参照。

(30)「宇多須神社文書」『金沢市史』資料13、寺社（金沢市、一九九六年）四四九頁。

(31)『氷見市史』6資料編四、民俗、神社・寺院（氷見市、二〇〇〇年）九五四頁、『同書』1通史編一古代・中世・近世（氷見市、二〇〇六年）四九三～七頁。

(32)前掲注(25)参照。

(33)前掲注(25)参照。

(34)『珠洲市史』第4巻、神社・製塩・民俗（珠洲市、一九七九年）六一、六五頁。

(35)この資料については、富山県公文書館所蔵の複写資料「滑川市櫟原神社旦尾家文書」の閲覧の機会を得、確認した。これは、現在の滑川市の櫟原神社社家の旦尾家所蔵の文書群であるが、現在の旦尾家は近世には「吉尾」姓を名乗っていた。

(36)「滑川市・櫟原神社旦尾家文書」(『滑川市史』史料編、滑川市、一九八二年) 四〇九頁。
(37)前掲(35)参照。
(38)『氷見市史』6資料編四、民俗、神社・寺院 (氷見市、二〇〇〇年) 六五八頁。
(39)前掲(34)六一頁参照。
(40)前掲(15)四四頁参照。
(41)『富山県史』史料編1 (富山県、一九七〇年) 二八六、三〇八、三四八、三六八頁。
(42)「高岡町」『富山県の地名』(『日本歴史地名大系』16、平凡社、一九九四年) 六六一頁。
(43)巻二「二　卯辰八幡宮江御家中之人々最花可備事」(『国事雑抄』上編、石川県図書館協会、一九七一年) 四三頁。

慶長九年被仰出候通、八幡宮江御家中の面々、知行に応じ一統最花可上候様被仰出候。急度相心得可申候、

恐々謹言、
慶安四年九月四日
岡嶋市郎兵衛

葛巻蔵人
(厚見祐正)

八幡左京殿

(44)高野義太郎『射水神社志』(射水神社社務所、一九二四年) 六一頁。
(45)厚見家の系譜は、「宇多須神社文書」の内「当家家譜」、「当家先祖霊考」等の資料 (当時、金沢市史編纂室のご厚意により、マイクロフィルムの紙焼きを閲覧する機会を得て確認した) のほか、『加賀藩寺社触頭文書調査報告書 (その三)』(金沢市教育委員会、二〇〇〇年) 一二四頁をもとに作成した。また関家の系譜は当家に遺る「霊位簿」や石川県立図書館に架蔵の史料「越中高岡五社論旨并御裁許状等写」、『射水神社志』(射水神社社務所、一九二四年) をもとに作成した。
(46)『射水神社志』には口絵として関正次の「口宣案」「裁許状」の写真が掲載されているが、現在関家には同資料は遺されていない。
(47)巻一「四十六　卯辰八幡神職諸神主致支配事」(『国事雑抄』上編、石川県図書館協会、一九三二年) 掲載史料。
(48)この厚見・関両家から出された返答書の原本は、残念ながら両家ともに現存していないが、関家と縁戚関係にあり、射水神社宮司を務めた高野義太郎の著書である『射水神社志』所収の資料 (当時は現存したと考えられる) を

もとにすることにする。
(49)「越中高岡五社論旨并御裁許状写」(石川県立図書館蔵)に正次は「六代目之豊後正盛嫡子、正保四年継目相続、豊後ト唱」とある。
(50)『加賀藩寺社触頭文書調査報告書(その三)』解説「宇多須神社文書」(金沢市教育委員会、二〇〇〇年)。
(51)「高岡関野神社并高岡神社」(『越中古文書』越中資料集成9、桂書房、一九九一年)一三七頁。原本は金沢市立玉川図書館(加越能文庫)に架蔵(架番号一六、二八―一〇六)。
(52)鈴木権介について、宇佐美孝氏は「利長室玉泉院文書について―金石町中山家文書を中心として―」(『加能史料研究 第2号』石川史書刊行会、一九八六年)の中で後に利長夫人の「玉泉院附として高岡町奉行も勤めて」いる人物であるとしている。
(53)前掲注(51)一三八頁参照。
(54)「加能越古文叢」四九に所収、原本は金沢市立玉川図書館(加越能文庫)に架蔵(架番号一六、〇三―四49)、『越中古文書』(一三七頁)にも掲載。
(55)宇佐美孝「利長室玉泉院文書について―金石町中山家文書を中心として―」(『加能史料研究 第2号』石川史書刊行会、一九八六年)、『越中古文書』(一三七頁)にも掲載。
(56)金龍教英「前田利家・利長発給文書について」『富山史檀』七八号(一九八二年)。金龍氏は、この印判は通称「長盛ノ御印」と呼ばれる利長の印判で、「慶長十年十月二日から使用」されているとし、「利長の病が重くなる慶長十七年になってからは印判の使用がほとんど」で、この印判が使用されているとしている。
(57)前掲注(54)参照。
(58)前掲注(51)一三六~七頁参照。
(59)前掲注(51)一三九頁参照。
(60)巻七「二 卯辰八幡宮犬千代様御祈禱」(『国事雑抄』上編、石川県図書館協会、一九三二年)に掲載資料の内。
猶々向後は、紀伊守方より案内次第、神主共へ急度相勤候様可被申渡候、以上
当地八幡宮、当十六日御祈禱之祭禮之刻、御手前組下神主共自跡々参相勤旨、紀伊守断申候條、如例年致指図、当地へ参神事相勤候様、神主共へ可被申渡候、以上

九月十一日　篠原織部
（関正次）　永原左京
伊豆守殿

（61）　前掲注（14）二六頁。

［付記］　本稿を作成するに際しては、関家御当主、金沢市立玉川図書館（旧金沢市史編纂室を含む）、石川県立図書館、富山県公文書館の格別の御高配をいただき、また諸先生方のご教示をいただきました。厚く御礼申し上げます。

江戸時代における神職の身分確立への運動

——椙山林忠大円寺奥印除き一件——

椙山林繼

はじめに

一　宗門帳別帳願

1　官位昇進帰国後、直に宗門帳別帳願を出す

2　藩奉行村方と寺の支障ないことを条件に認めようとする

3　大円寺佐賀藩奉行に是迄の通りに指置かれるようにと申す

4　寺院了承の書付ないまま再び願書提出

5　林忠年始に正式装束（束帯）にて登城することを願う

6　吉田家の宗門証状

7　大円寺との話合不成立

二　寺院との対決

1　奥印除き願への差障出入

2　佐賀藩邸での決定困難

三　江戸屋敷への願

1　林忠江戸にて直接佐賀藩重役に願う

四　幕府寺院不承知の初例

1　寺院が不承知でも吉田家の証状で許す

2　決着

むすび

はじめに

徐々に固定化していく身分制度の内にあって、士でなく、農でなく、まして工商ではない神職は、僧侶のように世捨て人でもなく、幕藩体制のどのような位置に生きているのか、神社、神職家史料を通して見ていくことにする。身分制度の世界の中で、当時の神職が自分等の身分をどのようにしていこうとしたか、その努力と闘いの歴史でもある。

このためには、寺社奉行所白州における座席の位置、地頭への年頭の挨拶の扱いなど、いくつかの異なる事例から証明していかねばならないが、今回は旦那寺奥印除き一件を中心に、百姓身分、町人身分との離脱を考えていくことにする。

一　宗門帳別帳願

椙山林忠(1)が吉田家支配の神職として、宗門改帳における旦那寺大円寺（大圓寺であるが以下略して円を用いる）

の奥印を止め、吉田家の請書により、自身印形で宗門届を地頭に認めて貰おうとし、終に幕府寺社奉行への伺いの上、決着を見るまで三年間を経過した。これによって寺の同意がなくとも、神主、穏居、枠のみは神葬祭を認め、自身印形による宗門改めの届を認めるという幕府の、幕末に至るまでの方針が定まることになった。

やや冗長になるが林忠の日記から経過を見ていくことにする。

1　官位昇進帰国後、直に宗門帳別帳願を出す

天明七年二月十七日、上総国天羽郡木村を出立した林忠は、三月一日京着、五日吉田家を通じ官位を願い、四月七日従五位下、翌八日加賀守勅許、四月十一日参内し、禁裏様はじめ御礼、吉田家へ帰り、料理、酒が出て帰宅。四月廿一日吉田良延自ら位記、宣旨、口宣案を渡され、次室で家老中から祝を受け、吉田の添状を渡され帰宅。廿一日加茂社御蔭神事、廿五日葵祭を見、廿八日大嘗祭国郡卜定に、吉田良延の伴として参内、月花門内にて拝見。廿九日京都出立、伊勢へ参詣し、六月十四日江戸着。十七日乗船、十八日中嶋村に上陸、木更津へ着、十九日帰宅。廿日佐貫藩役所へ帰宅届け。同廿二日佐貫藩家中へ礼に参上する。この時

宗門帳之儀村方書込ヲ相止メ別帳ニ致し度段相窺候処、翌廿三日ニ御代官石田市良治殿より書状到来其文ニ右之段、江戸表へ掛合致候ニ口上斗ニ而ハ出来兼候間、右帳面振合御替被成度之趣、願書ニ認、可差出旨、被申渡候

と、宗門帳村方書込をやめ、別帳で指し出したいと窺ったところ、翌日佐貫藩江戸屋敷に掛合うため願書を出すように峯下代官石田市良治からの書状が到着し、翌廿四日願書を出す。

乍恐書付ヲ以御願申上候、

一、私義、御添翰被下置候ニ付、御蔭ヲ以官位昇進仕難有仕合ニ奉存候、然処村方人別帳之儀、是迄ハ百姓之

人別帳ニ書込差上申候得共、此度吉田殿より被仰聞候ハ、代々吉田家支配之神祇家ニ紛無之ニ付、是迄迚も其訳別段ニ書付可差上処、不心付仕方、此上ハ別而官位昇進も仕候ニ付、百姓之人別書込ニ仕候而ハ不可然候間、帰国次第御領主へ御願申上、別帳ニ仕、吉田家支配之神祇家ト書付可差出候、邪宗門請合印形之儀ハ此方より御領主へ追而可差出旨ニ御座候、右之趣ニ御座候間、何卒御慈悲ヲ以、別紙下書仕差上申候通被仰付被下置候ハヽ、難有仕合ニ奉存候、偏ニ奉願上候、以上、

天明七年未五月

日記中に書かれた願書の写しであるが、吉田家にて、京都滞在中種々話し合いの中に、この件をきめていたと考えられ、邪宗門でないことの請書は吉田家から当然出ることを約束していたと見られる。

このあとに別紙の写として家内全員があげられる。

一、唯一神道吉田二位殿御支配		杦山加賀守	未四拾二才
一、右同断	同妻		未三十八才
一、右同断	嫡子	同出雲守	未拾二才
一、右同断	二男	同蔵之介	未三才
一、右同断	娘	佐奈	未八才
一、右同断	弟	同斎宮	未二拾一才
一、右同断	同母		未六拾五才
一、右同断	譜代	八三	未七拾壱才

〆八人　内男五人　内女三人

右者、代々吉田家支配之神祇家ニ、(て)紛敷宗門ニ而ハ無御座候則奥印仕差上候、若脇合より御法度之宗門と申者

御座候ハヽ、何方迄も罷出申被可仕候、為後日仍而如件、

真言宗

数馬村大円寺

この写しで大円寺の名を残しているのはこれまでの例として書いているとも見えるが、理解できない。

2　藩奉行村方と寺の支障ないことを条件に認めようとする

この願書に対し、七月七日代官より連絡がはいり、翌八日奉行岩堀重太夫の所へ出向くと、

先達而宗門奥印願書之儀、江戸表へ差出候処、稲葉越前守殿、森宗乙殿御問合も有之候上ニて、願書之末ニ当年より大円寺奥印相除吉田家御請合ニ而差上度旨、願書書替可差上旨被仰渡候、此寄村役人へ差障り有之哉否御尋有之候、五郎左衛門答候ハ、村方ニ一切差障ハ無之由申候、此度重太夫様被仰候ハ、江戸表へハ村方大円寺ニ至迄故障無之段申上候間、随分念入大円寺へ掛合、大円寺故障無之段、願書ニ相添可差出候、尤此願之儀ニ付、六月中人別改只今迄延引致し、右之掛合等ニ暫間も可有候間、先当年ハ只今迄之通ニ致し、当十七日ニ人別改可致候間、其内随分念入願書可差出被仰候間、承知致罷帰候、

と奉行岩堀重太夫の言う通りにしている。この江戸藩邸が問合せたのは、木更津八劔氏が既に認められていたことから、その地頭である稲葉越前守とその前の地頭森宗乙に尋ねたもので、この時村方、木村名主鹿子五郎左衛門は同道していたようだが、寺方の了解を求めている。

そして九月二十四日佐貫城の峯下代官石田市郎治より書状が届く。

唯一之神職故御宗旨御届ヶ之儀、是迄之寺判無之指出し被成度旨、弥御願被成候ハヽ、大円寺と掛合故障無之趣、願書ニ書添可差出旨

とあって、早速二十五日大円寺に出向いて交渉がはじまる。

同廿五日ニ、大円寺へ罷越段々咄合致候処、日比懇意之中故如何様共御相談合ニ可致候得共、折悪敷本寺より遠慮被申付候時節ニ而こまり入候、何分疾と相考、私身分ニ後難無之候儀ニ候ハヽ、如何様共可致旨ニ而罷帰り候、

いかにも承知しそうでいながら、本寺より遠慮申し付けられている時だから不利にならないようにしたいと、はぐらかしている。

十月三日大円寺より書状が届く。

乍略儀以手紙啓上仕候、先以其後ハ不拝顔之秋涼之節ニ御座候得共愈無御障り、御神前被遊御努候と乍様推察仕候、然ハ決出入申而致落着候、此程ハ願御来隙御望之一儀出入不済内ハ、本寺へ相談も難成候故、先御延申し成被下候て、落着之後疾ト厳密ニ及御相談和ニ成就可致用愚も兼々念し申候、其内以参委細悠々可申聞候、愚□（虫損）御捨免、恐惶謹言、

大円寺

尚々、御目出度おしな宜キ御物語可申上候、

無神月初三日

枚山加賀守様拝下

この書状を受けて、四日大円寺へ出かけている。大円寺までは徒歩にて十分ほどである。

又々、同四日ニ大円寺へ参及密談候、大円寺申候ハ兎角拙寺ニハ如何様共可致候得共、門中ハ不平、誠ニ本寺ヲ相手取候て、彼是致し折ニ候得ハこまり入候、兎角拙僧之申訳ニ相成候手段工夫被成候様ニと申候故、いろいろ工夫致候得共、格別の了簡もなく時刻写候付、私申候ハ含富里光明寺八幡之別当職之事相談合ニ致し振合も候故、此振合ヲ以拙者方も寄附金少々も附置、末代之帳面ニ印し置被成候ハヽ、寺之所務被偏事ニても無之、畢竟ハ永代施物料と御心得、其積りヲ以テ御相談可被成旨申候、随分其儀も宜敷可有之候得共、又々外ニ

能思案も可有候よし申候故ニ暫工夫致し、内々客来有之候故、其日ハ罷帰り候、

林忠は含富里の光明寺が八幡（現鶴谷八幡神社）の別当職にあって、八幡の神主小川家の例に倣い、永代施物料と理解してもらってもよい寄付金を提案している。これを帳面に記録することによって住職の「申訳ニ相成候手段」になるだろうと考えてのことだが、他にも良い思案がないかと、決着をみないまま帰宅することになる。そして翌五日にも重ねて尋ねている。

同五日ニ参り候所、実の子之祝儀ニて、餅ヲ振舞候而いろいろ丁寧成義故、当地ニハ珍ら敷御心懸ト答申候、此時ニ福寿院、西光寺両人小久保村真福寺より帰り候而立寄候、則大円寺と普賢寺出入之内済ニ而本寺へ之証文ニ而相済候積り、大円寺印形福寿院、西光寺、薬王寺加印ニ而内済相調候、暫其咄合ニて暇取候、右両人帰り候而後又々相談ニ及候処、兎角門中へ咄にても只今之躰ニ而ハ不宜候間、何分佐貫へ之書ニ而奉行所へ御咄下され、奉行所より被仰付候様ニ御申上け、左候得ハ本寺へ咄し無之候而も、門中へ不咄候而も不苦候よし申候、尤ニ候得共外々へ相談なく候て後日の程如何と申候得ハ、拙寺の義ヲ脇より構可申道理無之候、此義ハ御苦労なされ間敷候、此方少茂如□□（虫損）よし申候、
同六日ニ佐貫御奉行様へ参り、右之段御申上候処、兎角大円寺可遣よし被仰候付、承知致し罷帰候、
同八日ニ大円寺へ罷越し候て、佐貫之様子咄し候て、何分佐貫御奉行所迄御出可被成旨相頼入候所、大円寺申候ハ、日比御懇意之事故、拙寺ニおいて故障無之候、何分御望通りニ可致様ニいたし被為少茂御案じなされ間敷よし申候、拙者申候ハ、何分其思召ニ候ハヽ、拙者方ニ而も貴公様之末代悪名之不残様ニ工夫致し可申候、何分寄附金之相談致度よし申候得ハ、其儀もいつれ成共相頼中へ立入相談可致候、ケ様ニ相談ニ及可申よし申候上ハ、幾重ニも望通りニなり可申候間、左様ニ御心得可成旨申候故罷帰り候、

奉行所より言い付けてくれれば、本寺にも門中にも了解を取る必要はないだろうと言って見たり、拙寺では故

障ない、これについて脇から言われる道理はない、と口では好意的である。勿論、佐貫藩としては命令の形では、離壇させるわけにはいかない。

奉行所まで出頭の上、申してほしいと頼むと、重ねて拙寺にては故障なく、お望み通りにと言う。何とか文書にしようと、寄付金の話にしようとするが、その儀もいずれと言う。結局故障なしとする文書は貰うことができなかった。

3　大円寺佐貫藩奉行に是迄の通りに指置かれるようにと申す

林忠は岩坂村名主を頼み話を進めようとする。

同(十月)廿日ニ岩坂村相沢武左衛門ヲ以申入候ハ、先達而より段々御相談ニ及候一義、御尤ニ存候得共、寄附金之儀相対致かたく候間、武左衛門殿相頼申候、兎角商人躰　無之候得共金高何程ニ候哉、是又御頼入候よし、拙者方ニ而申候ハ、年々の義、正月年始之節、飛弥リ弐ツ但シ七□(虫損)寺よりハ半紙壱状ニ付、木大把三把ニ候得ハ、是寺の大損□(虫損)年忌法事も無之、盆供もなく、女の年頭なし、何ニ而も寺の所務無之候故、金弐三分も遣し可申候よし申候而相帰し申候、

同廿三日ニ武左衛門申候ハ、此義中ニ立入相談合ニなり申度候得共、地頭所御用急ニ申来候故、出府致候よし申候、

同廿九日ニ石田市郎治殿書状ニ曰、

大円寺相尋候処、此段ハ兎角只今迄之(通)被成置候ハヽ、難有存候、達而神主相願候ハヽ、本寺江戸触頭へも窺度候、貧寺之事故路用等ニも差障り候義ニ候得ハ、是迄の通ニ而指置被下候様ニト申候得ハ、此願書ハ納め加たきよし申来候、

これまで林忠が奉行所で言っていたこととは全く異なる大円寺の言葉にて、峯下代官としては林忠の願書を受けられないと言って来た。これが大円寺の真意であって、これまで文書にしなかった理由とも言える。しかも林忠はまだ諦めなかった。

（天明七年十月）同晦日ニ大円寺へ参り段々咄合致候ハ、先達而ハ佐貫御役所より被仰付被下候様ニ致呉候様ニとの事、又寄附金之相談ニ迄懸り候而只今ニ至り、佐貫江の御挨拶甚其意不得よし申候得ハ、門中へ相談も面倒本寺へ伺も無益ニ候得ハ寄附金も所望無之、只後難恐敷御座候間、何分江戸触頭円福寺へ参り候而、寺社御奉行所へ奉伺、御望之如く申上候上ニ而御承知さへ候得ハ、本寺へも門中へも頼申ニ不及候故、兎角路用指出し呉候様ニ申候、依之此義ハ出来申間敷候、其訳ハ貴殿只今ハ左様ニ申候得共、江戸表へ参り何と被申上候哉難斗儀ニ候、路用指出し候上ニ而出来不申候様ニ相成候てハ外聞ニ懸り候よし申候得ハ、御疑なされ間敷候、触頭より寺社奉行所へ参り候而も御望之通出来候様ニ可申候、先達而より度々申候通故障無之よし申候上ハ、異変無之よし申候得共、此義ハ拙者承知不致候、此節いろ／＼密談有之候得共筆紙ニハあらわしかたく候互に懇意の相談合也、段々懸合之上、拙者願之儀ニ付、大円寺ニおゐてハ故障無之思召ニ哉与申候て、願書相見せ候処、少茂故障無之候、何分御願可被成旨ニ而罷帰り候、

またまた大円寺は、口頭では「少しも故障ない、願い通りにされるが良い」と、藩役所での返答とは異った物言いである。しかしこれを受けて藩奉行所へ行くと、再び返されてしまう。

霜月朔日、願書差上候処、奉行所より被仰候ハ、随分念入大円寺ト掛合ニて願書可差出旨ニて罷帰り候、同夜ニ入、木村作兵衛相頼、数馬むら名主伴蔵へ参り相頼、大円寺へ聞耳之証人相連立大円寺へ参り候、此節伴蔵申候ハ、先日大円寺より木村神主方迄参り御相談合相頼候由承知致候処、其節不快ニ而延引ニ及候処、昨日ニ至り、最早相頼ニ及不申候よし申来候、右躰我儘之大円寺故、中々拙者共之申事取用有之間敷よし被

申候故、作兵衛・拙者申候ハ、右躰之儀ニハ無之、只今願書差出候ニ付、右之願書ニ故障無之哉、有之哉ト相尋候、証人ニ相頼候よし申候得ハ、伴蔵も承知候而同道いたし候、大円寺へ参り候処、前段之通、路用等差出し呉候ハヽ、江戸伺致度様いろ〳〵申候得ハ、此義ハ相談ニ及不申、今晩参上致候ハ、明日願書差上候、此義ニ付貴殿故障有之候哉、故障無之候哉、相尋候迄ニて明日奉行所へ差出候願書ニ御座候、此願ニ付故障無之候哉、右為人証作兵衛・伴蔵両人相頼参り候よし申候得者、大円寺申候ニハ痩坊主ニ者候得共、先達而段々懸合候通、故障無之候段申候上者、祖師仏罰ヲ蒙候法もあれ一切故障無之候、余り御念入過迷惑ニ存候、一旦申上候通両舌無之候□（虫損）、左様御心得被成旨申候、依之伴蔵申候ハ、神主様大円寺様御両所之御詞相違無之上ハ、拙者共之用事ハ相済候故、帰宅可致よし被申候、又々念入申候処、幾度も同事ニ而決而故障無之候段申候故、帰宅致候、

同二日ニ奉行所へ願書差出候得ハ、大円寺より故障無之書付無之候而ハ、取用かたきよし被仰候故、拙者申候ハ、唯今ニ至り願書御取上無之候而ハ、職分ニ相障り候義ニ御座候故、何分御取上被下候様ニ申候得ハ、石田殿被申候ハ、当時十太夫殿不快ニ候間、四五日も過候ハヽ、如何様共評議可致よしニ而罷帰り候、

大円寺の書付が貰えない林忠は、同じ村の鹿子作兵衛を頼み、更に大円寺のある数馬村の名主（中後）伴蔵を証人として頼み、同道して大円寺に行くも、祖師仏罰もとか、さらにはあまりに念入すぎては迷惑と、口頭にては故障ないことを言いながら書付は渡さない。これに対して、藩奉行所では大円寺の書付を添えなければ受け付けられないとするが、林忠は無理に受理を願う。

4　寺院了承の書付ないまま再び願書提出

そして十一月十二日願書を書き替えて出す。

同十二日ニ願書書替差出候、

乍恐以書付奉願上候、

一、私義当春中御添翰被下置候ニ付、御蔭ヲ以官位昇進仕、難有仕合ニ奉存候、然処、人別帳之儀、是迄百姓之人別帳ニ書込候而差上来候得共、上京之節吉田家より被仰聞候ニハ、代々吉田家支配之神祇家ニ紛無之候故、是迄迚公儀人別帳別段ニ可差上処、不心付仕方、別而今般官位昇進仕候上者、百姓之人別帳書込ニ而ハ不可然候間、帰国次第御領主江御願上、向後一紙ニ而人別帳仕立、吉田家支配之神祇家と書付可差出旨被仰聞候、尤宗門請合印形之儀者、吉田家より可差下旨対談取究申候依之来□（虫損）より□（虫損）奥印相除、吉田家之請合ニ而宗門人別帳一紙□（虫損）奉願候、尤大円寺と掛合仕候処、御上ニより被仰付候上ハ、差障り候義無之候申之候、右願上候通被仰付被下置候ハヽ、難有奉存候以上、

天明七未霜月

是より前七月中一通、十月中壱通差上置候少々窺文言不向有之候、

十一月一日に提出した一通は、文言の写しが書かれていないため明らかではないが、最初の五月に提出したものと比較しても、それほどの差はない。別帳あるいは一紙としているが、その違いが明らかでなく、再提出の理由が別にあったのであろうか。

この時別の願書一通を出している。

5　林忠年始に正式装束（束帯）にて登城することを願う

此節別ニ願書

乍恐書付ヲ以奉願上候、

御殿様御威光ヲ以、私義当春官位昇進仕、難有仕合ニ奉存候、夫ニ付為御冥加来春御年礼之節、参内仕候節之通、装束ニ而登城御礼申上度奉存候、略服ニ而御礼申上候儀者失礼之至、甚恐多儀ニ奉存候、此儀全く私身分之御願ニ而ハ無御座候、別而為御殿様御尊敬　参内仕候節之通ニ而、登城御礼申上度奉願上候、何卒願之通被仰付被下候ハ、難有奉存候、以上、

天明七年未霜月

右之通ニ通差上候所、先達而分之願ハ、役人中評議之上、追而可申入候旨ニ御座候、年始之願ハ別ニ障リ無之願故、随分相出来可申よし御挨拶有之候而、罷帰り候、（以下略）

つまり今一つの身分扱いの願いとして、年初の殿様への挨拶の時、宮中へ参内した身分相応の装束、即ち五位の束帯にて登城したいという願いである。願書を受け取った者は、別に障り無之願いと思ったようだが、これが今一つ大きな問題となる。奥印除き一件と微妙に絡むので、別件ではあるが、同時にみていくことにする。

同廿弐日ニ奉行所へ御呼出しニ而、官位ノ義□（虫損）委敷申上候、尤正月五日年始之節、光明寺□（虫損）石田殿之被致方段々申咄候処、奉行所ニ而一円存知不申候□（虫損）先々江戸伺可差出旨ニ御座候（中略）

同廿三日ニ岩堀重太夫殿より書状ニ曰、以手紙得御意候、然ハ先達而被仰聞候、来春年始御礼之節、束帯ニ而御礼被仰上候義、江戸表江申遣候処、外々御並合茂御紕被成候処、外ニ左様之例無之、芝神明神職斎藤左近なとも公儀江年始御礼申上候節ハ、狩衣着用之由、其外神職年始御礼登城之節、束帯ハ無之候之間、狩衣着用可然□（虫損）申来候、左様ニ御承知可被成候、猶其内御相談可得御意候、以上、

十二月廿三日　岩堀重太夫

杦山加賀守様

翌廿四日ニ参り候所、段々御咄合ニ御座候、尤束帯之儀ハ、参内之外ハ御上ニ而も大礼之節計のよし、御尤ニ

存し、左様ニ□□(虫損)春中光明寺との訳合も有之候故、別段之御礼御願申上候□(虫損)又ハ供揃ヘニて登城被仰付被下候共、右両様とも御願候処、此儀も江戸窺無之候而ハ、為リ兼候儀ニ候得ハ、先当年ハ惣席之上座へ坐可申候間、早々登城可然旨ニ被申候、尤代官相尋候得ハ、名代故右之仕合之由、此儀心得違ニ候、神主名代ハ肉縁の者□(虫損)寺院名代同心者とハ同様ニ心得候ハ不宜候、以来□(虫損)名代□(虫損)共同□(虫損)ハ、神主同様、若家来差遣候ハ、同心者之□(虫損)よし申候由被申候得共、右両様之願、是非と申候得ハ、然ハ城代和田殿江も談し後より可申入よし、先当年ハ病気分ニ而名代なし候而可然由ニ而罷□(虫損)

十一月二十二日藩奉行所にて、官位のことを話し、本年正月光明寺との席のことで名代として登城した弟斎宮について峯下代官石田市郎治の扱いについて、林忠としては納得できなかったようで、このことを話している。このこともあって束帯にて登城、また供揃にて登城という二通りの願いを出したことを岩堀重太夫と話している。奉行としては、江戸屋敷に問い合わせたところ、束帯での登城の例はなく、芝神明宮の斎藤（西東）左近なども狩衣着用である等話され、ここに書かれてはいないが独礼を願ったのではないかと思われ、奉行としては、来る年初は惣席の上座へ座を設けるので早々の登城と話している。また名代の扱いについても話しがあったが、林忠は更に願ったため、城代家老の和田七左衛門にも相談しなくてはと、岩堀も少々困ったようで、当年は病気扱いで名代にて挨拶してはと言う。

この時の林忠が少々執拗であったか、翌々日、岩堀からの書状で吉田官ではないのかと言ってくる。

同廿六日岩堀重太夫殿より書状ニ曰、

以手帋得御意候、然ハ昨日被仰聞候趣、二品共ニ新法之義ニ付、此表ニ而何れ共致しかたき筋ニ候、江戸表江掛合候ニて最早余日無之間ニ合申間敷候間、昨日得御意候通御心得可致候、

且亦先年被仰聞候、禁裏官ト申ハ吉田官とハ違候哉、白川家より出候官ニ御座候哉、禁裏官之申訳承糺申越

候様ニ、江戸表より此間申参候、昨日致失念候而不承候間及御出不申、書付ニ而相分り候様、可被仰聞候、一両日中、江戸便り有之候ニ付申遣候間、右之訳書付被□（虫損）可得候□（虫損）如此ニ御座候□（虫損）、

十二月廿六日　　岩堀重太夫

杦山加賀守様

右ニ付書付ヲ以申上候、其写し、

御尋ニ付以口上書申上候、

一、拙者家之儀者、代々吉田家御支配之神職ニ而、先年従吉田二位殿、官名能登守藤原林忠風折烏帽子紗狩衣可着用之御裁許状頂戴仕候、又々其後上京之節、衣冠可着用之御裁許状頂戴仕候、世俗ニ是ヲ吉田官ト申候、

一、今度官位昇進仕次第ハ別段ニ而、支配頭吉田□（虫損）執奏ニ而関白鷹司輔平公へ御達し、□（虫損）者通例之神職之官位ニ御座候、

一、職事ハ、園頭中将基理朝臣、

一、伝奏ハ　油小路前大納言隆前卿

久我大納言信通卿

右御両所江申上候処、関東下向ニ付

一、伝奏代　中山中納言愛親卿　前大納言也

万里小路前大納言政房卿

一、大内記　少納言者　高辻福長朝臣

一、大外記　押小路師資朝臣

一、中務太輔ハ　堤□（虫損）朝臣
一、中務少輔ハ　岡崎国成朝臣
右之御旁々之御旁々（ママ）之御懸リニて、従五位下加賀守藤原朝臣林忠と申、
位記　宣旨　口宣案　添帋等頂戴仕候
一、宣旨ハ天明七年四月八日
従二位行権中納言藤原朝臣忠尹
大外記　師資奉
四月七日　叙従五位下候、
一、口宣案者
上卿中山中納言
蔵人頭右近衛権中将基理奉
任加賀守候、
口宣案者
右同断、
一、位記ハ
二品行中務職仁親王ヲ始
公卿不残連名ニ而
御正印　三ヶ処有之候、
一、添帋者

神祇管領長上正二位卜部朝臣良延御判

右勅許之上、四月十一日ニ束帯ニて格式通り供揃ニ而参内被仰付、禁裏様・長橋局え奏者ニ而参内首尾能相済、関白様へ御礼、其外御懸り之公卿衆中不残御礼相勤申候、尤献上之品者段々高下御座候、

右之通、少茂相違無御座候、尤紛敷儀も思召候ハヽ、位記、宣旨、口宣案、吉田殿御添帋可奉御高覧ニ入候白河家、土御門家、藤波家掛り合一切無御座、為念如此ニ御座候、以上、

天明七年未之極月廿七日

御芳翰難有拝見仕候、然者昨日御窺上□（虫損）江戸表江御掛合無之候而ハ難下成段、委細承知仕候、依昨日之御内意ニ申上候通ニ仕度奉存候、将亦拙者官位之儀御糺被仰付候ニ付、早速別帋ニ相認メ差上申候、右以参上可申上処、御懇意御伺候付、舎弟以斎宮申上候、何分御高覧奉頼入候、以上、

極月廿七日

右何れも日近ニ及候故、差遣候而越年之支度致申而、目出度年を迎候、以上、（以下略）

ついに奥印除き一件も、年頭登城の件もまとまらぬまま天明七年の晦日を迎えることになる。ここで林忠が受領名能登守あるいは衣冠着用の裁許状を吉田から受け、これを世俗吉田官と申すという意識や岩堀重太夫の禁裏官とは、吉田官あるいは白川家から出す官とは違うのかという問など、当時における認識の問題として興味深いものがある。

6　吉田家の宗門証状

大晦日夜一尺半積る大雪となり、天明八年申歳となる（以下八年日記より）。

（前略）同五日　佐貫御年始登城、奉行所之依内意病気分ニ而不参、但シ名代も不入候、

同六日朝、京都宗門御証状下ル、其文ニ曰、
一筆致啓上候、其御領分岩坂村牛頭天王祠官杁山加賀守宗門之事申断候、抑為神職者代々奉仕神、殊以帯神祇管領之許状上者、全以切支丹邪之徒ニ無之候条、宗門御改之節、神職与事済候様、宜御沙汰可被下候、恐
(虫損)
□謹言
(虫損)
□極月廿四日

鈴鹿筑後守　判
鈴鹿常陸介　判
鈴鹿土佐守　判

岩堀重太夫様

右岩堀重太夫殿へ被遣候書付之写、鈴鹿将曹殿被遣候、
貴簡致披閲候、先以弥御無異勤仕之旨、珍重存候、然者先達而より被相願望候宗門御請合御証状幷其余之願望之趣、致承知先御証状相調差下シ申候間、落手之上可被相達候、追々書状被差登候得共、当年者存知之通、大嘗会被行御用繁ニ而彼是及延引申候、尚又委細之儀者、将曹より可申入候条不能詳候、以上、

十二月廿三日

鈴鹿筑後守　判
鈴鹿常陸介　判
鈴鹿土佐守　判

杁山加賀守殿

御札致拝見候、先以寒気之節、弥々望通ニ被成御勤奉賀候、当地無御別条候、然者先達而被願置候宗門御証状之儀幷其余之事共、追々被示聞致承知申候、然処御上京之節も御存知之通、当年大嘗会、今般者御再興ニ而明年を被用候義ニ而、御当家も甚御混雑之中、本所少々御違例被為在、彼是御療養被加候得共終御養生不被為叶御逝去被成、依之又其上ニ而御繁雑御神事中ニ御服中差支一統御混雑ニ候事、乍然大嘗会御神事相済候

迄者、御服忌之向ニハ御別宅夫[redacted]附候人躰等入御無人之内、左様之事ニ而御取込[redacted]一向無寸暇旁延引ニ相成申候、依之先御証状[redacted]候間、御落手可被成候而、御差出し可被成候、余事ハ跡より可得御意候条、左様ニ御心得可被成候、貴様之事故、御棄置ト申義ハ無御座候得共、前文之通之訳合ニ而御延引相成候段、御承知可被成候、此段相心得宜可申述旨被申聞候、恐惶謹言、

十二月廿三日　　鈴鹿将曹　判

枚山加賀守様

口上

一、桑名先月廿六日遣船仕候処、風悪敷沖より乗戻し、翌廿七日佐夜廻り仕、其上大井川廿八日夜川越難成、廿九日朝越仕、箱根山大雪ニ而人馬共通路難相成、依之逗留仕候故、御日限延引仕候、此段御断申上ヶ度、如此ニ御座候、

正月三日　　木津屋六左衛門印

御役人中様

但し京都十二月廿四日渡　本六日限り四日延引故如此ニ御座候

京都十二月二十四日渡しの書状が、悪風や大雪のため正月六日朝到着した。吉田家家老中からの書状では大嘗会が行なわれたため多忙で、全て延引しているとだけであるが、鈴鹿将曹の文では、吉田良延の亡くなったことを告げている。また大嘗会も御再興とあり、改変の行なわれる中、吉田家の服忌についてもふれ、重ね重ね延引を承知してほしいと言っている。林忠の日記に、吉田家にこの願書を何時出したか書かれていないが、十一月の初旬の動きの中で、取寄せようとしたのではなかろうか。

正月七日は吉例の如く御神事、御祓講目出度相済とあって、八日に藩奉行所へ、吉田家からの宗門証状を届けに行く。

同八日御奉行所へ、吉田殿宗門御請合之御証状差上候、御家中へ年始之御礼相勤候、
同十一日ニ、明五ッ時岩堀重太夫殿方迄可出候よし申来候、
同十二日参り候処、数馬大円寺も御呼出しニ而、双方御糺有之候、然ル処大円寺申候ハ、決而故障無之よしハ不申候、何分只今之通ニ被仰付候様ニと申候、依之拙者申候ハ、人証も有之、書状も有之候趣、段々申聞候処、理ニ復し候て、成程先達申入候通、願之儀ニ差障リ一切不申候由申之候、依之御奉行所より被仰候ハ、然ハ無故障書付可差出旨被仰候、大円寺申候ハ、書付之儀ハ本寺触頭無窺ニ而ハ相出来不申候よし、重太夫様江仰候ハ、然ハ小久保村本寺へ参り疾ト及相談ニ可然候、尤申様ニも処々可有之候間、加賀守ニなり替り、随分首尾致し万端丸くなり候様ニ可被致旨、満す〳〵門送り迄被致候而申渡し被成候、双方帰宅致候、此節天気快晴也、

正月十二日奉行所の呼出しによって出頭すると、大円寺も呼ばれて居り、大円寺は再び決して故障ないとは言っていない、今迄通りに仰付られる様にと、奉行の前で言う。しかし証人も居ることなど林忠が言うと、林忠が願うことには一切差障りを申さないと言う。すると奉行が、それでは故障ないと書付を差し出せと言うと、書付は本寺触頭に窺わなくては出来ないと大円寺が言う、奉行がそれなら小久保村の本寺へ行って、とくと相談してこいと言うなど、奉行が林忠に理解を示している。「此節天気快晴也」は林忠の心を表しているか。

同十六日出府、廿五日帰府。同晦日京都出火、禁裏炎上のよしとある、天明の大火である。

7　大円寺との話合不成立

三月七日疫神斎が終わると、林忠は大円寺の江戸触頭寺へ相談するため江戸へ出府する。

同九日、神主江戸表へ出府、
同十日、愛宕下、円福寺へ行、相談致候、
同十四日ニ両国柳橋馬来田吾市郎愛宕下円福寺之書状持参ニて、小久保真福寺へ参り及相談候処、病気ニて役僧勧蔵寺之挨拶ニハ円福寺之書状之趣、随分承知候得共、大円寺方より只今ニ至り内意も不申聞候、何分大円寺より申来候ハヽ、如何様共可仕よし挨拶、依之其夜吾市郎義、数馬村大円寺へ参り、種々物語致候、明朝早々、真福寺へ参り候て、如何様共相談之上挨拶可致よしニて侍居候処、同十五日昼時、大円寺参り申候ハ、段々相談致し御座候得共、何分相談合ニ出来不申候間、左様ニ思召可被下候旨、手切之挨□(虫損)、依之吾市申候ハ最早御挨拶ニ不及、直ニ上訴可致候、左様御心得可有之旨申相返候而、木更津へ吾市郎ハ帰り候、
其日直ニ御奉行所へ窺候所、願書可差出候ハヽ、江戸表へ御添翰可遣旨ニ付罷帰り候、

大円寺の江戸触頭寺である愛宕下の円福寺に行き、相談し、その書状を貰って、小久保の本寺である真福寺へ、木更津の馬来田吾市郎（八剱神主の長男だが家を出ていた）に持たせたところ、役僧の勧蔵寺が言うには大円寺から何も言って来ていないので、円福寺の書状は承知しても返答ができないと。そこで馬来田吾市郎は大円寺に行くと、明朝真福寺へ行き相談の上、返事すると言う。翌十五日昼時、大円寺が来て話し合いには出来ないと言って来る。馬来田吾市郎は訴訟で争うことを言い、大円寺を返してしまう。この林忠の奥印除き一件に馬来田吾市郎が関係していたことがここに現われる。これが後の吉田家関東役所目代となる塩田兵庫である。

二　寺院との対決

これより林忠は大円寺と対決すべく、話を進めていく。

同(三月)十六日木更津へ参り相談致候而、翌十七日ニ添翰願書差出候、然処奉行所ニ而被仰候ハ、尤此方より願之儀難取用由申候得共、畢竟只今迄ハ手前内宅ニ而申聞候而已ニ候得ハ、江戸表へ申立ニハ致しかたく候間、御公儀御糺も地頭之糺も同様ニ候得共、一ト先地頭之糺相請ヶ候而ハ如何可有之由被仰候故、随分〳〵地頭家之御糺御願上候よし申候得ハ、然ハ願書書替可差出候由、其段承知仕候而罷帰り候、

終に幕府へ訴える覚悟の林忠が奉行所へ行くと、岩堀重太夫は、これまでは内宅にての話であり、佐貫藩江戸藩邸への申立てとは致しがたい、幕府の御糺も、地頭の糺も同様であるが先ずは藩の裁きを受けてはどうかと進められ、林忠としてもそれを願っていたので、願書を書替えて出すことにする。

同十七日木更津へ参り、吾市郎ト相談致候而、訴状ニ認メ大円寺ト対決之願書ニ致し、同十八日ニハ不成就日故不出、

同十九日願書差出候、此節村方人別帳之儀ハ廿三日相改、貴様家之人別帳ハ相延、江戸御指図次第ニ可致よし被仰渡候、尤大円寺よりも両三度印形致度よし願候得共、此義ハ不申候候よし、

藩では内々人別帳を延ばしてくれる話しで、これはこの後林忠より延期願を出す形を取るが、大円寺は時間切れを考えて、再三印形を押したいと願っている。したたかさが窺える。

1　奥印除き願への差障出入

此節之訴状写シ

乍恐以書付御訴訟奉申上候、

宗門（帳）奥印相除候（2）、

願ヘ差障り候出入、

御領分木村神主

願人　枚山加賀守

数馬村

相手　大円寺

一拙者家之儀者、代々吉田家御支配之神祇家ニ紛無御座候ニ付、宗門人別帳別帳ニ認メ大円寺奥印相除、吉田家御請合ニ而人別帳差上度段、御窺之願書奉差上候所、大円寺ト致懇談、其上願書可差出（旨）被仰渡候ニ付、去ル九月中度々対談仕候所、私望之通ニ可致旨申之、則其節大円寺差越候自筆之書状等、私所持仕候、依之故障無之趣申上、願書奉差上候処、随分念入懸合仕候様、又々被仰付候ニ付、為人証数馬村名主伴蔵・木村組頭作兵衛両人立合相頼、大円寺儀私願ニ故障致し不申候哉、又ハ存寄も有之候哉之旨相尋候所、少茂致故障不申候段申之候、相違無御座候、乍恐右伴蔵・作兵衛被召出、御紀明被下置候得ハ相分リ可申奉存候、大円寺最初より懸合候通り故障不仕候ハヽ、金子少々も寄付可致ト申入候所、相対ニ而金子ハ所望致かたき由申候ハヽ、山下五郎左衛門殿御知行所岩坂村名主相沢武左衛門相頼、大円寺より差越候金子高何程差出候哉之旨相尋候故、金子弐三分も差遣可申由返答申遣候故、武左衛門中ニ立入取計も可有之筈ニ御座候所、俄ニ地頭所御用筋ニて致出府候ニ付、等閑ニ相成申候、右躰段々念入懸合仕候節ハ、一切差障無之趣申候ニ付、去十一月中又候願書奉差上、吉田家江茂奉願上、早速宗門御請合之御証文頂戴仕、当正月八日ニ奉差上候所、同十二日御役宅へ双方被召出候て御紀明有之候ニ付、右之始末申上候所、大円寺申候、悉ク偽リ有之候故、私段々懸合候得ハ、大円寺申候ハヽ、先達而致対談候通、大円寺決而故障いたし不申候由申之候故、其段御聞済被遊、然ハ故障無之書付差出可申様ニ被仰渡候所、大円寺申候ハヽ、本寺并江戸触頭を相窺不申候而ハ、右之書付難差上儀申之候故、然ハ本寺へ掛合致し、双方及熟談、其上ニ而可申上旨、被仰渡双方畏入帰村仕候、然ル処、其後大円寺否之挨拶無之候故、私方ニて種々丹誠仕、親類共小久保村本寺真福寺迄罷越、致内済之旨致懸合、其上大円寺へも相談仕、手ヲ尽し候上ニて、当十五日相成、内済相出来不申由、手切之挨拶申来候、大円寺儀、去ル九月中より度々懸合仕候節者、決而故障無之由申之候て、私願書為差出、其上京都吉田家之御証状迄致頂戴、御役所へも為差出候上ニテ、今更異変仕故障仕候故、御上江恐多、吉田家へ申訳も無御座、私身分難相立、難儀至極仕候、依之不得止事、此度御訴訟奉申上候、何卒大円寺被召出、対決被仰付被下置、御糺明之上、私願之通被仰付被下置候様ニ幾重ニも奉願上候、猶御尋之節口上ニ而可申上候、以上、

天明八申年三月

木村神主

枚山加賀守

佐貫御役所

以書付御願上候、

一、拙者宗門人別帳之儀ニ付、段々去年中より御願申上候処、大円寺方故障有之候ニ付、御上訴仕候ニ付、論中ニ御座候ニ付、私人別帳之義、何レ共相分リ候迄、御延し被下候様ニ奉願候処、願之通被仰付難有御請申上候処、今日村方名主方より申来候ハ、御代官より被仰候ハ、神主方人別帳只今迄之如相認メ、大円寺印形相添可差出候、尤論中故、神主印形致間敷候間、神主印形無之候而も不苦候間、只今迄之通、相認メ可差出旨之由、御尤ニハ存候得共、京都より被仰付人別帳別帳之儀幷宗門奥印相願候而、京都之御証状迄差上候上ニ而、右之如、私名前之帳面ニ大円寺名前書入、其上印形迄相添候而ハ、事落着致候様ニ相聞へ、甚迷惑ニ奉存候、依之事落着致候迄、私方人別之儀、一円御延可被下候、京都の御請合なり共、大円寺奥印

なり共、落着之上、被仰付候上ハ、一言之異議申間敷候、何分御慈悲ヲ以、私人別之儀御延し被下候ハヽ、
難有奉存候、以上、
天明八年申三月十八日　木村神主
杦山加賀守判

前の訴状の経緯は既にこれまで見て来た事と変わりないので略すとして、後の人別帳の延期願いでは、峯下代官が名主に対し、神主の印はないまま、寺の添印をして出すように指示している。これに対し、京都吉田家の請印なり、大円寺の奥印なり訴えた以上決定に従うと言い切り、それまでは係争中であるからと、林忠は延期願いを出している。

この訴状により、三月二十八日第一回の吟味が行なわれることになる。

御奉行所ニ而被仰候ハ、明日新領青柳村ニ而宗門改致候ニ付参り、大方明廿一日ニハ帰宅可致候、其節可申遣候間、御出可成候、宗門改之儀ハ廿三日ニ村方計致し候而、貴様家之分ハ相除候而、江戸表より仰付次第如何様共可致よしニて帰宅致候、
同廿一日昼時分佐貫下町より出火、殊之外大風故、防兼大火ニなり、上高札場より北の方不残、日月宮拝殿放光寺迄類焼、飛火致し北上村ニ而五軒、前代未聞の大火也、依之、早速欠(マヽ)付候而、御役人中へ御見舞申候、御城代様ハ御宅ニ而合候、石津様・奉行様・代官様其外之家中ハ山王之前ニ而合候而罷帰候、
同廿七日ニ明廿八日御役所迄御出可成旨申来候、代官石田殿書付ニ六月廿六日有之候得共、明後廿八日ト有之候故罷出候、
同廿八日御奉行所御代官所へ着届ヶ致候、上田之見世ニ而休息致候而、四ツ時ニ御役所へ出候、此節御呼出候ハ大円寺・数馬村伴蔵・木むら作兵衛・拙者等也、朝小雨、昼時分大雨風也、

御役所立合ハ大田杢左衛門・石津甚左衛門・石井孫之丞・丹羽萬平・石田市良治・山田佐市・須藤織右衛門、
其外下代官三人、同心弐人也、
御奉行所大円寺へ被仰渡候者、神主願書之趣、先達而より故障無之よし、只今ニ至り故障致候ハヽ、其段書付ニ可差出旨、拙者申候ハヽ、何分御糺被下候様ニ申候得ハヽ、貴様願之儀ハ証人も有之、大円寺方ニ而ハ証拠も無之儀、相糺之候ニハ及不申、大円寺申候書付、江戸表へ差出し申候、江戸表より御吟味被仰付候ハヽ、其節吟味可致よし被仰候、大円寺より申候ハヽ、一切故障無之段不申候、神主偽りのよし申候故、種々申上候上ニて、作兵衛・伴蔵両人被召出、御聞被遊候所、神主申候通、大円寺方ニ而願之趣ニ付、故障一切無之由申候ニ者相違無之候ト申候故、大円寺へ御糺有之候所、何分神主願之趣ニ付、故障無之由申候ハ相違無之候、尤印形之儀相除キ可申よしハ不申候由申候、私申候ハ、願之儀ハ則印形之外ニ願無之候、願ニ故障無之段、御糺可被下旨申候得ハ、是も江戸表へ申上、御指図次第ニ可致由、大円寺右之通、口書印形致候哉ト御尋之所、承知のよし申候故、暫相待居候様ニ御仰候故、御会所ニ待居リ候、
同九ツ時御役所へ呼出し、大円寺口書御読為聞候而印形御取被成候、伴蔵・作兵衛両人も同断、
大円寺口書ハ神主之願之趣永々ト書、右之願之義ニ付、故障一切無之由申候ニ相違無之候、併印形相除可申トハ不申候故此度本寺へ伺候処、本寺も不得心故、拙寺も不承知ニ御座候よし書付差出候、伴蔵・作兵衛両人口書も加賀守願之儀ニ付、故障一切無之段、大円寺申候ヲ聞届ケ候ニ相違無之候、尤印形之儀相除キ可申哉否之訳ハ存不申候、其外之懸合一切存不申よし書付、印形差出候而双方帰宅致候、尤此節口書之文言、私方ニ而段々申上度義有之由申候得共、是ハ大円寺之申候ニ候得ハ、後日ニ貴様の差障りニハなり不申之よし承知致、罷帰り候、此節大風雨也、
大円寺は林忠の願書に故障一切ないとは言ったけれども奥印を除くとは言っていないと言う。林忠は願う所は

奥印を除くことだとする。奉行は大円寺と証人の口書をとって印を押させ、あとは江戸表の指図を受けるとして、この日はこれで終わる。

四月朔日雨天、同五日ニ宗門御改有之候、三宝寺類焼ニ付、花香谷村円龍寺ニ而相済候、此節村方人別帳相済、神主分ハ相延申候、（中略）

同八日雨天、小久保村真福〔寺〕使者、愛宕下円福寺へ参り候よし伝聞候、

同十一日ニ御役所へ窺之ため参り、役人中へ相廻り候、

御奉行様被仰候ハ、江戸表へ伺差出候ニ付、江戸表ニ而も所々御窺之上、何れとも申可参候、御返事次第、早速可申遣候、若御願之趣被仰付候得ハ、先達而被差出候、吉田家御書付、其乃領分岩坂村ト有之候、此段如何のよし、江戸表より申来候間、其節ハ、右書替相願可申よし、承知致し、又々大円寺方より書付差出候ハ、先住之代ニも神主節々相頼候得共、承知不致候儀、拙僧得心可致様無之よし、書付差出候、御奉行所に而被仰候ハ、其儀ハ此方一切存不申、去春中上京候折柄、吉田殿より仰ニ付、此方へ窺差出候、夫より前、右体之儀一切存不申候よし、大円寺へ申候よし、御咄有之候、此節木村牛頭天王其外社々之咄あら〳〵致候、奉行所ニ而被仰候ハ、昨日峯上千手院願出候ハ、上後村社人式部方、宗門印形致しかたきよし願出候、其儀相尋候得ハ、正月盆両度之届ヶ無之候故之儀のよし、左様ニ候ハヽ、願書ニ認メ可差出よし、申渡候、御領分之内一儀両様之願、千手院大円寺相替り候得者、双方宜敷よし御申有之候、民部家之儀、只八剱氏組下之事不残相咄し、八剱氏より願出へき事に候得共、私願相済候迄、差延呉候様ニ申候よし申候得者、其願之儀、八剱氏よりハ何と申儀候ト被申候、外の儀ニ而ハ無之候、正月年始、六月神事、霜月神事、無怠惰、任先例可出勤候様ニ式部方へ被仰渡候様ニとの義ニ御座候よし申候ニ而罷帰り候、

願書提出から既に一年、訴訟としても一月を経て、林忠としては気になったことであろう。四月十一日奉行岩

堀を訪ねている。まだ江戸表からの返答が帰って来ていない状態であるが、大円寺から書付が差出され、それには大円寺先住の代にも、度々神主が頼んで来ていたが、先住も承知しなかったので、現住も得心致すべきことはないと言ったが、奉行所としては、昨年春に林忠が上京し、吉田殿からの仰せによって、奉行所へ窺書を差出しているので、それ以前の事は知らないと大円寺に申して置いたと聞く。また昨日、四月十日に峯上の千手院から、上後村の社人、松本式部の宗門改めで、盆暮の付け届けがないから印を押せないと言って来たので、願書にして出すように奉行所は申し渡しておいた。同じ領地の内で、一儀両様の願、千手院と大円寺が交替していたら双方よかったのにと岩堀奉行は話している。松本の家は木更津の八劔の組下であり、八劔から言うべきだが、林忠の一件が相済むまで延ばしてほしいと言うと、八劔はこの件、どう言うだろうかと言われる。ともかく年中神事を怠惰なく行うよう仰渡されたいと願い帰宅する。

岩堀奉行との間では、非常にうまく行っているようであるが、まだ先が長い。

2　佐貫藩邸での決定困難

五月朔日、晴天也、同四日奉行所へ御伺ニ罷出候、此節上後村民部ト千手院之出入、評定所有之候而、奉行所不快之由、御子息郡之丞殿へ御申入罷帰候処、仲間ヲ以、佐貫下町迄迎ニ参り候故、又々罷出候、此節御咄ニハ寺院方ニ而申候ハ、神主方ニ而急病人有之、病死致候処、大円寺へ無咄、相納候故、追々大円寺方より出訴致候由、咄有之候由被仰候、依之拙者答候ハ、万一手前方ニ而不幸有之候得ハ、奉行所へ御届ケ申上、手前方ニ而葬祭致候、吉田家之証状差上候上ハ、大円寺へ可咄義無之由申候、

一先日城代出府之節、相談致候ハ、兎角江戸表へ申上候而、御公儀差出候可然被存候旨申遣候得ハ、七佐衛門帰国次第、何れ共相分り可申由被申候而罷帰候、

十七日ニ木更津へ参り候処、馬来田氏参り候故滞留、翌日大雨、十九日ニ大堀江廻リ漸帰宅致候、
廿二日、御代官より書状ニ、明廿三日岩堀重太夫殿へ可出ト申来候、
廿三日、重太夫殿へ参り候所、此度江戸表より七左衛門殿被参、御年寄中御相談之所、当時殿様御病中ニ候得ハ、公儀御伺之儀も遠慮ニ付、神主之願之儀、年寄中御預り可被成旨ニ御座候よし、左候ハ御尤ニ存候得共、大円寺印形ハ如何可致哉と申候得ハ、只今迄之通リ可致よし、其ニ而ハ甚京都へ対迷惑のよし申候得ハ、然ハ大円寺より不調法之書付取可遣よしニ候、又ハ評定の上、大円寺あやまりニ致候而、願之儀ハ当分可相延よし、段々被申候故、何レ共一朝一夕ニ御返答可申上様ニ無之候間、一両日日延可被下旨申罷帰候、

五月二十三日、岩堀重太夫へ呼出されて行くと、七左衛門が江戸から来て話すことには、殿様が病気中で、公儀への問合せもできないので、神主の願いは年寄中御預りとすると言う。それでは大円寺の印形はどうするのかと林忠が言うと、只今迄の通り致すべしと言う。林忠は、それでは、京都吉田家に対し、甚だ迷惑と言うと、岩堀は、それならば大円寺より不調法の書付を取って遣すか、評定の上、大円寺、謝りに致して、願の儀は当分延期にするなど話があり、林忠も返答できなく猶予をもらって帰宅する。

廿六日ニ願書差出候、其文之写し、

乍恐以書付奉願上候、

一、御領分木村神主杦山加賀守奉申上候、私家之儀者代々吉田家御支配ニ而神道葬祭ニ御座候ニ付　昨未年より私人別書上別帳ニ仕、数馬村大円寺奥印御除被下置候様ニ奉願上候処、大円寺熟談得心之上十一月中私願書為差上、其後ニ相成私願江差障リ候故、不得止事、大円寺相手取右之始末御訴訟奉申上候所、段々御糺被成下、此度御年寄中様私出入一件御預りニ可被下旨、御内々被仰渡、重キ御利解之儀、奉畏入、重々難有仕合ニ奉存候、併私願之筋之儀者、先達而奉希上候通り、度々大円寺へ致懸合候所、一切差障り申間敷

之旨、申之候ニ付、早速京都吉田家江願上、宗門御受合証状を請之、御上江差上奉願上候、然処、最初之約諸違変致し、俄ニ故障致、私願江妨仕候故、吉田家ニ対し并親類共外同門之輩ニ対し候而も、私身分神職道相立不申、難儀至極仕候、併重キ御役人様方御預り可被下旨被仰出候所、押而奉願上候茂奉恐入候得共、私身分相立不申、当村住居相成兼候程之義ニ付、御上之御賢察も不奉顧、無是非又候奉願上候ハ、此度私出入一件御預リ可被下候段難有奉畏入候、何卒以御憐愍私人別帳差上候義茂、乍恐一向御預り被下置候て、出入一件御預リ中、人別帳差上候事御免被成下候様ニ奉願上候、右奉願上候通被為仰付被下置候ハヽ、重々難有仕合ニ奉存候、以上、

御領分木村

天明八申年五月

神主　枚山加賀守

佐貫御役所

廿六日、昼時御奉行所へ罷出候処、右之段々申上候処、如何様故障人大円寺出入之儀ニ候得ハ、片預りニ而ハ如何敷候哉、双方預リ御願之趣御尤ニ存候間、江戸屋敷窺申候而可及御挨拶ニ御座候旨、罷帰り候、

二日間を置いて二十六日に奉行所へ行き、出入一件年寄衆預りはいいとして、宗門改めの方も預ってもらい、御預り中は人別帳差出しを免じていただきたいと願書を出す。奉行は双方預りの趣はもっともなので、江戸屋敷へ窺った上、挨拶すると言うことで帰宅する。

六月に入り、十六日佐貫より呼出されて行ったところ、大円寺が病気ということで延期になる。

十六日、佐貫より御召ニ而罷出候処、大円寺病気ニ而相延候、

この頃疫病が流行して死者がでている、前代未聞の珍事也と種々記載がある。

七月二日、御役所へ大円寺双方御呼出し有之候、

其節一向御吟味も無之、段々吟味致候所不恙〔躾カ〕成願差出し候ニ付、御取用不相成候依之、只今迄之通ニ被仰付

候而も、一言之異儀無之由、書付印形可致計申付候得共、私申候ハ、只今迄吟味も無之、其上吟味致候而、誠ニ不恙(ママ)成願之由御申候得共、私不恙(ママ)成願致候覚無之候故、印形不相成候由申候、然ハ印形違背の書付可差出よし、此儀も印形違背致候ニハ無之、何レニても双方御吟味相願申候、吟味相済候上ニて弥不恙(ママ)成願ニ候ハヽ、印形可致候、其迄ハ印形相成不申候よし申切候、依之直ニ江戸表へ直訴、添翰願ヲ出候、

七月四日

乍恐以書付御願上候、

一、拙者儀去年中より段々御願上候宗門奥印之儀者、吉田家之御証状迄乞請差上候上之儀ニ御座候得者、吉田家ヲ始神職一同之恥辱ニ相成候儀と奉存候故、同門之輩親類共迄、是非ニ御願可申上様申候得ハ拙者一分之儀ニ御座候ハヽ、如何様ニも可仕候得共、京都幷同門之輩へ申訳も難相立御座候ニ付、乍恐江戸御屋敷迄御願申上度奉存候、何卒御憐愍ヲ以、江戸御屋敷迄之御添翰被成下候ハヽ、難有奉存候、　以上、

天明八年申七月

取上候儀不成候間、勝手次第ニ可致旨ニ而、罷帰候、願書差戻し、

ついに佐賀城内での決着はつかなかった。

七月二日には、どうしたことか一転して、吟味もなく、不躾なる願だから取用いることはできない、これまでの通り仰付けられても異儀はないという書付を出せと言われる。

これには林忠は承知できず、吟味もしないで、不躾なる願ときめつけられては納得できず、また不躾な願をした覚はない、印形はできないと言う。すると印形違背の書付を出せと言われる。林忠は印形違背はしていないと、これも断る。少し記述が粗くなっているようだが、これ以後も同様にみえる。

早速七月四日に江戸屋敷へ訴え出るため、江戸屋敷迄の添状を頼む願書を出すが、受理して貰えず、勝手次第

にするように言われ、願書も戻されてしまう。
これで、最初に戻ってしまったわけで一年余り空転したことになる。

三　江戸屋敷への願

1　林忠江戸にて直接佐貫藩重役に願う

此間ニ奉行所より之書状有之候、
七月十日、出府致候而御公儀様へ御願可申と存候所、江戸御屋敷へ一先相達し申度種々工夫ヲ致候所、松平玄蕃様御内本田平左衛門と申者相頼候て、粟飯原氏へ申込候所、一々御聞被成、尤之儀ニ候ハヽ、神主直ニ願候而、出来候願ならハ此方ニ而願申へきよし、先々公辺へ相願候儀ハ相延候様ニ被申候、依之相待候所、段々御公辺等御問合有之候而、九月下旬ニ相済候由、落合宇右衛門殿より御内意ニ而承り候処、俗男女ハ相ならさるよし承及候故、色々丹誠致候得共埒明不申候、尤此儀十月二日馬来田氏相見へ種々相談致候、此日ハ尾坂左京死去致候故、手前方祓講中相寄神祭致候也、

七月二日の佐貫での空転を受けて、十日に江戸に出て、幕府寺社奉行所へ訴えようとしながらも、できれば佐貫藩江戸屋敷へ話してからと、種々方法を考え、松平忠福の家来の本田平左衛門という人を通して粟飯原八左衛門に会うことが出来た。粟飯原は、神主直に願候て出来候願ならば、佐貫藩江戸屋敷へ願出るように、幕府への直接の願は延ばすように言われ、願書を出したのであろう。しかしこの部分はかなり記述が省略されており、願書の写しもない。幕府への問合せについては後にふれるが、幕府の指示によって、九月下旬には落合宇右衛門より内々知らせがあった。それには神主父子両人は願いの通りだが、他の者は許可できないという内容であったの

で、さらに林忠は、母や妻もと頼んだようだが、埒があかなかった。このことを十月二日には馬来田吾市郎と話している。

この日、林忠の下社人として吉田の許状を貰っている尾坂左京貞徳が死去したので、祓講中が集まって神葬祭をしたとある。

これまで代官、奉行を通し願っていて埒があかなかった願を、林忠としては添簡を願うも貰えないまま、江戸に出て、手蔓を探し、佐賀藩江戸屋敷を通しての話となる。一年半以上無駄にしたものが、ここでようやく動き、二ヶ月程でほぼ決着した。林忠としては一家全員を希望していたわけだが、これは認められなかった。

京都へ書状遣候写し

先達而御願上候而、宗門御証状被下候儀、寺院方よりハ一切故障無之段、無相違ニ付、御領主江願上候処、当春中ニ成候而、俄ニ違変故障仕候ニ付、無拠出入ニ及候処、御領主表より御公儀御奉行所江御窺有之候処、当九月廿七日月番御内寄列席ニて、領主役人江被仰渡候ハ、神主ハ勿論其外男女共神役ニより吉田家許状有之候分ハ、神道葬祭無相違候、其外之俗男女ハ格別之由ニ被仰渡候者、神職一同其外、門入之者共迄総吉田家之御威光之程難有奉存候、今般又々御願上候者、杦山加賀守家内男女共ニ不残吉田家門人ニて許状帯ニ候者ニ候間、家内不残神主同様ニ被仰付被下候様ニお頼入候ト申書状、領主家老中迄被差下候様ニ御願上候、大急用ニ御座候間、五日切之飛脚ヲ以申上候間、右之御書状五日切ヲ以御下し被下候様ニ奉願候、恐々謹言、

十月五日

拙者家宗門之儀ニ付、領主家老中迄御頼之御書状被下置候様奉願候、委曲鈴鹿将曹殿ヲ以申上候、此段宜敷御願上候、且亦去年中幷当春中御願候御品々、御下ヶ被下候様ニ偏ニ御願上奉存候、恐惶謹言、

其御領分木村枕山加賀守家内不残神役相勤候ニ付、吉田家門人ニ相違無之候間、以此趣加賀守同様ニ被仰付

被下候様ニ御頼入候、

阿部兵部少輔様

御家老中様

枕山加賀守

同　出雲守

同　斎宮

右斎宮儀ハ、神主一人ニて社役依難相勤、為控御門生ニ相成、御証状頂戴仕、神役相勤候、

母　園生

妻　妻木

右両人ハ任先例、年中祭式并御食等調進仕、六月神事中、御宮御鍵預り神役相勤候ニ付、御門生ニ相成、御

許状頂戴仕候、

右之通御上江御申上候間、領主役人より若御尋も有之候ハヽ、此御心得ヲ以御返答可被下候、以上、

十月五日付の吉田家への書状では、林忠がまだあきらめていない様子が窺われる。これは十月二日に馬来田吾市郎との打合せによるものだったと考えられるが、幕府寺社奉行からの返事を受けて、藩でそれ以上のことをしようとはしなかった。

四　幕府寺院不承知の初例

1　寺院が不承知でも吉田家の証状で許す

実は佐賀藩から幕府寺社奉行への問合せは、八月十八日付であった。『諸家秘聞集五』[3]によれば、

天明八申年八月十八日
寺社奉行松平肥前（紀伊）守様へ問合、九月廿八日御附札済、
阿部兵部少輔領分上総国矢羽《ママ》郡木村ニ罷在候神職杉山（加）賀守と申者願出候者、代々吉田家支配神職家ニ而御座候得共、是迄同国同郡数馬村大亀《ママ》寺旦家ニ御座候処、当年より宗門人別帳別紙仕、加賀守神道一派を相立、大亀《ママ》寺旦家と相離候而、吉田家役人より新宗ニ而無之受合之書付差出、宗旨改受申度旨相願候ニ付、右之通申付候而も不苦候哉、左候得者大亀《ママ》寺奥印除之儀難相成旨申候、依之遂吟味候処、別紙書付之通御座候、右両様申付方之儀如何取斗可申哉、御内々御問合申上候様、兵部少輔申付候、以上、

八月十八日　阿部兵部少輔内
白井源次右衛門

御附札
「書面、加賀守儀、神道一派を相立吉田家ニ而宗旨改受候儀、其身勝手次第、其外家内俗男女之者ハ、前々之通大亀《ママ》寺宗判を受、旦家相離義容易ニ難相成筋と存候、
申九月

（利用活字文献名後記、括弧内は乙本、市立米沢図書館所蔵本）

これまでの記述中には現れていないが、林忠が神道一派を立て、宗門人別帳を別紙にし、吉田家の受合書付（請書）を添えて宗旨改めを受けたいと願っている点、大円寺については奥印除きは出来ないと言っているが、藩で吟味したところ、別紙書付の通りだとする。この問合本紙の他に別紙が付けられていたことがわかる。これに対し、付札は、神道一派を立て、吉田家にて宗旨改めを受けること、その身は勝手次第、その他家内俗男女は前々の通り、大円寺の宗判を受け、旦家を離れることもなり難いとする。

八月月番寺社奉行の松平紀伊守信通に佐賀藩白井源次右衛門（取次役か）の名で出された問合せは、九月二十七日内寄合にて決している。九月月番は板倉左近将監（周防守）勝政で、当時寺社奉行は他に松平右京亮輝和と牧野備前守忠精の四人であった。

林忠の京都吉田家宛書簡中の領主役人へ仰渡され候言葉と、付札では少々異なっており、その違いが、林忠に期待を持たせたようであるが、この時には既に幕府の方針は定まっていたと考えられる。今少し日記を追っておく。

2　決着

（天明八年）十月十日、奉行所より呼出し、父子両人ハ願之通、俗男女ハ別段之由、御内意有之候、
同十六日、発足致し上京致候、
同廿八日、京着、鈴鹿将曹殿ヲ以段々願上候、
十二日夜、吉田家之証状請取、十三日朝出立致候、則廿五日証状奉行所へ差出し候、（中略）
九年
二月三日、大円寺双方役所ニ而申渡有之候処、大円寺違背致候、神主方ハ相済候、依之大円寺門中双方相談

之上、江戸表迄出候処、円福寺以之外呵ﾘ候ハ、帰宅、四月中御請申候、此節大円寺三十日押込ニ相成り、
誤り証文ニ而相済候、
右ニ付京都へ御返翰之写し
貴札致拝見候、然者兵部少輔領分上総国天羽郡木村致住居候神職杦山加賀守、宗門改之儀ニ付、委曲被仰越
候趣致承知候、然処公辺江も不相伺難申付義ニ付、寺社御奉行所江伺候処、加賀守父子ハ被仰聞候通相済候、
申付候、家内之者ハ難相成候間、左様御心得可被下候、右為御証如此ニ御座候、恐惶謹言、
四月廿六日　　内田　甚助
鈴鹿土佐守様　　和田七左衛門
〃近江守様　　落合宇右衛門
〃筑後守様　　粟飯原八左衛門

宗門人別帳、加賀守父子両人別帳ニ致し差出候、外男女も書込ニて致候得共、代々神葬祭と相印し差出候、
是ニ而ハ末々共神道葬祭ハ相定り候、
右出入一件ニ付、三年の中物入等有之、辛苦艱難斗事ニ而御座候、大円寺ハ病気ニ而寺務出来兼候よしニて隠
居致候、

九月末に落合宇右衛門から内々聞いてはいたが、十月十日には藩奉行所に呼出され、内意を聞かされ、十六日出発して、二十八日京着、鈴鹿将曹を通じて頼み、以前から頼んであった別件のものも受け取る。十一月十二日夜、吉田家の証状を請取、十三日朝京を出、二十五日証状を佐貫奉行所へ差出す。このことだけでも二ヶ月を要している。

天明九年二月三日、大円寺、林忠双方佐貫役所に呼出され、正式な申し渡しがあったのだが、大円寺は違背致候とあって欠席したのであろうか、大円寺は門中と相談の上、江戸触頭寺円福寺へ行くと、円福寺に叱られてしまう。そして四月になって藩役所に請に出る。大円寺は三十日の押込、誤り証文も書かされる。

四月二十六日付にて一件落着したことにより、佐貫藩重役連名にて、吉田家家老宛書状が出されている。これも林忠は藩にて写していると思われる。

日付は明記されていないが、三月か四月中には宗門人別帳が提出され、林忠の書き様では、女姓達の大円寺奥印があったか否か明らかでない。外男女も書込にして、代々神葬祭と印して出したとあり、現在この杉山家人別帳の控などが見い出せないので、多少疑問が残るが、大円寺の印なしで、あるいは藩が認めたのであろうか。

ともかく天明七年六月二十二日より始まったこの一件が決着し、天明九年の宗門人別帳より別帳とすることができた。林忠四十二才にはじまる執拗なと言うか、粘り強い行動によって、ようやく成功したものであった。

吉田家の証状だけでも数回に渡り書き直しを頼むなど、また寺院の了解を取ろうと多くの時間を費したことは、身近な木更津八剱八幡神社の八剱氏や、八幡の小川氏が既に別帳となり、さらに幕府寺社奉行所が、既に天明五年、寺との話し合いがまとまった神職の離旦を認めていることを知っていたからと思われる。

『諸家秘聞集(三)』に松本藩からの問合に答えた例があげられている。

天明五年巳正月、寺社奉行阿部備中守(正倫)様江伺左之通、

松平若狭守(光悌)領分信州松本社人共之儀、何レも旦那寺有之毎年宗門改之節、右旦那寺受判仕来候、然処此度領分社人之内、旦那寺相対を以宗門を離、京都吉田御家へ相願、家内共神祇道之執行ニ相成度、依之吉田御家へ之添状之儀、松本役所江願出候、此度之儀者旦那寺相対を以離旦之儀ニ御座候得共、故障之儀も有之間敷候得共、領分之社人共神祇道之執行相成候儀勝手之筋ニ而、以来右体之儀追々願出、旦那寺ニ而得心無之候

得者悉及出入可申候、右体之儀者前々より無之、新規之義ニ御座候得者、差押申度奉存候、然とも吉田御家より御沙汰も有之、旦那寺も承知之上相願候得者承届之筋ニ御座候哉、此段御問合申上候、以上、

松平若狭守家来　倉光半左衛門

御付札

「吉田家より自身葬祭免許状受候へ者、当人幷嫡子ハ寺院之宗門を離、葬祭執行候義ニ候、外家内ハ旦那寺宗門を離候義者不相成義ニ候、

とあって松本藩では、旦那寺承知の上でのものに限り、離旦を認めるべきか、としているが、付札では吉田家より自身葬祭の免許状を受けている者のみ、当人及び嫡子に限り寺院の宗門を離れ、葬祭執行を認めると言うもので、松本藩の「領分之社人共神祇道之執行相成候儀勝手之筋」には葬祭が含まれていると思われる。これに対し幕府寺社奉行は改めてこのことを認めてはいない。

幕府付札には、改めて寺院了解の場合とは書かれていないが、問合せで別にしている以上、寺院承知の例に限り、当人および嫡子が、旦那寺宗門を離れることを認めたと考えられる。そして天明八年の林忠の例では、寺院の承認のない場合でも旦家を離れ、神道一派を立て、吉田家にて宗旨改を受けることを認めた初例と考えられる。もっともこの場合は吟味をした上でという条件がついていたと言える。同じ『諸家秘聞集七』に寛政五年（一七九三）丑十一月一日、阿部伊勢守正倫からの問合せに対し、寺社奉行板倉周防守勝政からの付札は「書面、神道葬祭之儀、当職幷嫡子ハ吉田家より免許受候分ハ、自分葬祭（取行候而不苦筋と存候、乍然新規神道葬祭）之儀ハ寺檀納得之上ハ格別、容易ニ難成筋と存候」と、寺檀納得を言っている。

また文化五年九月十九日、伊予国越智郡今治の社人の件で、松平壱岐守定剛より、脇坂中務大輔安董に出された問合に対し、付札では「書面、社人共神道葬祭、吉田家より免許受候て（廿六）、是迄致宗判候菩提寺をも糺之

上、差障之筋も無之候ハヽ、当人并神職相続可致惣領者、神道葬祭御聞届（有之）不苦、菩提寺より差障申争候ハヽ、奉行所遂吟味候義（儀）、老中（方）へ御申上候方與存候、十月朔日」（『寺社公聴裁許律』）とあって、この幕府の方針は幕末に至るまで変化なく、解答されている。

一方、年頭の挨拶における取扱いについてはその後日記等に見えて来ないが、寛政九年には独礼格となっていることから、藩役人との間で種々交渉があったと思われるが、史料を摑みきれていない。(4) いずれにしても当時佐貫藩の藩主阿部正實は、天明元年十二月十六日従五位下因幡守、同八年四月十三日兵部少輔となり、天明二年、同四年日光祭礼奉行代を務めているが、これに対し、林忠が従五位下任官の御礼に、参内した装束、五位の束帯を着けて挨拶することは許されないことであったと言えよう。

なおこの奥印除き一件決着後、（寛政元年）七月十七日吉田家よりの連絡を受け、江戸芝神明神主西東若狭守宅を訪ね、大角主計、同大炊、また同道した備後国吉備津宮祠官岡瀬外記等に馬来田吾市郎を引き合わせ、「一此節、先達而上京之節、申談し候、江戸表御役所構之儀大角主計同大炊等と相談ニ及候」となって吉田家江戸役所開設に動いていく。これについては別にふれているので参照されたい。(5)

むすび

神道宗門改めの問題は、江戸幕府のキリシタン改めが、元禄年間以降、寺請制の徹底化したことによって、全国的に私領公領を問わず施行されていく。これが仏葬と連動することとなり、基本的に神道葬も儒葬も認められなくなっていった。僧侶による引導渡しが了解できなくなると、寛文五年の神社条目を盾に神葬祭願いが各地で提出されてくる。吉田家の神職支配の拡大とともに、より強く推し進められていく。江戸時代の神仏分離の一つの山が、寛文年間にあったこと、これに対する幕府の締め付けが行なわれたと見ることもできる。

椙山林忠が神祇道吉田家の支配下ということで、これまでの寺院請印でなく、吉田家の請書があれば事足りると、真から考えたか否かは別として、当初これを藩に認めさせようとしたことは、幕府の寺請制に対する抵抗とも言えることで、幕藩があくまで寺の了解の下で神職男子を認めようとしたことは当然の言い訳でもあった。これさえも普通では出来ないことを承知で、大円寺が藩の命令ならば従うとしている。

寺院の了解のないまま幕藩が、神職のみにしろ宗門改めを認めたことは、その後各地に興る集団の神道宗門改め願を認めていく、大きな変化と捉えることができる。寺院了解の上の例を第一段階とすれば、第二段階とも言える。幕末に三河国の羽田埜敬雄の書した『神道葬祭聞見集』には古くから各地で神葬祭が認められていた例があげられているが、これも一々確認作業が必要である。また西田長男「神道宗門に就て」『季刊神道史学』第一輯（一九四九年六月、後に『日本神道史研究』第六巻所収）は大部の論文であり、全体的なことを述べられているが、個々の実例は、かなり当時者の苦労の上になりたっている。

居住地天羽郡木村の名主鹿子五郎左衛門に訴訟をして負けたことがないと言われた林忠が「三年の中、物入等これあり、辛苦艱難ばかりの事に御座候」と、大変苦労な一件であったことを述べている。京都、江戸への往復だけではなく、馬来田吾市郎との関係が、その後の活動に繋っていったと言える。

注

（1）椙山林忠、椙山の文字は寛政年間になると本人も使用し、墓石等の文字も同じであるが、天明年間の自筆日記では枕山がほとんどである。

（2）この訴状の下書が一紙あり、ここに引かれた文と所々で異なっている。宗門奥印が宗門帳奥印となっている等であり、以下引用する。

乍恐以書付御訴訟奉申上候

御領分　木村神主　願人　枕山加賀守

数馬村　相手　大円寺

宗門帳奥印相除候願江差障候出入

一、拙者家之儀ハ、代々吉田家御支配之神祇家(ママ)ニ紛無之候ニ付、自今以後宗門人別帳別紙ニ相認メ、大円寺奥印相除キ、吉田家御請合ニて人別書付差上度段、御窺之願書差上候所、大円寺と懸合、其上願書可差出旨、被仰渡候ニ付、去九月中両三度迄大円寺へ対談候所、熟談之上私望之通為致成就度よし、申之候、則大円寺より其節差越候自筆之書状私所持仕候、依之又候私願書差上候所、随分念入熟談致し候様、被仰付候ニ付、私同村組頭作兵衛、数馬村名主伴蔵為証人両人為立合、大円寺私願へ弥障り不申候哉、只シ存寄も御座候哉之旨、致懸合候所、少シも故障致し不申候段、申之候ニ相違無御座候、乍恐右伴蔵、作兵衛被召出、御糺被下置候様奉願上候、大円寺最初より申候通り故障不致候得金子少々寄附可致由申入候所、相対ニてハ金子之所望難成由ニて、岩坂村山下五郎左衛門殿御知行所、名主相沢武左衛門相頼差越候間、金子弐三分も可致寄進よしニ返答申遣し候、然ル所右武左衛門義、急地頭所用向ニて致出府候ニ付、寄除金ノ員数も取詰相談も不仕、相捨ニ相成申候、右体念入対談仕候節ハ、故障無之由申之候ニ付、去十一月中又々願書差上候上、吉田家江も奉願上、早速宗門御請合之御証状迄請、当正月八日御役所へ差上候所、同十二日御役宅へ双方被召寄候て、御糺有之候ニ付、右之始末申上候所、大円寺申口虚言偽有之候故、私相咎候得ハ、大円寺申候ハ、先達て致対談候通、大円寺ニおいて決て故障致し不申候由申之候故、其段御聞済被遊、然ハ故障無之旨書付差出候様、被仰付候所、本寺并江戸触頭ヲ窺不申候てハ、書付難差上段申之候故、然ハ本寺へ致懸合、双方及熟談ニ、其上可申出様、被仰渡候所、其後大円寺否之挨拶無之候故、私兄馬来田吾市郎と申者、小久保村本寺真福寺迄罷越、種々致懸合、其上大円寺へも相談仕、手を尽し候上ニて、当十五日内済相調不申候由、手切之挨拶申来候、大円寺儀去九月中より度々致懸合候節ハ、決て故障無之段申之候ハヽ、私願書為差上、其上吉田家之宗門御請合之御証状迄乞請為差上、只今ニ至り対談異変仕、故障仕候故、御上江対シ恐入、吉田家江申訳茂無之、私身分相立かたく難義至極仕候、依之、不得止事、此度御訴訟奉申上候、何卒大円寺被召出、対決被仰付被下置、大円寺虚言を申候故、私身分難相立候段、何分御糺被下置、先達私奉願上候通、被仰付被下置候ハヽ、難有奉存候、猶御尋之節、口上ニ可申上候、以上、

天明八申年三月　日　　　　　　　　木村神主　杦山加賀守

左貫　御役所

（3）『諸家秘聞集』は石井良助・服藤弘司編『問答集3、諸例撰要・諸家秘聞集』創文社、一九九九年二月によった。この書は国立公文書館内閣文庫本（徳川家達献本）を甲本とし、市立米沢図書館所蔵本を乙本として校訂されている。尚天明五年の例と天明八年の例は、村上専精・辻善之助・鷲尾順敬編『神仏分離史料』続編巻下（東方書院、一九二八年、『新編明治維新神仏分離史料』（名著出版、一九八四年）にも集録されている。

（4）寛政三年七月十一日付吉田家家老四人連名の佐貫藩家老他役人宛の書状があり、加賀守の官は勅許を得たものであるから、領主表席次を身分相応にされたい旨とある。

（5）拙稿「吉田家関東役所の創立と初期の活動」『國學院大學日本文化研究所紀要』第四十五輯、一九八〇年三月。

葬列としての頭人行列

——信州武水別八幡宮の大頭祭夜練りをめぐって——

福原敏男

はじめに
一　現在の大頭祭と夜練り
二　江戸時代の大頭祭と夜練り
三　宮田登氏の大頭祭解釈
おわりに

はじめに

宮座や頭屋の組織を基盤とした祭りに際して、頭人一行が御幣などを持ち、自宅から列を組んで神社へ渡る頭人行列という過程がみられる。それは、一年間にわたり行なわれた頭屋における祭祀の終りを表わすものでもある。本稿の課題は、前近代の頭人行列が頭人の死を象徴する葬列に擬えられるのではないか、という一事例の解釈の提案である。通過儀礼における擬死再生の問題はファン・フェネップが『通過儀礼』において指摘して以来久しく論ぜられているが、頭屋儀礼において祭祀を担い、経費を負担する頭人を儀礼的死者とする事例は寡聞にして知らない。しかし、これを特殊事例として研究の枠から外してしまうというのは正しいことだろうか。明治維新を経て日本社会が近代化していくなかで、隅々の共同体の祭りまでもが大きく変容してしまったことは本稿で課題とする頭人の葬列についても同様である。先ずこの点から述べることにしたい。

国家的祭祀から都市祭礼、農山漁村の祭りに至るまで、その時々の支配者が定めた宗教制度が祭りに与えた影響は多大である。時の権力、時代状況を超越している祭祀、祭礼は有り得ないからである。近代以降の宗教や祭祀の制度ないしは慣行において、明治維新期の神仏分離・廃仏毀釈、明治末年の神社合祀、第二次世界大戦敗戦という三度の大変革を受け入れた。[1]なかでも明治政府による神仏分離政策は、仏教・僧侶・法会のみではなく、神道・神主・祭祀のあり方も容赦なく変えてしまった。奈良時代末以来神仏習合の時代はおよそ一千年も続いたが、神仏習合・混淆とは神仏の融合調和をはかってきた歴史でもあった。

明治維新より第二次大戦までの国家神道、国教としての神道は、神仏習合期に仏教と相補関係にあった神社神道とは、まったく異質なものであった。明治元年（一八六八）以来の一連の神仏分離令は、別当・社僧をすべて還俗させ、仏教用語を用いてきた神号を改め、神社内に置いた仏像・仏具を除却させ、寺院が祭祀に関与せぬようにし、さらに仏教用語を用いてきた祭祀名を廃した（例、放生会を仲秋祭に変えるなど）。勿論、その後の神社合祀、敗戦と混乱、高度経済成長、過疎地の発生など、百年間の様々な社会変動も影響し、祭祀・祭礼は現在でも常に変化しつづけている。しかし、とりわけ、上（権力）によってカミとホトケが強引に引き裂かれた神仏分離令は、日本人の信仰や祭りのあり方を根本から変えたのである。その結果、前近代に成立した神社を舞台とする神仏習合儀礼に僧侶や寺院はほとんど関与しなくなった。そして、神社・神主と氏子のみが関与する祭りとなって命脈を保ち、現在に至っている事例は数多く、その中には、神仏習合期における儀礼の仏教的な儀礼や意味付けが失われ、あるいは忘れられてしまっているところも数多い。

本稿で論じる長野県千曲市の武水別《たけみずわけ》神社（天保八年に社号を武水別神社に改めたが、[2]本稿では江戸時代までを武水別八幡宮と表記する）の事例もその例に漏れない。同宮にも中世以来神宮寺がおかれ、江戸時代、二百石の朱印も別当と神主とが折半して所持してきた。同社において放生会と双璧を成した旧霜月の大頭《だいとう》祭は、明治の神仏分離の政策によって、その本質は大きく変化した。江戸時代まで大頭祭は旧暦霜月十日より十五日にかけて行われてきたが、新暦採用により明治六年以来十二月十日より十五日を祭日と改められた。江戸時代までの大頭祭の中心は十一月十三日の夜練りであったが、それは後述するように頭役を勤め上げた頭人の葬式を模したものであり、葬列を象徴した行列と神宮寺を中心とする法華八講の複合行事であった。しかし、近代以降の夜練りは改変され、その意味が喪われてしまった。本稿ではその劇的な変化を叙述してみたい。

大頭祭の先行研究に関しては、中島丈晴氏が整理している。[3] 筆者も中島氏の研究史整理には賛同するものである。氏によると、文献史学としては以下の業績が注目される。大頭祭を、古代社会の制度的残滓、[4] 近世における家格の問題[5]として分析した児玉幸多氏、中世の頭役祭祀から近世の氏子による頭人祭祀への移行の事例として検討した高牧実氏[6]の先行業績を挙げながらも、祭事については自治体史が最も詳しいとする。祭事の概要、祭事を支えた経済基盤等に関する西沢武彦、[7] 鈴木寿、[8] 浅野井旦、[9] 三氏の記述は従来の研究を概括し、凌駕するものであった。中島氏は、民俗学的蓄積にも目を配り、原田敏明氏[10]による一九三七年以前の調査、西角井正慶氏[11]による一九五〇年の調査、石田武久氏[12]による一九六四・一九七二年の調査による各研究によって、戦前から戦後の祭事の変化の比較検討が可能になったことを指摘している。中島氏は更に、浅野井氏と石田氏による業績を高く評価し、なかでも大頭祭に特記した場合、石田論文が現在の到達点であると判断されている。しかし、自費刊行であるため、目につき難かったものではあるが、石田論文よりも八年前の一九六五年十二月、おそらく大頭祭執行月を意識して刊行された、宮川禮次郎氏による『武水別八幡宮要集上・下』[13](以降は『要集』と略す)は、従来の大頭祭研究をはるかに凌駕しているにも関らず、これまで研究史整理より抜け落ちてきたのである。高度経済成長期、頭人を個人で受けるのが困難になりつつあった時期という、戦後の頭屋制度の大きな変換期に、旧社家宮川伊勢守家の宮川氏は危機感を抱き、非常な情熱を持って武水別神社にまつわる祭祀の悉くを研究、記述したのである。以降、現在の行事の記述としては、加藤健司氏、[14] 菊池健策氏[15]による紹介がある。

なお、本稿は千曲市教育委員会による民俗調査[16]の過程で得られたデータを使用している。

一　現在の大頭祭と夜練り

千曲川の左岸、千曲市八幡の武水別神社は、旧更級郡八幡村・更級村と旧埴科郡五加村の三ヵ村、計二十一の大字の総鎮守であり、その氏子域はかつて水分郷・吉野郷・八幡郷・黒彦郷・外輪郷・船山郷・冠着郷の七郷に分かれていた。同社は『延喜式神名帳』の式内社であり、平安末期よりこの地は石清水八幡宮の荘園、小谷荘と呼ばれ、その分霊が勧請されていることは『石清水八幡宮文書』『吾妻鏡』などにも見えている。祭神は武水別神・誉田別尊・息長足比売尊であり、古くは武神として信仰され多くの武将の尊崇を集めた。

武水別神社最大の祭りが十二月の祭りであり、基本的には氏子農民による収穫感謝祭である。「頭人が一年間の諸準備と物忌生活を経て、その資格を得、旧霜月に新穀で搗いた餅（御供と称す）を武水別神社へ奉納する祭り」[17]である。五人の頭人の最上位を大頭と称するところから「大頭祭」、頭人が新穀で搗いた餅を神社へ献供するところから「新嘗祭」、様々な趣向を凝らした練り物が出されるところから「練り祭り」ともいわれている。[18]

大頭祭は驚くほど複雑な祭祀組織で運営されており、一番頭から五番頭の頭人の最上位を大頭とよび、三番頭がこれにあたる。五人の頭人は「とうどのさん」とも呼ばれ、前記七郷二十一字の中から、祭り終了直前の十二月十五日夕刻、御籤祭（みくじあげ）によって選ばれ、お頭組の編成が行われる。[19]

ここから一年間の祭りが始まるのである。五人の頭人にはそれぞれ副頭・差添・散米役・相散米役の四人が付き、頭人と合わせて五役という。古伝承によると、頭人が決まると神社で「お頭渡し」、翌十六日には「お頭受け」が行われ、頭人宅に御幣が届けられ、一年間床の間で祀られた。年末に松の丸太や笹竹で作る「オハッカイ」（他所ではオハケという民俗語彙が普遍的）という祭壇を、頭人の家の門口あるいは庭の隅に設ける「オハッカイオロシ」がある。以後の吉日に「初口開け」の祭りを行い、これ以降は「オハッカイ」の四方を萱筵で巻いて

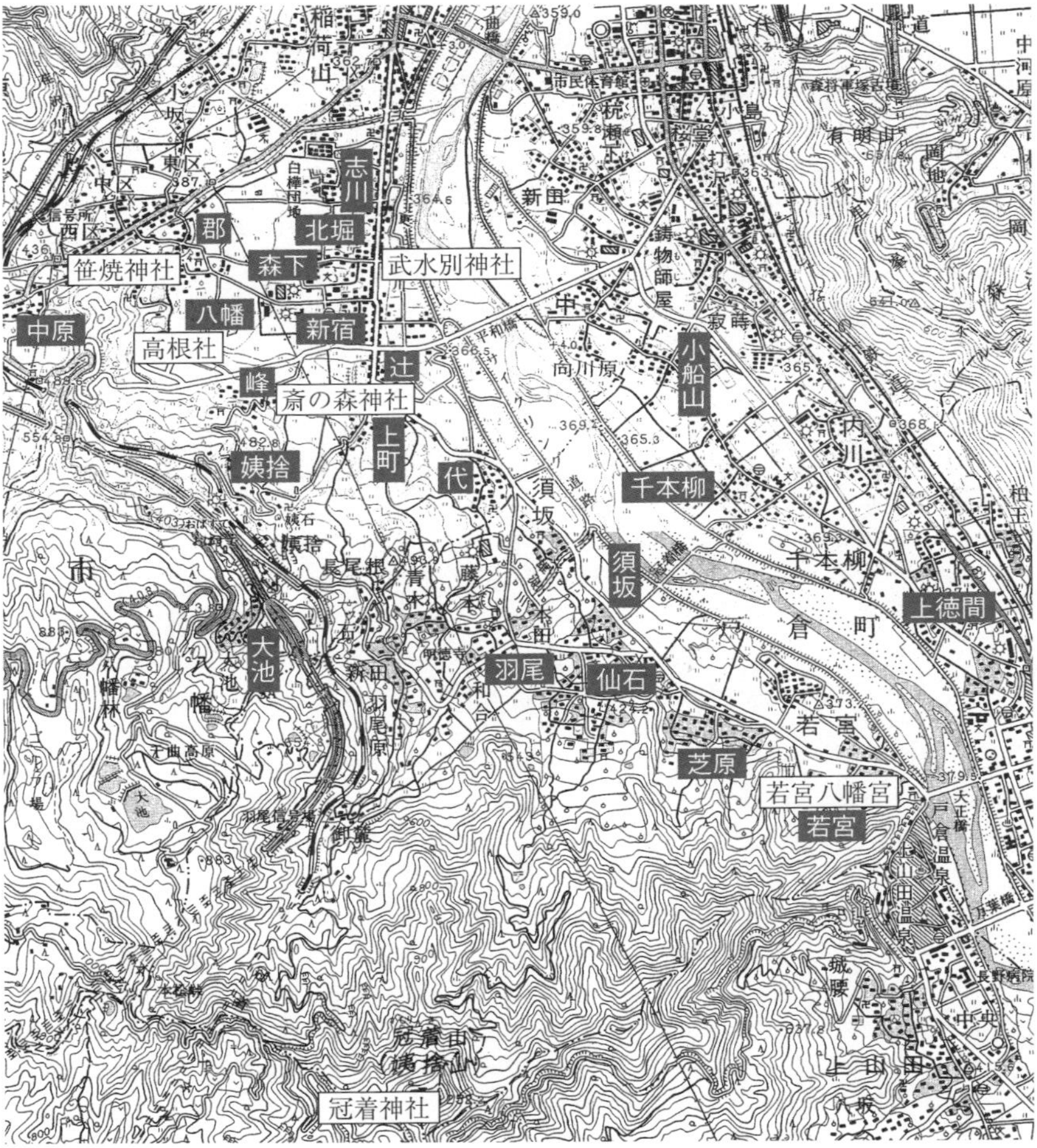

図１　大頭祭関係図　中島丈晴氏「武水別八幡宮大頭祭御頭帳に関する一考察―書誌の紹介と作成者の歴史的変遷―」（『社寺史料研究会大会「セッション　信州武水別八幡宮の信仰・芸能世界」二〇〇七年一二月一日』口頭発表資料）を基に福原が作成。

注：□は武水別神社、および大頭祭にも関係する神社

■は氏子集落21ヶ所（分かる範囲で）

おく。

春に「御供田」（供物の稲を耕作する頭人の田）で「御田植え」を行い、九月一日に「御供田」から初穂を抜いて「オハッカイ」の前に掛ける「八重注連《じめ》縄祭」を行う。これは新穂の出来栄えを神に告げるものといわれる。稲刈り後、「神酒口開け」が行われ、十二月初めに神饌の準備をする「釜清め」が各頭人宅で行われ、その後に「御供の餅つき」を行う。餅はオハコビツに入れられ、馬の背に乗せて神社に運ばれた。本祭六日前の頭人の精進入りのことを「コショウジン」（小精進）と称し、以降、御供・神餅を整え、頭人はお練りまで自宅の一室に籠り別火生活をする。祭りの当日、「オハッカイ」前で「出立ち（達）」の儀式を行った後、「新嘗祭」と書いた幟を先頭に、途中に数度地域の神社の方角に向かい遙拝しつつ斎の森神社まで趣く。頭人一行の五役は氏子の礼拝を受け、奉納芸を見た後、斎の森を出発し、武水別神社まで供物や芸能を奉納した人々と共に「御大門行列」を行う。神社に練り、参拝後、御供・御米・御菜・御薪の神饌を御供所に納めて帰宅する。頭人宅への帰還の行列もかつては行われた。翌日の夜、頭人の「御供積み」の行事が行われる。頭人が新米で搗いた直径一寸（約三センチ）の餅七百四個を檜材の曲物一台に八十八枚ずつ八膳に盛り、蒸し米・甘酒・野菜・海老などと神前に供える。縁起の良い八を三つ重ねている。十二月十七日から十九日の間が各頭の旧頭人順番の「オハッカイアゲ」で、「オハッカイ」に神饌をあげ、旧頭人らが礼拝後に「オハッカイ」を壊して焚き上げる。冬の「初口開け」以後、「オハッカイ」は萱筵で巻

図2　長野県における旧郡界と武水別神社

きかけられ、納戸の如き暗い「稲の産屋」となる。成長した稲の抜穂を「オハッカイ」に掛ける「八重注連縄祭」が象徴するように、「オハッカイ」には稲魂が憑けられたものと解釈できよう。

五人の頭人には下位から、五番頭・四番頭・二番頭・一番頭・三番頭の順位がある。はじめて頭人となる場合は五番頭よりはじめ、その後毎年、大頭祭に際して神社へ新穀の御供を献ずる。その年の頭人を「本頭」といい、七百四個の餅を供える。以後九年間を「脇頭」と称して、同じ人が毎年新穀の餅の御供えを続ける。最初の三年間を「本御供」といい、頭人と同様七百四個、次の三年を「半御供」といい半分の三百五十二個、最後の三年を「押し渡し御供」といい、その又半分の百七十六個を供え続ける。十一年目になってその子供が四番頭を勤める資格が得られる。さらに十年間同様に続けると、その子供が二番頭に、更に十年後にはその又子供が一番頭に、というように子孫代々御供を献じ続け、五代目にして、ついに三番頭、大頭になる資格を得ることが出来る。一代で二度、例えば同じ人が五番頭と四番頭を勤めることはできないので、大頭を勤め上げるには最短で五十年、一族五代にわたる長い月日を要する。実際には当主の死去、病気、服忌、頭人の家運の盛衰といったことも生じるであろうから、百年近くの年月がかかったことも『御頭帳』などの記録に散見される。一代一度のこの盛儀には多大な出費を要し、親類縁者一門、それ以外の地域の協力も必要とされる。

或る一人の頭人は十年間の献供を重ねてその頭人自身の勤めは終了するが、これを五代がかりで重ねて勤め、五・四・二・一・三番頭の順で行なわれることによって、全祭が完了する仕組みとなっている。つまり、一人の人生を超越したスパンを要する家の祭り、先祖代々の祭りである。一度大頭を完結した家は末代まで七郷中の栄誉であり、社会的にもその家格が認められることになる。又、大頭筋としての家格を得ると、その家はその後三代まで大頭を勤める資格を有することになり、大頭筋の家持分家には、はじめから三番頭に次ぐ一番頭になる資格が与えられている。

本来は頭人に成ることは家や一族の名誉であるため多くの氏子が望んだのであるが、名望・資産・身体ともに神に勤仕するにふさわしい個人が御鬮祭の対象となる候補として選ばれた。しかし、戦後高度経済成長期における最大の頭人制の変化は、頭人を個人、その家で受け、勤仕することが不可能となったことである。専業農家からサラリーマンへの変化、プライバシー保護、莫大な出費、民家構造の変化その他、特に高度経済成長期の社会全体の根本的な意識の変化によって、頭人に当ることを避ける風潮が生まれた。それは、家族・親族や地域共同体に対する意識の変化と連動している。現在は、形式的には頭人を個人名で受けるが、実際上は大字を基本とする「区」で受け、区長などが頭人を勤仕している事例が多い。頭屋であることを象徴している「オハッカイ」も個人宅（頭屋）から、武水別神社宮司家松田家の庭（まれに区公民館の庭）に設けられることになった。つまり、祭祀上、世襲宮司家である松田家の占める位置、意義が大きくなったのである。

大頭祭の期間、五人の頭人が順番に、今年の収穫に感謝し、昼間に収穫物である供物を神社まで歩いて届ける練り行事があり、各頭ともその翌日に「御供積み」を行う。先述したように、頭人の昇進順位は下から五番・四番・二番・一番・三番の順位であるが、お練りと御供積みの日取りは一番頭から五番頭までの数字順である。つまり、十二月十日は一番頭、十一日は二番頭、十二日は三番頭、十三日は四番頭、十四日は五番頭が斎の森から武水別神社までの練り行列である「御大門行列」を行う。現在では午後一時に「オハッカイ」が設けられている宮司家の庭ないし頭人選出の区公民館にて「出達の儀」があり、途中地域の神社を拝しつつ斎の森神社（諏訪神社ともいう）に赴く。境内において頭人関係者による芸能奉納があり、午後三時から二時間程神社までの練り行列がある。十二日の三番頭の昼練りを「大頭練り」と言って、見学者が最も集まる日である。各番頭共、お練りの翌晩八時より本殿神前に新穀（餅）を奉納する「御供積み」がある。十二月十一日は一番頭、十二日は二番頭、十三日は三番頭、十四日は四番頭、十五日は五番頭が一時間ほど「御供積み」を行う。この日の装束は、大頭と副頭は浄衣と白袴、大頭は立烏帽子、水晶の勾玉の首飾りを下げ、副頭は風折烏帽子、あとの三人は白垂と侍烏帽子、五役とも中啓を持つ。「御大門行列」道中、ゴンゾ(ズ)ワラジをはき、青海橋の跡地で木履にはきかえる。警固役や氏子総代は裃姿で、袴の股立をとる。

大頭は十二日昼に練り行事、翌晩の十三日に「御供積み」を行うが、その前午後七時より「夜練り」を行う。五人の頭人のうち、大頭のみが「夜練り」を行うのであるが、これは鳥居から拝殿までの行列と拝殿内での行事により構成されている。この夜練りこそ、五代で完結する頭人行事のクライマックスともいえるが、現在では知る人も見学者も少ない行事となっている。『更埴市史』[20]には、夜練りを「行うために五代五五年間の祭事があるといっても過言ではない。夜ねり祭は本参宮とも呼ばれ、氏子信仰の極地である神人合一の重儀を了するためとされている」と、その意義を説く。

以下、石田武久論文をベースに、夜練りについて摘記しておこう。石田氏の調査時と現在とでは特に拝殿行事が様変りしている。

夜練り一行は宮司宅(本来は神社近くの宿屋などを「中宿」にあてる。現在は境内の総代会館)に集合し、装束をつける。夜練りの頭人五役の服装は、白足袋・下駄の履物のほかは前日昼のお練りの時と同じである。一行が到着した由を使いのものが社務所に通知すると、第一鼓が打たれ、神職と楽人は拝殿に列座する。大頭、氏子総代などは鳥居前に集合する。第二鼓が打たれ、宮司は本殿に出仕する。神職と手伝いが大榊・大麻・お馬印・鉾・唐櫃(後述する獅子頭一つ・伎楽面二つが入っている)を持ち、鳥居で待機している大頭一行の五役や警固らの所へ行き、持参した品々を渡す。行列を整えると、第三鼓が打たれる。それを合図に夜練り行列が出発し、石田氏の調査の戦後まで途中花火が打ち上げられた。一行は拝殿に至り、拝殿に昇って着座する。石田論文によると宮司は本殿に伺候したままである。

ここより、拝殿行事である。頭人五役はキリゴクウ（餅を細く切ってオヒネリにしたもの）・散米・鈴・オンベ（御幣）を据えた案に向かい合うようにして一列に並んで座る。先達が一拝し、祓詞を奏上した後、幣と鈴を持って正面に向かい、楽人の奏する太鼓・笛に合わせて、幣を捧げ、鈴を振る。次に先達は、大頭・副頭・差添・散米・相散米の順に、各人の頭に幣を戴かせて鈴を振る。警固役は拝殿外にいる見学者たちに、散米・キリゴクウを撒く。これで全てが終了し、一同退座し、連続する三番頭「御供積み」のために、拝殿より本殿に進む。

現在の夜練りと拝殿行事は、祭祀全体の中での有機的意味付けが難しい。次章で述べる法華八講や「頭人の死」という模擬儀礼が欠落してしまっているからである。現行の儀礼は「御供積み」の前段行事というべき認識となっている。

二　江戸時代の大頭祭と夜練り

江戸時代の武水別八幡宮の祭礼については、延宝八年（一六八〇）二月『信州河中島更級郡八幡宮覚帳』（「松田家文書」二〇一四号）の「年中行事」によると、年中七十五度の祭りとされており、神宮寺の仏事、法会が中心であった。神宮寺は清浄山成就院神宮寺と称し、住職は八幡宮の寺務を支配する別当を代々兼ねていた。松代藩よりの二百石の朱印も別当と神主とが折半して百石ずつを所持し、両者の書き順は常に別当の方が上であった。大頭祭は同史料に「七箇村氏子御八講、頭番五人内一人宛五日之間練祭、十一日夜ヨリ十五日晩マデ神供御酒等コレヲ備フ、別当八講修業・神主・社人神楽奉納」とあり、十一月朔日より十五日まで「神主斎」、同十五日「夜供僧・社人、神主宅ニ於テ明年八講当番詮議ヲトゲ、神幣ヲモツテコレヲ究メ氏子エ申渡ス」とある。同書によれば、神宮寺の役僧は、十二日～十五日、拝殿にて三十講なる行事を毎夜執行している。これは法華経二十八品の各品を一講として開結二経を加えた三十講を四日間で講じたものであろう。

『小谷姓氏録』（「松田家文書」二六〇〇二号）[21]によると、五人の頭人は「八講頭（当）番」と称され、行列の御供を入れる櫃を「法華八講櫃」と呼び、後掲絵巻（図4）のお練り行列の墨書にも同様に記されている。現在、大頭祭を「オハッコエ」という伝承はないが、戦後まで御八講会の民俗語彙が残っていた。頭人は現在水晶の勾玉の首飾りを首に下げているが、江戸時代は寺方から出された数珠であった。江戸時代の大頭祭は『小谷姓氏録』「行列式」に「祀新嘗祭又或ハ八講頭番トモ言」とあるように、収穫祭と法華八講が習合した儀礼であった。

さて、江戸期の大頭祭に関しては、前述した宮川禮次郎の『要集』が最も詳細であるので、長くなるが引用する。

◎夜ねり祭

ねり（三廻行列）が相済次第、拝殿においてお祭り、御酒、御供、麻黄、青銅五疋　例なり。尤もこれ以前いつもの通り本社新宮へ御供献備する。

準備

1頭人参社の節、糊入紙一帖、小判紙一帖を御棚より受けとり、頭人の出仕（神前）前に、神前にて社中一同相寄り、糊入紙にて紙よりをよりてはりいをつくる。

2拝殿に糊入紙二十枚を遣はし、本地柳の梢を包ましめる。

3長きより四、五本と小刀とを懐中に用意する（舞台に上りたい〈松明―福原注〉を拵える道具）。

4夜ねり中は大蠟燭二本を点ずる。

5これまでに神前と御新宮の御供献備の祭りを終る。

6御棚〈神饌献供役―福原注〉より布一反（浅黄木綿、引綱用）をうけとる。

7御棚へ夜ねりを始める由伝へる。

8拝殿に七度半の使を遣はし、夜ねりを始める由伝へる。

9御獅子大宝などを内陣より出し、中陣の机の上に安置する。

10御天（典）経〈法華経八巻—福原注〉を内陣より出し、内陣の口元に安置する。

11頭人を呼び出し、諸親類に御棚より受けとりし旗などを渡す。

12神前にて夫々二度宛呼んで御道具類を渡し、順次に夜ねり行列を整へる（御先打、御獅子、大宝二、御鉾二、本地柳、その他）。

○式次第

一、夜ねり行列本殿周囲を三廻する（先達指図、先達及び社人は行列に入らず）。
二、頭人諸役昇殿して、頭人は腰掛桶にかけ、数珠取はその西方、散供は東方に夫々爪立てて席し、散供頂は背後に立つ、以上先達指導する。
三、一同拝礼。これより伊勢役勤仕及び指図。
四、たいを作りこれを数珠取に持たせておく（染黄をうけとり舞台におき、これをはりいにかぶせて造る）。
五、神前に向ってたいをはじく。
六、護身神法並に祈念を修する。
七、奥役行事（伊勢役の耳打ちによって、1当在のお成り、2神官の御出仕、3高麗導師のお成り、4両士の御出仕、5ことねり〈小舎人—福原注〉以上を夫々三声する）。
八、頭人の東の少々向うに、たいをはじく。
九、堂目代参殿、天経を伊勢役に渡し、一揖して退下する。
一〇、天経拝戴行事（立座のまま一つ宛頂き、頭人の方へ向って心中祈念する）。天経はこでのり（小舎人）持参し堂目代に渡し、行事後は再び持返る。
一一、神前に向ってたいをはじき、爪立ちにて心中祈念、以上二返する。
一二、立座して神前に向ってたいをつく、頭人に向ひ一揖、神前に向ひ一揖。
一三、神前に向ひたいを静かに二度つき、三度目に高く強くついて棚へ投げ上る(これをこでのり持参する)。
一四、神前に向い再びたいをはじく、こでのり持参する。爪立にて受け取り祈念。
一五、立座して神前に向って一揖し、又頭人に向って一揖する(以上の通り三返繰り返し勤仕し、その後たいを受け取り東の方におく)。
一六、頭人立って一揖し、四方散米三度する(東方、南方、西方、天上)。
一七、伊勢役先達一同は芽出度き由を頭人へ申す。
一八、頭人諸役は退下(布は番所において納方へ遣はし、桶は希望者に与へる。拝殿と御棚へ終了の挨拶をかはし、神前を始末して帰宅する。此の際燃えさしの蠟燭は大事に保管しておく)。

○行事及び行列の今昔

新嘗祭夜練りは、参番頭の最終行事であると共に、この祭全体での終極行事でもある。この行列と式事の過去から現在までの在方を古記によってみると、昔から江戸末期までは大差なく、明治維新に際して大きく加除整備されている。これはそれまで神仏混淆であったものが、此の際厳しく分離された理由によるものである。

今この実態を略記するに、形の上では本殿三廻りを廃して大鳥居前から行列を立てるようにし、式事も拝殿でするように改められ、先のぼり、御馬標、高張、伴方、警固などを加え、更に頭人の役付を増して行列を賑やかに整えている。そして執行の時刻も、昔の夜半過ぎをかえて献備祭前の夜八時頃に改め、儀式の合図はすべて鐘を太鼓に改めている。又内容的には、本殿見廻りの三界信仰を廃し、天経の拝戴を神幣のそれにすると共に、その他の使用具も或は除き或は加えて、六道輪廻の思想を始め一切の仏信仰に関するものを取り除いている。式事最終の散米は散餅に改め、その他時代の下ると共に七ツ道具が六ヶ袋に変ったように、細部に渡っては色々相異の面がある。然し此等は多く時勢の変化から起ったことであって物や方法に変化はあっても、この祭り奉行（執行カ―福原注）の本質的な信心に別に変りはない。唯当時改変にあたって、所謂「たや」を除いたり、式儀の順序を時間的にかえたりしたことなどは、頭人としての心の持ちようや祭事構成の本質にてらして、屢々一般が祭事に対する認識を誤る結果を生じさせるものとして、一考させられるもののように思えるし、又宝物の拝戴についても天経は兎に角として、その他のものの行事などは格別丁重に行われるよう工夫されていてよかったのではないかと思われる。

次に行事及び行列の順序を極く大略に表記してその差異を見てみよう。

○夜ねり行列の次第

1維新以前

御先打―御獅子―大宝二―御鉾二、本地柳―六ヶ袋―よし（松明）―天経（法華経八巻）―太鼓―管弦―女子供布一反―たや（頭人、潔斎屋）―数珠取（副頭人）―散供（散米役）―散供頂―親類縁者―近隣

神社人は夫々家伝特定の部所を保って奉仕し、行列の中には加わっていない。

（2維新当時、3維新以後は略す―福原注）

○夜ねり行事の次第

維新前

本殿三廻り（先達差配）―頭人諸役本殿昇殿、着席―（以下伊勢役指図す）頭人諸役拝礼―神社諸役着席

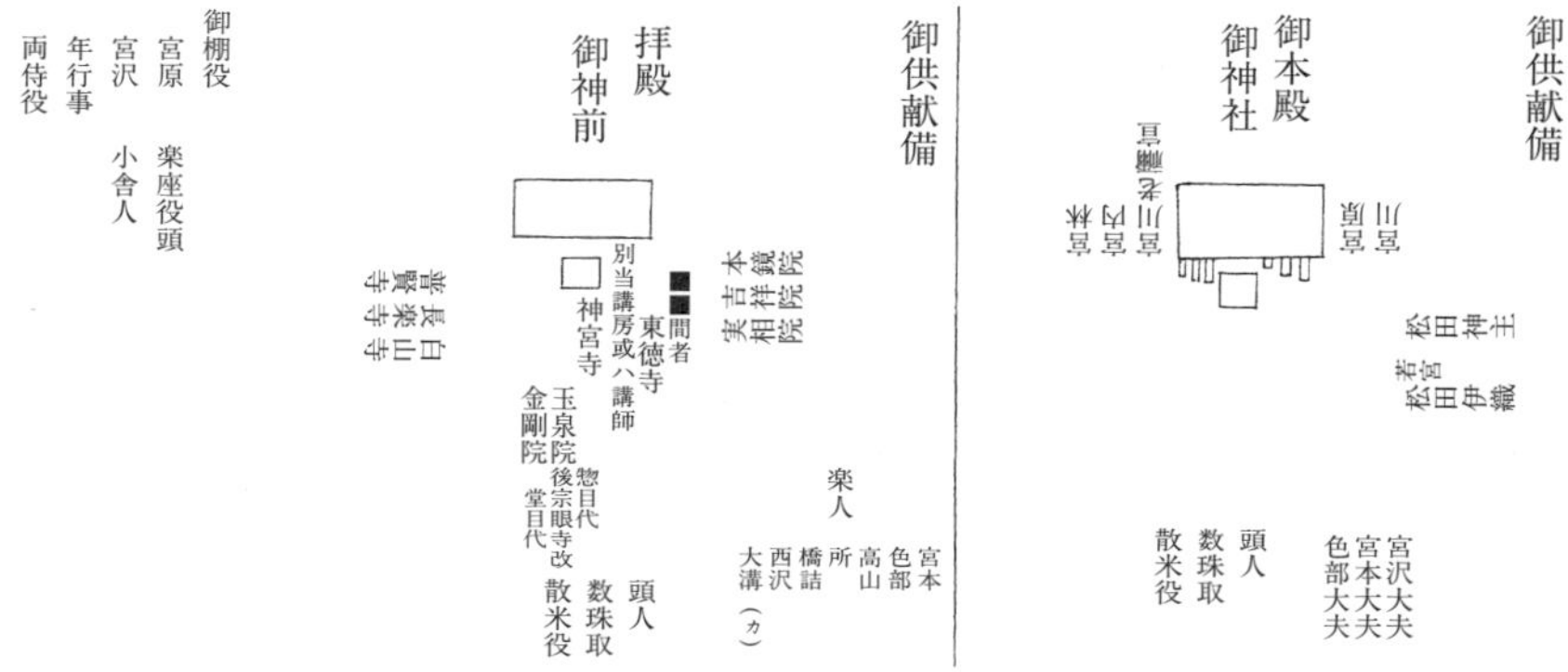

図3　(共に『小谷姓氏録』より)夜練りの拝殿行事図　　　本殿御供積図

(奥役呼出三声)—堂目代修法—天経拝戴(伊勢役行事す)—たい役上三度(祈念三度)—散米(天上四方三度、伊勢役指図す)—口伝(伊勢指図、芽出度き由申す)退下　染黄、水引、桶、布、たや等を用意する。

以上、長々と『要集』を引用した。また、図3は『小谷姓氏録』に見られる夜練りの拝殿図と本殿における御供積の図である。

右の『小谷姓氏録』「行列式」には、本稿のテーマである夜練りに関して以下のような記述が見える。

夜遂之祭式
一警固　四人
一大麻　壱人
但シ旧古ハ志川村柳清水並峯村西柳下等ヨリ切出スヨシ
(一)柳、本樽柳トモ云
但シ　髪刺〈髪剃カ—福原注〉櫛　元結　油　鋏　鏡　七品〈六品—福原注〉也
一警固　弐人
一御獅子　壱人
一御固　弐人
但シ大ホウ(宝)トモ言

図4　大頭祭絵巻巻末(武井音兵衛氏蔵)

一警固　弐人
一横笛　弐人
一太鼓　弐人
一八講但法華経八巻
是ハ裏八幡社ヨリ出ス
一警固　四人
一頭人　壱人
但シ頭人ヨリ膳ノ綱附ス
一親類女子　白衣ニ而附ス
一珠数取　壱人
但シ膳綱尾附持ス□（家カ）中女中白衣ニテ
一警固　弐人
一惣親類中皆麻上下着ス

法華経八巻はふだんは裏八幡社に収められており、夜練りに際してそれを出して、行道に加わった。裏八幡に関しては、『寛政三年（一七九一）八幡宮境内惣絵図面』（八幡地区の清水二郎氏所蔵）[22]に、本社真北に縦横九尺、二坪二分五厘の「御裏」と記され、延宝八年（一六八〇）二月『信濃国更級郡川中島八幡宮覚帳』（「松田家文書」二〇一三号）に、「裏拝殿」として、本社と「同断」、つまり「別当・神主両人支配」とある。『小谷姓氏録』によると、御裏社は社僧である惣目代の分であった。『要集』には、裏八幡は「本殿の裏側にあり、藁草で葺いた小屋様の中央に仏像が一体安置されていた。その横に、十二神将、または十二観音が置かれた。北村氏記録では

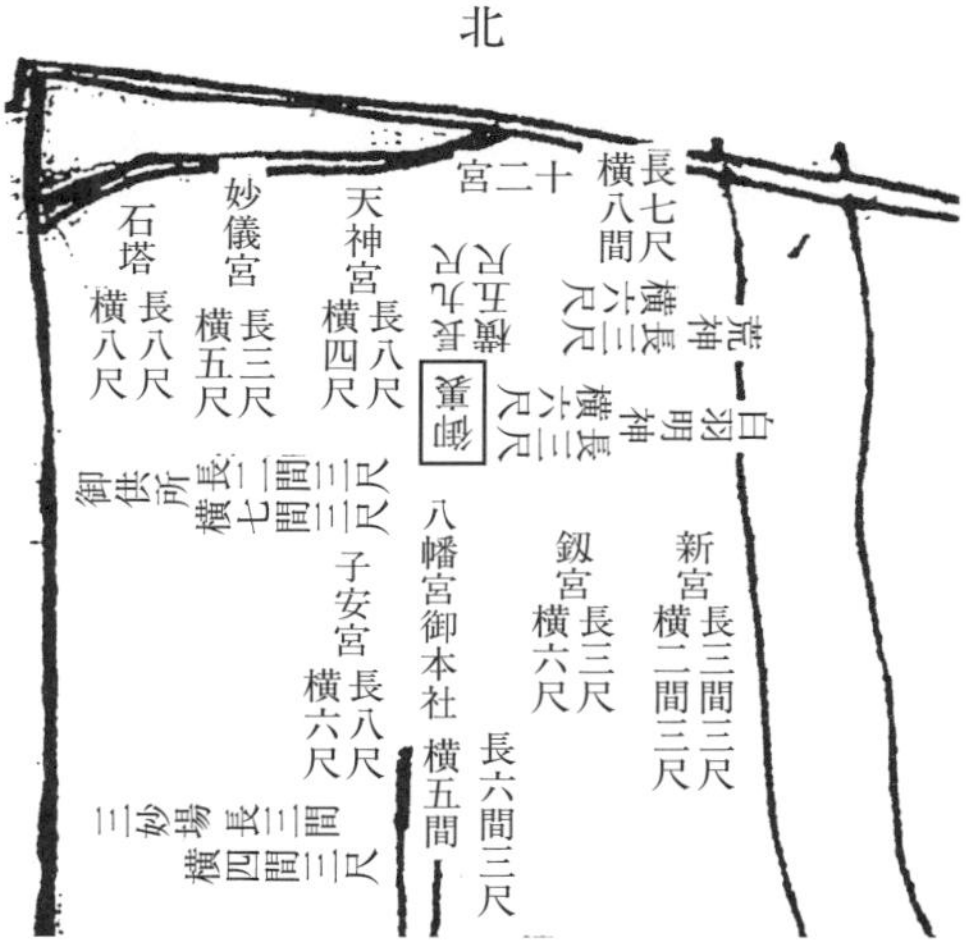

図5　元治元年（1864）の『八幡宮　御社弁館及屋敷地全図』（御裏は福原が囲んだ）

観音となっている」とあるが、同社は天保十三年（一八四二）九月二十八日の火事で消失した後、再建されなかった。『要集』によると、昭和の現在（昭和三十年代）でも本殿裏から今は無き裏八幡を拝している老人もいたという。裏からの参拝ということに関しては、建築史の黒田龍二氏が中世京都の北野天満宮舎利信仰の事例に関して、日常的な背面からの祈念、後戸からの参拝に特別な意義を指摘している(23)。

『要集』では「裏八幡は多分、現在の十二神祠の位置に南面していたものである」とするが、実際には裏から拝むという意味で北面していたのではなかろうか。元治元年（一八六四）の『八幡宮御社弁館及屋敷地全図』一枚（「松田家文書」二七〇一一号）によると、図5のように「御裏　長九尺　横五尺」のみが他の社殿と逆様に北面して記されていることも上記の根拠となろう。裏八幡は法華経が納められた後戸の神ともいえよう。

『小谷姓氏録』に、大麻はもと、志川村柳清水（現在の志川神社そばの柳清水神社付近）から切り出すとあるが、同社は水竜さんの性格を持ち、上の西高地にあり、湧水がある(24)。

「本樽柳」は『要集』では「本地柳」、口絵と三一二・三一三頁の二点の絵巻では「本餅柳」となっている。膳綱は善の綱であり、後述する。

次に、長野市真田宝物館所蔵『松代五大祭礼絵巻』（松代藩八代藩主真田幸貫公題箋）の内の一巻である『八幡大頭祭絵巻』（口絵、絵師不詳、久保一楽下絵、以下、真田本絵巻）を検討しよう。同絵巻の巻頭には、「信州更科八幡村八幡の祭礼毎年十一月十日より初り十四日に終る、練り行列日々に出るをこゝに合せ図す、十三日の夜の式を末に加への（載）す」とある。巻末には「十三日夜中の式」があり、図（口絵）がそれである。同行列を西側から見た構図であり、赤紙短冊に墨書がなされ、以下、括弧で表現する。括弧がないものは福原が同定したものである。先ず、建物は「神楽殿」「拝殿」「本社」「裏拝殿」が南から北へと一直線に並び、「本社」の西（手前）に「子安大明神」がある。「神楽殿」の中央に桶が伏せられ、鶏をかかえる子どもなどの見物人がいる。この行道の先頭は左端の「裏拝殿」前の「大麻」であり、最後尾が「数珠取」である。絵巻を広げる（見る）順番としては、右端の「数珠取」からであるが、ここでは行道の先頭より記述していこう。先頭は「大麻」「獅子」「大宝」二人、「典経八巻」八人、太鼓、笛二人、「本餅柳」一人、「幡四流」、「白張灯燈〈提灯―福原注〉のこゝろ〈趣向―福原注〉にて竹の上に付るとそ」、「賽銭持」、「頭人」「四人して頭人乃頭に覆ものを里人ハリイといふなり」、老婆を先頭にして「頭人親類乃女共」二十人が善の綱を持つ、最後尾の「数珠取」役は善の綱の最後を持つ。

もう一点、武井音兵衛氏蔵『大頭祭絵巻』（以下、武井家蔵絵巻）の夜練り図（図4）を検討しよう。前欠ではあるが、墨書によると大頭祭御大門行列という昼の供物運びのお練りを主題とし、その巻末に「十一月十三日夜」とある。行道の様子の上部に墨書されているので、以下括弧に記す。「大麻壱人」、「獅子一ツ壱人」、「大宝面二ツ二人」、「典経　八巻白木台御幣　八人」、「大皷壱人」、「笛社家弐人」、「本餅柳壱人　柳の枝ニ髪道具〈櫛・笄・鋏―福原注〉さげる」、「笹の葉に付旗四本　四人」、「笹に紙包附高張提灯之形　上下着用二人　此紙包之内□（何カ）共不知」、賽銭持、「上下着用　手提灯弓張持　六人」、「頭人烏帽子狩衣」、「ハリイ　竹にテ拵頭人ノ頭ノ上ニ上ケ上下着用四人にテ四隅ヲ持」、「上下着用拾人　弓張持」、「頭人之腰ヨリ白布出シ是江家内の者又は親類之女共〆二十四人取付候長く歩行末ノトて□□数珠取持申候女共綿□うし（帽子）白のかいどり其上紫のしごきを以しめル」、「此女共は其年乃当番に当ル者の親類より家内之者共取持に供に出申候」。

善の綱の最後尾を男が持つが、前述した真田本絵巻によるとこの男は数珠取である。二十四人の女と数珠取の二十五人は、二十五菩薩来迎に見立てられたものであろうか(25)。

「神楽殿」は前掲の『寛政三年八幡宮境内惣絵図面』と『八幡宮御社弁館及屋敷地全図』では「舞台」、現在は「勅使殿」と称している。『要集』によると、夜練りに際して「頭人諸役昇殿して、頭人は腰掛桶にかけ」とあり、真田本絵巻の神楽殿に描かれた桶は大頭の腰掛桶であろう。

頭屋の家族、親類の女計二十四人が善の綱につかまっているが、彼女たちは数珠を持ち、綿帽子、白のかいとり〈掻取、裾、褄をつまみあげて歩きやすいようにした着物―福原注〉を着、紫の扱帯を締める。この帯は通常、女性がお端折の着物を対丈に着るために用い、花嫁衣装などの晴れ着の飾りとして結び下げるものである。

『小谷姓氏録』に「頭人ヨリ膳ノ網附ス」とあり、武井家蔵絵巻に「頭人腰ヨリ白布出シ」とあるので、善の綱は頭人の腰に結び付けられていることがわかる。井之口章次氏は「棺の前後に晒布をのべ、会葬者がそれに縋って野辺送りをする風が広い(26)」というが、この絵にあるのはまさに、後述するハリイを棺と見立て頭人の腰に晒し布を結んで、近親の女性会葬者がつながってゆく形であり、葬列の様相を呈している。同書には、「もともとは善の綱は、葬式のためのものではなく、仏を開帳するときなどに、仏の手から綱をひいて結縁のしるしにすること」とあり、葬列の善の綱は「決して女性専用のものではないが、男の持つ野道具がふえたためか、女性がしとやかでうしろからついてくるためか、たいていはどこでも女の役目のように考えられ」、「綱につく順序は、忌を受ける度合にしたがうのがふつうで、死者に遠い者ほど先〈棺から離れている場所―福原注〉を持つ」という。真田本絵巻の頭人に近い老婆は彼の妻か、母親かも知れない。伊阪康二氏は滋賀県下では善の綱の先端を導師が持つ事例もあり、結縁のため仏の手などにかけてひく綱からきている、と推定している。[27] さらに、五来重氏は、善の綱は「作善の綱」であり、「これに賽銭や供物の「おひねり」を水引で結び下げるものであった。これで本尊にさしあげたことになると信ずるのが庶民信仰である」という。[28]

次にハリイについて検討する。『古来頭人納物覚』（「松田家文書」三〇七二六号）によると、「はりい役 二〇〇文 宮川伊勢」とあり、『八幡宮御八講頭役帳之事』（同三〇七七五号）に「はりいノ役銭」は「二〇〇文 本役三二文」が挙げられている。前掲の両絵巻とも祀官である社家宮川が準備するハリイの四隅を四人の男が持ち、真田本絵巻にはその中に大頭が入って行道している様子が描かれている。描かれた形態からして、竹骨のハリイとは語源としては「張＋イ」ではなかろうか。張＋帷（「四方に引き回した垂れぎぬ。ひきまく。とばり」[29]）と仮定すると、帷を張っている状態を示したものであろうか。絵巻を見ると、ハリイは切妻の屋根型の覆い物であるが、これは葬送に関連した以下の六つの葬具（五来重氏説[30]）を連想させる。埋葬墓上の施設である①龕前堂ともいわれる霊屋型殯に置かれた小型の屋形、②屋根だけの家型殯であるスヤ型殯（天地根元造）、③龕（棺）の天蓋・幡蓋、④カリヤ、⑤仮門、⑥四門、の六つが想定される。

④カリヤ[31]：野飯、辻飯、六道餅を饗供と名付け、荒魂である死者の凶霊が墓の殯の封鎖を破って、村や町に帰来するのを防ぐ供物とした。この中には露骨に死者の荒魂を追い返すものもあって、これをカリヤと呼んだ例がある。京都府桑田郡山国村に、葬式の夜、仏が一夜宿るという小さな小屋を仮屋と呼ぶ。長さ一尺幅六寸の板の両端に竹の弓を張り、その中に一本の棟木と称する割竹を通す。一夜過ぎると仮屋は見つけ次第、川に流してしまう（郷土報告、鳥居脩氏）。「これらは喪屋籠りの一つ次の形式であると同時に、全国に広く行われている墓上の小屋形・屋根形のものが、やはり喪屋の退化もしくは象徴であろうという推測への、橋がかりの役目を果たし得るのである」。

⑤仮門：大頭祭の夜練りでは左回りに三回巡るが、これは死者が荼毘に付される前、庭葬礼、火葬場、墓地で三回廻ることと同じで、死者の世界に行く時の作法である。野辺送りの行列が葬家を出てから墓場に着くまで、および出棺後の喪家での諸式を総括して庭葬礼という。棺が家を出るときに、竹や萱で門の形を作り、それをくぐって出る仮門の習俗は多く、庭葬礼の殯の門、モガリモンがカリモンになったともいえる。[32]

⑥四門[33]：写真（図6）は四門の四本柱であるが、上の覆いが絵巻のハリイと同型である。写真の陸中沢内村（現和賀町）の四門には葬具小屋が付設されていて、葬輦、龍頭とともに四門額があり、葬式にはこの額をかけて、四門行道（四門くぐり）をしてから墓地へ埋葬、火葬したりしたのであろう。

図6　四門の四本柱（岩手県沢内村、現西和賀町、五来重『葬と供養』東方出版、1992年、571頁より）

結論としては、ハリイは上記六つの葬具中のどれかに相当しよう。夜練りの行道が始まると大頭の腰に善の綱が結ばれ、真田本絵巻では大頭がハリイに入っていることを周囲に見せている。まさに、ハリイは可視化された棺、頭人が死者であることを象徴していることは確かであろう。『要集』によると、「神前にて社中一同相寄り、糊入紙にて紙よりをよりてはりいをつくる」、「染黄をうけとり舞台におき、これをはりいにかぶせて造る」とあり、竹骨のハリイには紙よりや染黄の布が被せられたものと思われる。また、『天保十年伊勢役控』（八幡地区・宮川鎮雄氏所蔵）[34]によると、十三日の夜練りの日の夜、「暁によしず出来の事、拝殿にて式」とあるが、葦簀もハリイのことであろうか。

次に「たや」に注目したい。『要集』によると「たや」とは「多屋、他屋、閫屋とも書く。もと神官の婦人を、その月経又は出産時に移しておくために神社の境内に構えられた別屋を称したが、後真宗寺院の境内に参詣者の宿泊所として建てられた家屋の称となった。潔斎屋の意味ならむ」というように、頭人の潔斎屋とする。五来重氏[35]によると、「他屋の坊主、毛坊主といわれた人々は、村々の無常講の先達や善知識として、没後葬礼の助成扶持を指導していたことはうたがいない」、「蓮如のまわりに集った『他屋の坊主』といわれたのも、近世になって真宗教団の下部構造となった毛坊主というものも、おなじく没後葬礼にかかわる半僧半俗の聖であった」とし、他屋は葬礼に関わる聖であったことを指摘している。また、寺社の参詣人や御師など勧進聖が休息や宿泊するための家をいう用例もあり、他屋・旅屋・多屋などと充てることがあった。本稿では、「他屋・他家」を「忌みに服するために設けた小屋。婦人が月経、出産のときに籠もる産屋のような建物[36]」、つまり、穢れのあるとされたものが忌み籠もるためにあてられた建物と考える。そこに大頭が籠もるのは、彼が死の穢れを儀礼的に帯びていることを演出するためではなかろうか。大頭が籠もるための「たや」が用意されたことは、以下のように大頭自身の儀礼的葬送のため、身を隠すことが演じられたものと思われる。三二三頁の表によると、たや用の杭木が九本用意されており、「たや」とは境内に臨時につくられた死の穢れを帯びた者の忌小屋であり、大頭は夜練り直前までここに籠もっていたと思われる。

夜練りの四本幡（しほんばた）も葬列の重要な葬具であり、善の綱に繋がる女性の被り物綿帽子も葬列の被り物として普遍的である。『旅と伝説』（六巻七号、一九三三年）『葬（特集）号』「長野県諏訪湖畔地方」（有賀恭一報告）によると、女は白のかつぎを背中に垂らすといい、五来重氏は富者が袿のような長いかつぎをかぶったという[37]。

次に本餅柳に関して述べる。前掲『八幡宮御八講頭役帳之事』では、「両本餅持」とあるので本餅柳は二本、あるいは柳は一本で持ち手が二人であったのかも知れない。両絵巻では一本しか描かれていない。また、『要集』によると、本餅柳に吊るされたものは文化年間までは「七ツ道具」（鋏、毛抜き、剃刀、鏡、元結、櫛、油）であったが、天保年間に油を除いて「六ヶ袋」となったといい、夜練り終了後、拝殿にて本餅柳を村人が奪い合った。これは大頭を故人とみなし、生前に使用した遺品の象徴なのではないか。そして、夜練りという大願が成就した時、これを取り合った習俗は大頭の形見分け儀礼であると思われる。現在の行事でも棒状のものに吊るされた遺品伝承がある。三重県阿児町立神のお盆には陣ばやし、ささら踊り、盆踊りが演じられるが、それは立神の村堂である薬師堂の前庭で披露される。お盆になると、薬師堂の前には「総牌」と呼ばれる墓石型をした新仏の戒名を記した灯籠が据えられる。その上に傘鉾(当地では傘福とする)が二本吊るされる。昔は新仏の家がそれぞれ傘鉾を出した。この傘の下に前年の七日盆から今年のその日までの一年間に亡くなった故人の遺品を吊るしてゆく。男性の場合はネクタイなど、女性の場合は櫛やカモジが吊られるという。(38)

「大宝」という鼻高面二面と獅子頭一面は現存している三面と考えられる。三面とも千曲市指定文化財(彫刻)であり、指定文化財の名称は「伎楽面の木造金剛力士二面」と「同木造獅子一面」である。米山一政氏の解説(39)は以下の通りである。前者二面は平安時代末から鎌倉時代(十一〜十二世紀)、後者が鎌倉時代の制作と推定され、開口の金剛と閉口の力士の両面は、面部を朱漆で彩色され、獅子面も漆で下地彩色がなされているが彩色が剥落している。三面とも一材から彫成したもので、金剛力士面は「大頭祭の治道面として用いられたもの」という。しかし、舞楽面ではなく、伎楽面とする根拠が曖昧であり、初めから芸能的所作があったものか現在では不明である。夜練りは神輿渡御を伴わない法華八講の行道という要素も有するので、この三面はその行道面であろう。

行道面とは、仏教法会のなかで本尊や堂塔の周囲を列をなして練り歩き、讃嘆・誦経あるいは礼拝して供養する行道に用いられる。(40)武水別八幡宮の場合、本殿を左回りに三周する行道の露払い・先導者である。畿内中央の舞楽法会では、古代以来、師子二頭とその一頭につき師子子二人、口取り二人で構成される。神社の神幸の場合、師子の頭数は一定せず、師子子の存在はあきらかではない。そして、口取りの代わりに鼻高・王鼻・猿田彦・王舞・陣道など、いろいろに呼ばれる鉾を持った役二人が登場する。武水別八幡宮の場合、両絵巻が描かれた近世後期にはすでに仮面を被るだけになっており、獅子舞とその口取り役の鼻高が鉾を持って先払いする芸能が早く失われたものか、当初よりなかったものか定かではない。

繰り返すが、大頭祭は仏教的には霜月の法華八講という意味付けがあった。これは法華経八巻を八座に講説する講であるが、古代より霜月の仏教法会として定着し、八巻を一般的に四日間、朝夕二座で講じた。大頭祭の場合、十一月十二日~十五日の四日間、神宮寺僧により三十講が行われた。例えば、三河国猿投社神宮寺では同月十五~十八日の間、霜月八講会が行われ、観応元年(一三五〇)より慶応三年(一八六七)まで五百年以上書き継いだ八講頭人の記録がある。[41]行事の主体は社僧の「八講頭人」と、社領の中核的な郷である神郷三所に課せられた「神人頭人」である。水谷類氏は「僧等にとってこの行事は自らの存亡に関るほどに重大な意味を持っていたと考えられ、頭役や儀礼に関する衆議が度々行われている。おそらく社僧と彼等が属する院坊は、八講の頭役を勤めることで、荘内の住民から信頼とさまざまな依頼、帰依、経済的な援助を得ることができたのであろう」[42]と解している。猿投社神宮寺のように、法華八講は寺内で完結するのではなく、武水別八幡宮においても寺社領の住民に頭役を負担させる儀礼として展開していたのである。

ここで、『要集』に表化された、天保十年の『伊勢役控』によって江戸期の頭人行事次第を確認しておく。十一月一~四日は五人の頭人による釜清め、四~八日が小精進、十五日夜がお頭渡しである。大頭祭終了後の十七~十九日が頭人祭で「小精進上」といって寺社側が各頭人を呼んで振る舞い、二十日がお頭割という、恐らく「オハッカイ」を壊す、一年間の頭人終了の祭りであったと思われる。

本章最後に夜練りの経済負担について、『要集』所載の表(文化十年〈一八一三〉の納銭に対する使用途明細の記録)を掲げる(表1・大頭祭納銭使途細目例)。大頭祭に際して、頭人から神社に納める納品のなかに納銭という

表1　文化10年(1813)大頭祭納銭使途細目例(『要集』より)　(単位：文)

使　用　別	大頭配分	脇頭配分
先達費(斎主)	1,158	1,108
火祓費(堂目代玉泉院三頭分、宮川伊勢守二頭分)	702	613
講　坊(仁王堂係)神宮寺別当納め	220	81
両神主(八幡、若宮)屋敷納め	80	60
御棚役(御供舎)宮原日向守(代求馬)	115	111
誦経役(座舌)惣目代金剛院納め	40	40
拝殿楽役　宮沢権太夫扱	18	13
奏楽費(青梅橋奏楽)宮川伊勢守、宮沢権太夫	120	93
管　絃	72(2人)	27
楽座費(築設費)別当、神主双方に納め	70	54
馬　代　別当、神主双方へ隔年に納め	71	27
奥　役　別当方下番の役	141	94
式　事　神主方下番の役	55	47
斎の森飾付　堂目代玉泉院へ納め	8	6
夜ねり役　宮川伊勢守	110	
天経奉持役　惣目代本鏡院の役(当時無住に付) 別当へ納め	42(2人)	
天経出庫役　(こでのり　小舎人—福原注)	71	
染黄、水引、桶　宮沢権太夫扱、染黄は堂目代、桶は神主両年、惣目代1年	224	
年行司(年間祭事予算係)	12	
獅子、大宝、雑司　宮沢権太夫扱	12(3人)	
へぎ代　惣目代扱	12	
御先打用意　宮川伊勢守、宮沢権太夫扱	12	
杭木用意(たや木9本)	72	
霊守樹用意(本地柳)別当下番納め	6	
(夜ねり役〜霊守樹用意)	夜ねり費用573文	
雑　費	48	26
合　計	3,491(3,600とあるのは誤りか—福原注)	2,400

制度がある。大頭は三貫四百九十一文、脇頭は二貫四百文となっている。これを見ると、五百七十三文が夜練り費用であり、「この納銭は、頭人がその労働や実物負担の外に、更に負担すべき御式執行上に必要な物資金や、労賃の合計金である。明治中期までこの制度は極めて重要視され、その運用も実質的に価値的に出来てきたのである」[43]が、その後の社会的変化により、納銭は単に形式だけのものになってしまった。

三　宮田登氏の大頭祭解釈

ここで興味深い言説として宮田登氏の大頭祭解釈を紹介しておこう。[44]宮田氏は、今まで見てきた大頭の夜練りではなく、五人の頭人による供物運びの昼練りに関して、沖縄の事例を介して葬送儀礼との関連で理解しようとしているのである。

沖縄の高齢者の年祝いの一つに、カジマヤーの祝いがある。数えで九十七歳の長寿になったときの祝いである。一般には還暦の赤いちゃんちゃんこのように、老人が子どもに立ち返ったとして、本人にカジマヤー、すなわち風車を持たせるという通過儀礼である。現在、盛大なイベントになっており、村中総出で、子どもに生まれ変わった老人を車に乗せて、何十台もの自動車をつらねてパレードをする地域もある。しかし、戦前のカジマヤーはあたかも葬式、その行列は葬列のようだったという報告がある。九十七歳になると、老人たちを死者と同様に扱い、すなわち、白衣の死装束を着せ、枕元には枕飯を供えた。そして家族や近親者がその周囲に座り、哀悼の意をこめつつ名前を三度呼んだという。まるで、死者の魂呼ばいのようであるが、これを「枕飯御願」という。この地域では人間の寿命は八十八歳が最高の限度であるのに、それ以上生きていると、その分だけ子孫の命が縮まってしまうと考えられていた。この事例の場合、カジマヤーの目的は、もう寿命が尽きたのだから昇天して下さい、ということであり、ついでに子孫の繁栄を祈ったという。そして御願が終わったあと、葬列のように行列を組んで村中を廻った。その際に七つの橋、七つの十字路を通過することになっていた。これを「後生支度」といって、すべてを葬式と同じようにして、他の人々は途中の道端でそれを見てはいけないとされていた。

これと類似の事例は、沖縄の各地にあった。大宜味村喜如嘉では、祝いの前夜、カタチヌメーと呼ばれる祈願を行う。カタチヌメーとは葬儀の時の枕飯のことである。当人に白装束をさせ、死者に見立てて西枕に寝かせ、枕飯を供えて祈願を行う。もうあの世に行かれる歳になりましたのでお引取り下さい、という内容の祈願である。いわば模擬葬式のようなことが行われた。カジマヤーを祝う老人は新しく生まれ変わるという意味から、木製の四輪車にのせて墓へわざわざ連れて行ったという。これまでの人生は終わり、このあとすんなり墓に入れる、という意味だといわれている。そして、再び生まれ変わったものとして、墓から連れ戻して家へ帰ってくるのである。カジマヤーを迎えた者の一行が墓から帰ってくるときの行列を見ると、不運にみまわれるといい、タブーとされている。だから村人はその行列を見ようとしなかった。カジマヤーを迎えて生まれ変わった老人が長寿になった分だけ、村のほかの者が寿命を縮めさせられているからだ、と伝承されている。

カジマヤーという語には風車のほかに「道の交差点」「辻」の意味もあり、途中、七つの橋や辻を通ることは、その人の人生を集約した時空間を通過したことを意味すると宮田氏は考えた。そして究極の段階で死の世界(墓場)に入り、ふたたびUターンして現世へ戻ってくることを儀礼化している、と解釈している。

さて、以下、宮田氏の大頭祭論(45)である。

七つの橋や辻をこえて、新たな時空間に入ることを暗示する光景は、〈沖縄とは―福原注〉別のフィールドであるけれど、私自身目にした長野県更埴市〈現千曲市―福原注〉八幡の武水別神社の祭りにおける頭人の姿を思い浮かべる。(中略)大頭の家では、庭にハッカイとよばれる神が降臨してくるための祠のような施設を作って準備する。いよいよ一年後の祭りに備えて精進する生活に入ったことになる。

晴れて大頭になった者は、白衣、白袴、烏帽子をつけ、ハッカイのあるわが家の庭から車にのって、武水別神社の旧拝殿という斎の森に向かう。その途中、辻を過ぎるとき郷内各社の方角に礼拝を済ませ、行列（オネリ）をつくる。沿道では豆がらと柴をつみ重ねて火をつける。火による浄化の意味があった。もうもうと上がる煙にいぶされるようにして、頭人の行列が行く。こうして一行はまず武水別神社の旧社殿という斎の森にやってくる。斎の森は境界の意味である。この場所は神が最初に鎮座した聖地であった。大頭は神殿の前に椅子を置いて、その場にじっと座っているのである。半日ぐらいは椅子に腰かけてじっと動かないでいる。神化した状態なのである。つまり生き神様になったわけである。大勢の氏子たちが大頭を拝礼するために参集してくる。大頭が自宅のハッカイで神霊を憑依させ、さらに車にのって、神社に向かい、その途中、辻ごとに立ち止って聖域に向かって拝礼をくりかえすうちに、神化のプロセスをたどって神に生まれかわったことを暗示している。その過程に折り目をつけているのが辻＝十字路や橋、斎の森である。それは、境界を通過するたびに儀礼を行う必然性を物語るといえる。（中略）

大頭の神事は、大頭になった者は永い年月を経て神化していくところに意味があり、当然、高齢となった三番頭の者が選定されている。大頭になることは、この地域の高齢者にとっての生き甲斐の一つであったことは明らかである。

現在の大頭祭には葬列の要素は見受けられないが、宮田氏は大頭祭における五人の頭人の練りとカジマヤーの行列を直感的に比較しているのである。カジマヤーにおける擬死儀礼は自宅と墓場を往復するが、大頭祭では武水別神社への練り、鳥居から拝殿までの夜練り、本殿における御供積みというクライマックスに至る。昼の練りは風流化しているが、江戸時代の夜練りの「大頭の儀礼的死」の演出は、カジマヤーにおける擬死儀礼と同様の意味付けだったのであり、現在では両者とも葬式、葬列の側面が消え、忘れられてしまっている。

おわりに

一般的に頭人とは死の穢れ、服忌から離れているべき人である。夜練りとは大頭を勤め上げた頭屋一族の証しであり、先祖代々数十年間の重責の総決算というべきものであった。その晴れがましい、一世一代の夜練りが葬列を表象していたのである。ハリイに入った頭人は棺桶に入っているようで、松明やろうそくで照らされ、見学者に向けて可視化された「頭人の死」を象徴している。頭人の任期最後、それも五世代もの時間をかけ、頭屋一族が細心の注意を払って、経済的にも膨大な負担をしてきた総仕上げともいえる夜練りが頭人の野辺送りであり、次の頭人選定直前の深夜の擬死儀礼であった。

最後に、今後の見通しを立てる意味でも、大頭祭に秘められた信仰について推論しておこう。

前述したように、「オハッカイ」にはその年の供物となる稲の霊を初穂儀礼「八重注連祭」によって九月一日（江戸期には八月一日）に付着させたものと解せよう。その「オハッカイ」を拝んでいる頭人自身は、穀霊を宿している稲魂の器なのであろう。大頭は大頭祭に際し、改めて穀霊を「オハッカイ」から自身に憑依させて臨み、夜練りによって、神として死んで、村人として生れ変ったのである。夜練りは大頭の擬死であり、一度儀礼的に死ななければ、次の村人への頭人渡しはできなかったと考えられたのであろう。大頭祭という冬至頃の「太陽の死と再生」の時間に、収穫された稲（殺された植物）の穀霊・穀翁として、大頭は儀礼的に死ぬことが必要であった。頭屋の神田で収穫された米、餅、野菜を神社へ納め、自らは擬死再生の儀礼によって、村人へかえり、次の頭屋に渡すことが必要であったのである。そして、次の頭人が選ばれ、翌年の新たな耕作が始まるのである。

伝承は見い出せないが、収穫後の種籾を次の頭屋の「オハッカイ」中に保存したと、民俗論理として考えられよう。

宮川禮次郎氏も、夜練りは本来、「本殿見廻りの三界信仰」、「三世三廻を経て更生す」（『要集』）と言う。つまり、行道が衆生の生死輪廻を象徴していることに気づいていたのであろう。夜練りは、稲魂を宿した大頭の葬式にほかならなかった。武水別八幡宮本殿ではなく頭屋の「オハッカイ」にこそ穀霊が宿り、一年に一度の新嘗の祭りで八幡宮へ神迎えされ、大頭は儀礼的に死に、次の頭屋に新たな穀霊が継承された。稲魂は囲われた暗い「オハッカイ」の中で年を越し農耕前に再生する。それが永遠回帰、毎年、繰り返されていたのである。

大頭祭、夜練りが整えられた中世より近世末まで、神仏習合期には上記の循環、秘められた意味が祭りに生きていた。一年（一稔）のサイクルは稲の一生であり、植物（作物）の生と死が、頭人のそれに重ねあわされていた。それが祭りという聖なる劇中で可視化され、村人にはその神秘が実感されていた。

神仏分離政策により神道祭祀から「死の儀礼」は排除され、国家神道により祭式が画一化され、土地独自の意味が喪失されていった。それがこの百四十年のわが国の祭りの歴史でもあった。

注

（1）萩原龍夫氏「祭りの変遷」『講座日本の民俗宗教　神道民俗学』弘文堂、一九七九年。
（2）浅野井旦氏「第九章　神社仏閣　第一節　武水別神社と神宮寺」『更埴市史　第二巻　近世』更級市史編纂委員会、一九八八年。
（3）中島丈晴氏「武水別八幡宮大頭祭御頭帳に関する一考察―書誌の紹介と作成者の歴史的変遷―」『社寺史料研究会大会「セッション　信州武水別八幡宮の信仰・芸能世界」二〇〇七年一二月一日』口頭発表資料。
（4）児玉幸多氏「神社の特殊慣行の研究」『近世農村社会の研究』吉川弘文館、一九五三年、初出一九三六年。
（5）児玉幸多氏「村落社会の研究―家格の成立―」『近世農村社会の研究』吉川弘文館、一九五三年、初出一九四三年。
（6）高牧実氏「檜原春日社と武水別八幡宮の頭人」『宮座と村落の史的研究』吉川弘文館、一九八六年。
（7）西沢武彦氏「第十三章第六節　武水別神社の大頭祭」『更級埴科地方誌第三巻　近世編下』更級埴科地方誌刊行

会、一九八一年。
(8) 鈴木寿氏「第十一章　更埴地方の寺社領」『更級埴科地方誌第三巻　近世編下』更級埴科地方誌刊行会、一九八一年。
(9) 浅野井旦氏注(2)。
(10) 原田敏明氏「信濃更級郡武水別八幡宮の農業神事」『民族学研究』三―四、一九三七年。
(11) 西角井正慶氏「頭人の祭祀」『金田一博士古稀記念言語民俗論叢』三省堂出版、一九五三年。
(12) 石田武久氏「信州武水別神社の大頭祭」『國學院大學日本文化研究所紀要』三一、一九七三年。
(13) 奥付に武水別神社とあるものの私家版。本稿では、同筆者による自筆書き入れ本を引用する。なお、同書下巻「新嘗献備祭概要（頭人祭）」が『〈記録選択〉武水別神社頭人行事　民俗文化財調査』（千曲市教育委員会、二〇〇七年）に復刻掲載されている。
(14) 加藤健司氏「武水別神社大頭祭」『日本祭礼民俗誌』おうふう、二〇〇〇年。
(15) 菊地健策氏「武水別神社の頭人行事」『日本の祭り文化事典』東京書籍、二〇〇六年。
(16) 筆者は二〇〇五～〇八年度の千曲市教育委員会「武水別神社頭人行事　民俗文化財調査」（国庫補助事業、倉石忠彦団長）において祭事部会調査委員として参加している。千曲市教育委員会より三ヵ年分の中間報告書も刊行されている。同調査は最終の〇九年度に報告書が刊行される予定である。同頭人行事は一九八六年一二月一七日付で、記録作成の措置を講ずべき無形の民俗文化財「武水別神社の頭人行事」として選択されている。
(17) 注(12)。
(18) 大頭祭の記述に関しては、注(10)～(15)、及び(16)の調査データ、及び(16)の中間報告書による。
(19) 現在、二十一大字の内、事情により数大字が参加していない。
(20) 注(2)。
(21) 志川村の山崎嘉蔵が文久二年（一八六二）に大頭祭二番頭を務めるにあたり、神主宅にあった古文書類を整理・集成し、以後明治三八年（一九〇五）頃までに完成させたとされている。千曲市刊「武水別神社頭人行事　民俗文化財調査」二〇〇六年度中間報告書（史料部会）の解題による。
(22) 注(2)に掲載。清水家は旧別当家である。

(23) 黒田龍二氏『中世寺社信仰の場』思文閣出版、一九九九年。
(24) 更級郡八幡村村誌編纂委員会編『八幡村誌』第一集、信濃教育会出版部、一九五九年。
(25) 大東敬明氏の御示唆による。
(26) 井之口章次氏『日本の葬式』筑摩書房、一九七七年。
(27) 『日本民俗大事典』上(吉川弘文館、一九九九年)「善の綱」の項。
(28) 五来重氏『葬と供養』東方出版、一九九二年。
(29) 『日本国語大辞典第二版』小学館。
(30)~(33) 注(28)。
(34) 注(2)を参照。
(35) 注(28)。
(36) 注(29)。
(37) 注(28)。
(38) 三重県教育委員会編『平成一六年度 ふるさと文化再興事業 三重県の民俗行事調査 1』、二〇〇五年。
(39) 更埴市教育委員会編『更埴市の指定文化財』二〇〇三年三月。
(40) 田辺三郎助氏『行道面と獅子頭』日本の美術一八五、至文堂、一九八一年。
(41) 水谷類氏「「宗教センター」と「宗教サロン」—中世尾張・三河宗教文化圏のダイナミズム—」一宮研究会編『中世一宮制の歴史的展開 下:総合研究編』岩田書院、二〇〇四年。
(42) 同右。
(43) 宮西知明氏『古里と我が生家』自費出版、一九七六年。
(44) 宮田登氏『冠婚葬祭』岩波新書、一九九九年。
(45) 同右一九~二一頁。

[付記] 本稿を草するにあたり賜った、矢島宏雄氏・水谷類氏・酒井茂幸氏・中島丈晴氏の学恩に末筆ながら感謝申し上げます。

あとがき

『神社継承の制度史』がようやく日の目を見た。神社史料研究会では、会員による研究発表を批判・討議し、成稿の論文を神社史料研究会叢書として上梓し、これまで第一輯『神主と神人の社会史』、第二輯『社寺造営の政治史』、第三輯『祭礼と芸能と文化史』、第四輯『社家文事の地域史』を世に送り、これが第五輯にあたる。当初計画したものがこれで完結する。

かえりみれば、神社史料の各分野からの有効利用、研究の深化普及を目標として、神社史料研究会が発足したのは、平成六年（一九九四）十二月十一日のことであった。会員は四十八名。小生が代表を務めることになった。本会の名称が神社研究会ではなく、神社史料研究会となったのは、神社史料はたんに神社、神道の研究に資し、宗教史の素材を提供するにとどまらず、前近代における神社の位置づけからいって、地域史、政治史、社会経済史、文化史はいうにおよばず、文学、芸能、音楽、風俗、民俗等を初めとする広い分野に資する筈のものであり、神社史料ということに焦点を当てていこうという趣旨による。

爾来、十五年。会の発足当時においては、神社及び神社史料に関する研究、とくに近世分野における究明は、極めて希薄であったのみならず、一部には研究そのものを敬遠する傾向にさえあったように思われた。しかし、いまはどうか。状況は一変していて、往々にして見られたところの神道、神社に対する偏見もあまり見られなくなったし、研究も盛んになってきている。史料に則した実証的な研究も多く見られるようになっていて、隔世の感がある。まことに喜ばしいことである。

第五輯の刊行にあたり、本会の活動をふりかえると、研究会は平成七年より十三年まで、小生が勤務していた東京大学史料編纂所の大会議室をお借りして開催、二十回に及んだ。また毎年夏には、古文書などの神社史料の見学を兼ねて然るべき神社においてその御協賛のもとに、一泊二日のサマーセミナーを行って十四回にも及ぶ。研究会・史料見学会でお世話になったところを順に記すと、伏見稲荷大社、日光東照宮、八坂神社、秩父神社、白山比咩神社、春日大社、鶴岡八幡宮、鎮西大社諏訪神社、熱田神宮、石清水八幡宮、皇學館会館、賀茂御祖神社、賀茂別雷神社、神田神社であり、その折々に受けた御好意と感激、活発な研究上の議論・刺激等が会を活生化させ、次の会への参加に結びつき今に至ったように思う。神社史料研究会叢書の五冊に収載した論文は、都合四十六本。本研究会においてこれだけの量の論文を積み上げてきたこと、各自が研究のテーマこそ異にするが、神社史料の有効利用ということでは共通の認識をもちながら会を存続してきたことを喜び、また誇りとしたい。

しかし、当初に目標にかかげたことは、まさに始まったばかりといわざるをえないであろう。近世の神社史料のなかでも、もっとも注目されていないのが神社、社家、神主の日記、総称して神社日記というべきものであろう。かつて史料編纂所に在職中、平成三年から十年にかけて近世の社寺日記の調査にかかわり、所々に相当量の神社日記が伝存していることが確認された。近世の日記の特色として掲ぐべきは、原本として伝存しているものが極めて多く、かつ量が厖大なことであり、神社日記も例外でない。調査したものについては、全日記の目録を作成し、全てとはいかないまでも時間と予算が許す限り多くを写真撮影し、紙焼冊子にして史料編纂所の書庫に排架し、研究者の利用に供しえる体制を築くよう努めた。調査順に具体的に記しておくと、「下御霊神社社家日記」（天和元年～慶応二年、二七四冊、うち「定直日記」の安永十年分まで八六冊撮影）、「賀茂御祖神社日記」（元禄十四年～慶応四年、六八一冊、うち寛政三年分まで三六八冊撮影）、下鴨社家の「鴨県主長将日記」（安永四年～寛政十三年、五冊、全撮）、同「鴨県主長尹日記」（文政八年～天保十五年、八冊、全撮）、「西宮神社社用日記」（元禄七年～慶応四年、二二〇冊、全撮）、「伏見稲荷大社旧社職目代家日記」（慶安二年～慶応四年、二二三冊、うち宝永元年まで四八冊分撮影）、「賀茂別雷神社日記」（寛文五年～明治二十一年、一〇二五冊、うち元文五年まで八四冊分撮影）、上賀茂社家の「清令日記」（寛文六年～宝永八年、三八冊、全撮）、同「清茂日記」（元禄五年～享保二十年、四二冊、全撮）、同「清足日記」（寛保二年～安永六年、五二冊、全撮）であり、いずれも原本である。これらにつき対処すべきは第一には十全な保存の処理を構ずること、第二には史料学的研究を行ない、その有効性を明らかにすることである。そして第三には各日記の本格的な研究を推進し深めることである。

このように、神社、社家などにはこれまで未調査であった史料が多く眠っていたことが知られるのであるが、前近代の史料が自然な形で伝存しているわけではなく、明治元年の神仏判然令、そして同四年五月の神社はすべて国家の宗祀であること、神官はすべて世襲を廃し精選補任すべきことの布告により、これらの影響を掻い潜ったものであることを認識しておかねばならない。旧社家と神社史料は応々にして直接の結びつきも失っているのである。更にいえば、近世の神社史料は戦後の歴史学においてのみならず、それ以前の国家神道の時代においても、政策的な面からも重視されたわけではなかったといえる。その意味でも、神社史料の貴重性を謳い、本格的研究に取り組むことは始ったばかりといえるのではないか。九牛の一毛にも過ぎないが、神社史料研究会叢書の第一輯～第五輯が刊行しえたことを慶びたい。

平成二十一年四月

神社史料研究会代表
東京大学名誉教授
橋本政宣

平成十七年（二〇〇五）

第三十一回　平成十七年度サマーセミナー（於皇學館会館）

八月二十二日(月)

安波賀春日神社社家の継承について　宮永　一美

中近世移行期における伊勢神宮の経済構造
―特に外宮子良館の機構を中心に―　千枝　大志

八月二十三日(火)

摂津国平野郷町氏神社と神職坂上氏　佐藤　孝之

忌火御饌起源考　藤森　馨

近世神職組織に関する一考察
―武蔵総社六所宮を例として―　田中　秀典

中世能登島の鎮守と地頭　東四柳史明

平成十八年（二〇〇六）

第三十二回　平成十八年度サマーセミナー
（於賀茂御祖神社（下鴨神社））

八月二十六日(土)

御嵩願興寺祭礼　福原　敏男

律令制と神祇制度―名神を中心に―　山本　信吉

八月二十七日(日)

近世御師の性格―寛文の檀那争いを素材に―　大西　史子

平安・院政期における東大寺転害会について　畠山　聡

吉田家の神職支配―寛政九年東海道神職取締を中心に―　椙山　林繼

平成十九年（二〇〇七）

第三十三回　平成十九年度サマーセミナー
（於賀茂別雷神社（上賀茂神社））

八月十八日(土)

中世伊豆国の三嶋大社　長谷川明輝

中世後期から近世初期における伊勢神宮工匠組織について　細谷　広大

近世前期における吉田家の諸活動
―『御広間雑記』をもとにして―　幡鎌　一弘

八月十九日(日)

越前大虫神社と『岡野吉孝社務日鑑』　橋本　政宣

元禄七年の鴨社の動き―『御祭記』を中心にして―

素盞烏流（出雲流）神道について　新木　直安

国学者永井精古の蔵書について　大東　敬明

平成二十年（二〇〇八）　須藤　茂樹

第三十四回　平成二十年度サマーセミナー
（於神田神社（神田明神））

八月十九日(火)

祭礼行列再考―神田・山王両祭礼における御雇祭―　亀川　泰照

祭礼図研究の現状と難しさ　八反裕太郎
聖所と祭場のトポロジー　水谷　類

八月二十日(水)

春日社における神事と神祇言説
　―『中臣祓』春日社家大東家本「白杖之事」を通路として―　大東　敬明
藤村惇叙著「春日大宮若宮御祭礼図（寛保二年刊）」の成立とその周辺　幡鎌　一弘
博多松囃子の通り物―近世後期を中心に―　福原　敏男
東京時代の都市祭礼―神田祭を事例として―　岸川　雅範

執筆者一覧(執筆順)

山 本 信 吉 (やまもと・のぶよし)
1932年生. 元奈良国立博物館長. 國學院大學客員教授. 博士 (文学・東京大学). 『神主と神人の社会史』(共編, 思文閣出版, 1998年), 『社寺造営の政治史』(共編, 思文閣出版, 2000年), 『摂関政治史論考』(吉川弘文館, 2003年), 『古典籍が語る―書物の文化史―』(八木書店, 2004年) など.

西　中 道 (にし・なかみち)
1954年生. 石清水八幡宮禰宜. 「石清水八幡宮と男山」(『清峯』第7号, 1996年), 「石清水八幡宮の祭典と今日的教化の取り組み―厄除大祭を中心に―」(『山口県八幡宮会創立10周年記念フォーラム』, 2003年), 「八幡信仰について」(『薬師寺』第140号, 2004年) など.

嵯 峨 井 建 (さがい・たつる)
1948年生. 賀茂御祖神社禰宜. 『日吉大社と山王権現』(人文書院, 1992年), 「社寺行幸と天皇の儀礼空間」(今谷明編『王権と神祇』所収, 思文閣出版, 2002年), 「中世上賀茂神社の神仏習合」(岡田精司編『祭祀と国家の歴史学』所収, 塙書房, 2001年) など.

宮 永 一 美 (みやなが・かずみ)
1970年生. 福井県教育庁文化課文化財保護室主査. 「戦国大名朝倉氏による芸能の保護と越前猿楽」(『芸能史研究』第161号、2003年), 「戦国武将の養鷹と鷹書の伝授」(二木謙一編『戦国織豊期の社会と儀礼』, 吉川弘文館, 2006年) など.

千 枝 大 志 (ちえだ・だいし)
1976年生. 本居宣長記念館研究員. 博士 (文学). 「中近世移行期伊勢神宮周辺地域における銀の普及と伊勢御師の機能」(『神道史研究』第55巻第1号, 2007年), 「中近世移行期伊勢神宮周辺地域の永楽銭」(『出土銭貨』第26号, 2007年), 「中近世移行期伊勢山田における近地域間構造」(伊藤裕偉・藤田達生編『都市をつなぐ―中世都市研究13』新人物往来社, 2007年) など.

宇野日出生（うの・ひでお）
1955年生．京都市歴史資料館統括主任研究員．『八瀬童子　歴史と文化』（思文閣出版，2007年），『上賀茂のもり・やしろ・まつり』（共編著，思文閣出版，2006年），『神々の酒肴　湖国の神饌』（共著，思文閣出版，1999年）など．

鈴木瑞麿（すずき・みづまろ）
1959年生．氷見市教育委員会生涯学習課副主幹．『氷見市史』全10巻（共著，氷見市，1998～2007年），「加賀藩の海運—近世中期以降における越中の小廻船の日本海交易—」（『海・潟・川をめぐる日本海文化Ｉ』富山市日本海文化研究所，2004年），「加賀藩と支藩の時の鐘—その設置と変遷—」（『北陸都市史学会誌』第11号，2005年）など．

椙山林繼（すぎやま・しげつぐ）
1940年生．國學院大學教授．博士（歴史学）．「杉浦国頭の葬儀」（『國學院大學日本文化研究所紀要』第67輯，1991年），「根本胤満の葬儀—近世中葉における神道葬祭式再編の一例として—」（『神道宗教』第152号，1993年），「神道宗門の一考察—神職家族全員が神道宗門として別帳で届け出ている例—」（『國學院雑誌』第104巻第11号，2003年）など．

福原敏男（ふくはら・としお）
1957年生．日本女子大学教授．博士（民俗学）．『社寺参詣曼荼羅』（大阪市立博物館編，平凡社，1987年），『祭礼文化史の研究』（法政大学出版局，1995年），『神仏の表象と儀礼』（国立歴史民俗博物館振興会，2003年）など．

橋本政宣（はしもと・まさのぶ）
1943年生．東京大学名誉教授．舟津神社宮司．博士（歴史学）．『近世公家社会の研究』（吉川弘文館，2002年，第一回徳川賞受賞），『近世武家官位の研究』（続群書類従完成会，1999年），『神道史大辞典』（吉川弘文館，2004年）など．

（2009年４月末現在）

神社継承《じんじやけいしよう》の制度史《せいどし》　　神社史料研究会叢書第５輯

平成21年(2009) ５月20日　発行

定価：本体7,500円(税別)

編　者　椙山林繼・宇野日出生

発行者　田中周二

発行所　株式会社思文閣出版
〒606-8203 京都市左京区田中関田町２－７
電話 075－751－1781(代表)

印　刷
製　本　株式会社 図書印刷 同朋舎

 ISBN978-4-7842-1418-1 C3321

神主と神人の社会史　神社史料研究会叢書Ⅰ　橋本政宣・山本信吉 編

神人の成立（山本信吉）鴨社の祝と返祝詞（嵯峨井建）中世、春日社神人の芸能（松尾恒一）洛中日吉神人の存在形態（宇野日出生）石清水八幡宮神人の経済活動（鍛代敏雄）中世後期地方神社の神主と相論（東四柳史明）戦国期鶴岡八幡宮の歴史的伝統と社務組織・戦国大名（横田光雄）西宮夷願人と神事舞太夫の家職争論をめぐって（佐藤晶子）寛文五年「諸社祢宜神主等法度」と吉田家（橋本政宣）

▶A5判・320頁／定価6,825円　ISBN4-7842-0974-3【品切】

社寺造営の政治史　神社史料研究会叢書Ⅱ　山本信吉・東四柳史明 編

神社修造と社司の成立（山本信吉）建武新政期における東大寺と大勧進（畠山聡）金沢御堂創建の意義について（木越祐馨）戦国期能登畠山氏と一宮気多社の造営（東四柳史明）中近世移行期における寺社造営の政治性（横田光雄）両部神道遷宮儀礼考（松尾恒一）近世出雲大社の造営遷宮（西岡和彦）諸国東照宮の勧請と造営の政治史（中野光浩）近世における地方神社の造営（橋本政宣）

▶A5判・312頁／定価6,825円　ISBN4-7842-1051-2

祭礼と芸能の文化史　神社史料研究会叢書Ⅲ　薗田 稔・福原敏男 編

神社廻廊の祭儀と信仰（松尾恒一）相撲節会と楽舞（廣瀬千晃）中世諏訪祭祀における王と王子（島田潔）鹿島神宮物忌職の祭祀（森本ちづる）越前志津原白山神社の祭礼芸能（宮永一美）武蔵国幕閣大名領における祭礼の振興（薗田稔・高橋寛司）近世鶴岡八幡宮祭礼としての面掛行列（軽部弦）住吉大社における荒和大祓の神事をめぐって（浦井祥子）『伊曾乃祭礼細見図』考（福原敏男）

▶A5判・300頁／定価6,825円　ISBN4-7842-1159-4

社家文事の地域史　神社史料研究会叢書Ⅳ　棚町知彌・橋本政宣 編

『守武千句』の時代（井上敏幸）中西信慶の歌事（神作研一）伊藤栄治・永運のこと（川平敏文）中島広足と本居宣長（吉良史明）伊勢御師の歌道入門（加藤弓枝）北野宮仕（中）という家学専門職集団の組織と運営の実態（資料編）（棚町知彌）北野社家における歌道添削について（菊地明範）近世における地方神主の文事（橋本政宣）刊本『さゝぐり』の成立（吉良史明）連歌御由緒考（入口敦志）

▶A5判・340頁／定価7,875円　ISBN4-7842-1257-4

八瀬童子　歴史と文化　宇野日出生 著

京都の八瀬の地に平安時代より生活してきた人たちを八瀬童子という。彼らは自治組織を形成し、比叡山や天皇家と深い関わりを持ってきた。今まで非公開であった八瀬童子の関係文書を調査し、民俗調査を行った著者が、彼らの苦難にみちた激動の歩み、そして今に伝わる思想・行動を歴史に裏付けられた「文化」としてとらえた一書。掲載図版87点。

▶46判・210頁／定価1,890円　ISBN978-4-7842-1352-8

元三大師《がんざんだいし》御籤本《みくじぼん》の研究　おみくじを読み解く　大野 出 著

本書はおみくじに関する初めての研究書。おみくじの源流を探っていくと、必ずたどり着くのが元三大師御籤。実は現代のおみくじも多くは元三大師御籤本に由来している。江戸時代のそれらの史料群を時系列に従って比較、分析することで、近世日本の人々の心のうちをさぐる。

▶A5判・200頁／定価3,570円　ISBN978-4-7842-1454-9

（表示価格は税５％込）